논어의 혼 5

오랜 잠에서 깨어날 것인가

논어의 혼 5

오랜 잠에서 깨어날 것인가

국학자료원

이 책을 삼가
청악 한영선 선생님께 바칩니다.

서문

이 책은 논어의 어구 풀이 대신 그 정신을 천착하여 경전의 참뜻을 밝히려는 생각에서 시도되었습니다. 붓다나 노자 공자가 히말라야의 눈 덮인 봉우리들이라면 너나없이 우리 모든 해설자들은 어두운 골짜기와 같을 듯합니다. 그들이 말하는 것이 우리에게 도달한다 해도, 그것은 그저 골짜기의 메아리 정도일 것입니다. 스스로 깨닫지 못하면 스승은 언제나 역설적인 존재로 남습니다.

비유컨대, 우리가 경전을 푸는 것은 입신의 경지에 든 9단 기사의 기보를 5, 6급 수준의 동호인이 해설하는 것과 같습니다. 9단 기사의 기보는 다른 9단 기사만이 제대로 읽을 수 있을 것입니다. 이처럼 경전을 해설하는 일 또한 한 성인의 말씀을 다른 성인이 푸는 것이 최선이 아닐까 합니다. 그러나 성인들은 모두 자신의 각성 상태에 침잠할 뿐 다른 이에게는 별관심이 없습니다.

다만 라즈니쉬가 수많은 동서 경전들을 해설하였으니, 그간 전통적인 경전 독법에 식상해온 이들에게는 일대 서광이 아닐 수 없습니다. 그의 강의는 경전 자체에 못지않은 진리의 메시지이기 때문입니다. 하지만 그는 붓다 노자 예수 등 거의 모든 성인을 망라하면서도 유독 공자의 말씀에 대해서는 단 한 구절도 언급하지 않았습니다.

그러나 우리에게 공자는 가장 중요한 스승 중의 한 사람이며, 더욱이 논어에 대한 관심은 이미 허다한 해설서들이 범람하고, 지난해만도 무려 30여종이 새로 간행되었을 정도로 여전히 뜨겁습니다. 우리는 삶의 궁극적인 물음을 추구하는 이 목마름을 풀어줄 만한 혁신적인 길잡이가 필요함을 절감합니다.

그 한 작은 시도로 라즈니쉬를 대신하는 심정에서, 진리의 백과사전을 방불케 하는 그의 강의록을 활용하여 이 전술傳述을 도모하게 되었습니다. 이렇게 깨달은이의 말씀으로 말씀을 새기는 이경치경以經治經의 방법으로써 감히 공자의 본의를 읽을 수 있기를 염원합니다.

여기서 우리의 입장은 방대한 자료를 섭렵하여 관련된 내용들을 탐색하고 재구성하여 충실하게 기록하는 필자筆者 정도입니다. 이는 시공 저 너머로부터 들려오는 낮은 소리를 겸허히 받아 적는 이른바 술이부작述而不作의 정신과 일맥상통하지 않을까 생각해 봅니다.

우리는 정중하게, 우리가 양식으로 삼은 책들을 간행한 출판사와 그 역자들에게 사의를 표하며, 이 시대 최고의 스승인 라즈니쉬에게는 더 없이 큰 경의를 바칩니다. 이들의 빛나는 업적이 없었던들 이 작업은 생심도 못하였을 것입니다.

다만, 일일이 출전을 밝히는 번거로움을 줄이고, 자료를 양해 없이 인용하는 등 관행에서 벗어난 점은 이 작업의 특성상 부득이하였음을, 다음 라즈니쉬의 말씀으로 미루어 이해해 주시기 바랍니다.

'사람들은 내가 한 말들을 가져다 쓰면서 나의 이름은 언급하지 않는다. 거기에는 어떤 해도 없다. 나의 이름이 중요한 것이 아니라 중요한 것은 내가 한 말이며, 나의 메시지다. 만약 누군가 어떤 구절을 가져다 썼다면, 그 구절은 그 책 전부보다 더 중요하다는 것이 증명될 것이다. 그리고 나는 더욱더 많은 작가와 시인들이 그들이 할 수 있는 한 많이 도용해 갔으면 좋겠다. 진리는 나의 재산이 아니기 때문이다.'

이 책의 또 한 가지 중요한 특징은, 논어를 처음부터 마지막까지 하나도 빼지 않고 전부 해설하는 기계적인 방식을 지양하고, 현대인들이 진리와 진실한 삶을 이해하는 데 도움이 될 만한 구절들만 발췌하여 가급적 깊이 다루는 입장을 취한 점입니다. 이는 논어의 체제에 얽매이지 않고 논어를 이용하여 독자들의 정진에 도움이 되게 하는 데 무게를 두었기 때문입니다.

사실 논어의 방대한 내용은 공자 당시의 사람들을 위한 것이었습니다. 그래서 현대에는 맞지 않거나 불요불급한 대목도 허다하므로 이를 모두 다루는 것은 결코 바쁜 현대인들의 입장을 배려한 것이라 할 수 없습니다. 그러나 그 핵심적인 구절들로 말하면, 이는 참으로 시대를 초월해 영원한 인류의 지혜에 해당한다고 할 만합니다. 그래서 논어의 가치는 영원히 변치 않는 보석처럼 빛나는 것이지요.

이제 우리는 논어를 진부한 고서에서 현대 고전의 반열에 올려놓으려 합니다. 헌 포도주 병에 새 포도주를 담는 것에 비유할 수 있을

지, 병은 낡았으나 포도주는 새 것입니다. 필자들로서는 오랜 각고 끝의 첫 결실이지만 더 갈고 다듬을 데가 적지 않을 것이므로, 강호 제현의 질정을 받아 계속 기워나가려 합니다.

2022년 4월 20일

김상대 · 성낙희

개정판 서문

2008년 제1권을 시작으로 연년이 1권씩 2012년까지 논어의 혼 전5권을 완간하고, 되짚어 읽고 읽으며 소소한 오류들을 바로잡고 미흡한 부분들을 보강하여 그 수정본을 펴냅니다.

그간 이 책은 혁신적인 방법으로 경서 해설의 신기원을 이루고 논어의 진가를 극대화하였다는 평가를 받아왔습니다, 이 책은 지식을 축적하는 학습서가 아니라 천천히 음미하며 그 정신에 침잠하는 지혜의 책입니다.

지혜에 이르자면 지성을 일깨워야 합니다. 위대한 말씀들은 지식을 도구로 삼지 않습니다. 지식보다는 지성과 지혜가 요구됩니다. 논어는 인간을 지식의 노예가 되게 하는 것이 아니라 인간 본연의 지성으로 사람이 사람답고 삶이 삶답게 하는 데 길잡이가 되는 등불 같은 책입니다. 한 번 서둘러 읽고 덮어 두는 것이 아니고 책상머리에 두고 되풀이되풀이 그 의미를 숙고하고 묵상하는 책입니다.

이 시대에도 논어를 읽을 필요가 있는가? 이것은 우문입니다. 이 시대에도 읽을 만한 가치가 있는 논어는 어디 없는가? 이것이 현명한 질문입니다. 그 핵심 구절들은 시대를 초월하여 영원한 지혜의 근원이기 때문입니다.

이 책은 업그레이드된 논어 해설서일 뿐만 아니라 논어 자체를 업데이트한 점에서 원문 해석 위주의 허다한 기존의 논어 해설서들과는 근본적으로 그 지향이 다릅니다. 삶은 하나의 흐름이고 모든 것은 끊임없이 변합니다, 지혜도 진화하고 성장합니다. 사서 중 으뜸 고전인 논어가 진정한 현대의 고전으로 진화할 때 원본의 가치를 뛰어 넘어 더욱 빛나는 유산이 될 것입니다,

세상은 물질적으로 부유해지는 데 성공했습니다. 그러나 이것은 진화가 아닙니다. 사람들은 더욱 나빠졌습니다. 인간은 심히 탐욕스러워지고 물질적으로 되었습니다. 그리고 이제는 너무나 지치고 피곤해하고 있습니다. 그 여정은 인간의 모든 영혼을 앗아가 버렸습니다. 이제 우리는 더 늦기 전에 본심을 찾아서 각성하고 영혼의 갈증을 느껴야 할 것입니다.

개정판 제작에 최선을 다한 국학자료원과 우정민 과장의 노고에 감사하며, 정찬용 원장과의 오랜 세월 귀한 인연을 새삼 상기합니다,

2022년 9월 2일
성낙희 · 김상대

차례

일러두기

　이 책은 하나의 교양서적으로보다 현대의 구도적인 삶에 이바지하는 조그만 안내서가 되기를 희망합니다. 그런 면에서 이 책은 단지 많은 사람에게 건성건성 읽히기보다 소수라도 다섯 번 열 번 읽으며 철저히 이해하고 인생의 좋은 반려로 활용하였으면 좋겠습니다.

　도를 닦는 것, 즉 삶의 바른 길을 추구하는 것은 진정한 의미에서 종교와 같습니다. 여기서 종교란 많은 사람들이 안식처를 찾아 형식적으로 따르는 세속적인 종교를 뜻하는 것이 아니며, 각자가 자신의 도에 이를 수 있는 길에 대해서 진지한 관심을 갖는 것을 의미합니다.

　우리는 독서를 에고의 양식으로 이용하기 일쑤입니다. 그러면 우리는 독서를 통해 지식에 갇혀 버릴 수 있습니다. 지식은 지혜가 아닙니다. 지혜는 지식과 아무 상관도 없습니다. 이 책을 통해 지식의 양을 증대시키려 한다면 이는 방향을 잘못 잡은 것입니다. 우리는 독서를 다른 길로 이용할 수 있습니다. 이때 독서는 삶의 다른 것들만큼이나 아름다운 것이 될 것입니다.

　만일 우리가 정보를 얻기 위해서가 아니라 신성한 노래에 귀 기울이기 위하여 경전을 읽는다면, 이 신성한 노래는 단어 안에 있는 것이 아니라 단어들 사이에 있으며, 행 안에 있는 것이 아니라 행간에 있습니다. 이렇게 경전을 읽을 때 신성한 노래를 감상하듯이 한다면, 이때 독서는 엄청난 아름다움을 갖습니다.

우리는 독서를 하는 가운데에도 깬 상태로 주시하고 관찰합니다. 책 속으로 몰입하는 동시에 언덕 위에서 바라보는 사람처럼 일정한 간격을 두고 떨어져 있습니다. 그럼으로써 책을 통해 유용한 정보를 얻기보다 지혜를 그리고 나아가 영감을 받기를 희망합니다.

영감을 받는다는 것은 경전과 깊은 조화를 이룬다는 것이며, 그 경전과 더불어 명상의 상태로 들어가는 것을 의미합니다. 이것은 마음을 통해서가 아니라 우리 전체를 통해 이루어집니다. 이런 식으로 이 책을 읽는다면 우리의 피, 심장, 가슴, 우리 몸 안의 세포 전체가 논어를 읽고 있는 것입니다.

그러나 단순히 정보를 수집하는 차원에서 독서를 할 때는 우리의 머리가 거기에 있을 뿐 다른 것은 없습니다. 단순히 머리로만 읽는다면 머리는 계속해서 해석만을 내립니다. 물론 그 해석은 자신의 것이지 스승의 것이 아닙니다. 이때 우리는 지식만 키울 뿐 핵심을 놓칩니다. 우리는 수많은 말들을 기억할 것이지만 정수를 깨닫지 못합니다.

경전의 정수를 깨닫기 위해서는 굳이 처음부터 끝까지 다 읽을 필요가 없습니다. 이는 체계적인 지식을 습득하는 방법일 뿐입니다. 지혜의 정수는 어느 한 구절이라도 얼마나 깊이 이해하고 얼마나 뜨거운 가슴으로 받아들이느냐가 중요한 것입니다.

위대한 선승인 혜능은 금강경의 네 구절을 듣고 깨달았다고 합니다. 그는 시장거리를 걸어가고 있었습니다. 물건을 사러 가는 중이었고 깨달음에 대해서는 생각조차 하지 않고 있었습니다. 그런데 어떤 사람이 길가에서 금강경을 외고 있었습니다. 그 사람은 살아오면서 내내 금강경을 외고 다닌 사람이었습니다. 그는 학자였거나 앵무새였음에 틀림없습니다.

그때는 저녁이었습니다. 그때 혜능이 그곳을 지나갔습니다. 그는 단지 네 구절을 들었을 뿐입니다. 그는 갑자기 벙어리가 되었습니다. 그래서 밤이 새도록 그 자리에 서 있었다고 합니다. 금강경을 외던 사람도 들어갔고 시장은 모두 문을 닫았는데 그는 여전히 그곳에 서 있었습니다. 언제까지나 그렇게 그곳에 서 있었습니다.

날이 밝았을 때 그는 완전히 다른 사람이 되어 있었습니다. 그는 집으로 가지 않았습니다. 그는 산으로 갔습니다. 세상은 이제 그와는 상관이 없는 것이 되었습니다. 혜능은 틀림없이 마음이 매우 순수했을 것입니다.

혜능의 일화를 통해서 우리는 새삼 깨닫게 됩니다. 우리가 경전을 읽고 그것에 대해서 뭔가를 하지 않는다면, 이해는 아무 쓸데없는 것이며 그것은 삶의 낭비일 뿐입니다. 그것은 우리가 진짜로 이해하지 못했다는 뜻입니다. 이해는 행동이 필요하기 때문입니다.

만약 행동으로 나타나지 않는다면 우리는 단지 피상적인 지식만 얻었을 뿐 이해한 것이 아닙니다. 그것은 하나의 정보일 뿐입니다. 이해는 행동을 의미합니다. 우리가 어떤 것을 이해하면 즉시 그것을 행동에 옮기기 시작합니다.

경전 읽기는 일종의 예술을 터득하는 것입니다. 그것은 깊은 몰입의 상태로 들어가는 것이며, 전체적으로 참여하는 것입니다. 경전을 읽을 때 소설책을 읽듯이 한다면 핵심을 놓칠 것입니다. 이는 여러 층의 깊이를 갖고 있습니다. 그러므로 날마다 되풀이해서 읽어야 합니다. 이것은 단순한 반복이 아닙니다. 되풀이해서 읽는 법을 터득하면 그것은 결코 반복적인 행위가 아닙니다.

경전을 읽을 때는 '어제'를 개입시키지 말아야 합니다. 오늘 아침에 막 피어난 꽃송이를 보듯이 신선한 기분으로 책을 대하고, 아침 해가 떠오르듯이 새로운 마음으로 읽습니다. 그러면 완전히 새로운 의미가 드러날 것입니다. 이것은 어제와 상관없습니다. 이것은 오늘의 의미, 지금 이 순간의 의미를 가져다줍니다.

그러나 어제를 끌어들이면 새로운 의미를 읽을 수 없을 것입니다. 우리의 머리는 이미 과거에 습득한 낡은 의미들로 가득 차 있습니다. 그래서 이 책을 반복해서 읽는 것이 무슨 소용인가 하고 생각합니다. 이것은 부질없는 일이고, 짜증나고 권태로운 일로 여겨집니다. 이렇게 되면 경전을 읽음으로써 새로운 에너지를 충전하는 것은 불가능해집니다.

진심으로 한 여자를 사랑할 때 그녀는 날마다 새로워 보입니다. 경전을 읽는 것도 마찬가지입니다. 그것은 연애를 하는 것과 같습니다. 날마다 새롭습니다. 어구는 똑같지만 그 똑같은 어구가 날마다 새로운 의미를 전해줍니다. 똑같은 단어들이 날마다 다른 문을 통해 우리의 존재 안으로 침투합니다. 어떤 순간에는 똑같은 단어가 새로운 의미를 가져다줍니다.

의미는 단어에 담긴 것이 아니라 우리가 어떤 식으로 읽느냐에 따라 달라집니다. 우리 자신이 경전에 의미를 부여하는 것이지, 경전에 본래부터 어떤 의미가 담겨 있어서 그것을 우리에게 고정적으로 전달해 주는 것이 아닙니다. 하루를 더 살면 우리는 그만큼 더 많은 경험을 쌓습니다. 우리는 더 이상 똑같은 사람이 아닙니다. 경전은 변함이 없지만 우리는 똑같은 사람이 아닙니다. 24시간 동안에 강에는 얼마나 많은 물이 흘러갔겠습니까?

이 책을 이렇게 읽을 때 우리는 진정으로 구도적인 삶의 길로 들어선 자신을 발견할 것이며, 이 책은 그 소임을 다하는 영광을 누리게 될 것입니다.

1

화살은 타인을 향해 날아간다

子曰 古之學者爲己 今之學者爲人
자 왈 고 지 학 자 위 기 금 지 학 자 위 인

공자가 말하였다. "옛날의 학자들은 자신을 위한 삶을 살았는데, 지금의 학자들은 남을 위한 삶을 산다."

주해 ─────────────

古之學者 옛날에 인생을 배우는 자세로 진실하게 산 사람들 ǀ **爲己** 자기 자신을 위하다 ǀ **今之學者** 오늘날 풍부한 지식을 지닌 사회의 지도급 인사들 ǀ **爲人** 타인을 위하다

대부분의 사람들은 자신의 본성을 거스르며 살고 있습니다. 우리는 자연이 의도했던 방향으로 가고 있지 않습니다. 우리는 자신의 잠재력의 실현을 향해 가고 있지 않습니다. 다른 사람들이 바라는 대로 되려고 노력하고 있습니다. 사회는 용케 우리가 잠재력에 대해 생각하지 못하도록 해 놓았습니다. 모든 비참함의 뿌리는 우리가 우리 자신이 아닌 채로 존재하고 있는 것입니다.

만일 자기 자신으로 존재할 수 있다면, 어떤 비참함도, 어떤 경쟁도 없으며, 다른 사람들이 더 가지고 있는데 나는 덜 가지고 있다고 신경 쓸 필요도 없게 됩니다. 우리는 자신의 잠재력 속에 뿌리를 내려야만 합니다. 그것이 무엇이든 말이지요. 누구도 섣불리 방향을 지시하고 안내를 해서는 안 됩니다.

현명한 사람들은 결코 자신을 거스르는 삶을 살지 않습니다. 이들은 이기적으로 보일 정도로 자기 본위로 살면서, 무엇보다도 자신이 가진 잠재력을 계발하는 데 전념합니다. 그리하여 자신의 존재가 활짝 꽃피게 합니다. 그러면 그 꽃으로부터 향기가 사방으로 퍼져나갈 것입니다. 이때 그 향기는 많은 사람들을 위한 것이 될 것입니다.

이것이 세상을 아름답고 풍요롭게 만드는 데 진정으로 이바지하는 길입니다. 자라투스트라는 인위적인 어떤 형태의 봉사에도 찬성하지 않습니다. 지성을 갖춘 사람은 아무도 타인에게 봉사하라고 말하지 않습니다. 그들은 그 자신조차 모릅니다. 그러므로 그들의 봉사는 위험한 것이 될 뿐입니다.

먼저 그대 자신을 아십시오. 먼저 그대 자신이 되십시오. 먼저 그대의 능력을 다해 스스로 성장하도록 하십시오. 그 다음엔 저절로 나누어 줄 수 있을 것입니다. 그것은 인위적인 행위가 아닙니다. 그대는 비구름이 되어 많은 땅 위에 비를 뿌려 줄 것입니다. 그러나 그대는 누군가에게 무엇을 준다는 생각조차 하지 않을 것입니다.

반대로 그대는 다른 사람에게서 무엇인가 은혜를 입었다고 생각할 것입니다. 비구름은 목마른 대지 위에 비를 뿌려 주지만 오히려 자신의 짐을 덜어 준 대지에 감사할 것입니다. 그는 너무 많은 수분을 머금고 있었습니다. 대지로 하여금 빚을 졌다고 느끼게 하지 않을 것입니다. 반대로 자신이 대지에 빚을 졌다고 생각할 것입니다.

그러므로 우리는 타인에게 헌신하는 일이 아니라 자기 자신을 성취하는 일에 최고의 경의를 표시해야 합니다. 사람들을 위해 어떤 일을 하는가는 문제가 아닙니다. 그것은 이차적인 것이지요. 일차적인 것은 자기 자신에 대한 깨달음을 성취하는 일입니다.

구도자는 타인에게 신경 쓰지 않습니다. 그는 오직 자신에게만 관심을 기울입니다. 정치가는 바깥 세상에 관심을 기울입니다. 그는 외향적이지요. 종교적인 사람은 내향적입니다. 그는 세간에, 세상에, 환경에 관심을 기울이지 않습니다. 자신의 의식의 질에 관심을 쏟습니다. 종교적인 사람은 충족되는 방법을 알아내려고 하고, 정치가는 세상을 향하여 자신이 대단한 사람이라는 걸 보여주려고 하지요.

그는 충족되지 않을 것이지만 그런 척할 것입니다. 그는 거짓 웃음을 지으며, 모든 사람을 속일 수 있습니다. 정치가는 거짓말쟁이입니다. 그는 자신과 세상에 대고 거짓말을 하고 있습니다. 종교적인 사람은 진실하고, 정치가는 위선적입니다.

우리는 보통 자기 자신을 위해 사는 것보다 다른 사람들을 위해 사는 것이 더 어렵고 훌륭한 것으로 생각하는데, 깨달은 사람은 이와 반대로 생각하는 것 같습니다. 어떻게 그럴 수 있는지 그 입장을 이해해 보고 싶습니다.

우리는 가난한 사람들, 장애자들, 환자들에게 봉사하는 사람들의 얘기를 언론을 통하여 접하곤 합니다. 그들은 병원을 열고 학교를 세우고 그들이 할 수 있는 온갖 일들을 다 합니다. 그들은 자신을 돌보는 대신 인류 사회에 위대한 봉사자가 되는 것에서 보람을 느낍니다.

그러나 깨달은 이들은 이런 봉사는 에고의 놀음으로 본말이 전도된 것으로 간주하지요. 진정으로 자신을 사랑하는 사람은 자기 안에 에고가 생기지 않도록 주의합니다. 자신을 사랑하지 않으면서 타인을 사랑하려고 노력하면 에고가 생긴다는 것이지요.

선교사나 사회봉사를 하는 사람들은 세상에서 가장 큰 에고를 갖고 있습니다. 그들은 자신을 가장 우월한 인간이라 생각하거든요. 평범한 사람들은 그들 자신을 사랑하지만, 자기들은 타인을 사랑하고 숭고한 이념을 사랑하고 그리고 신을 사랑한다고 자부합니다.

그러나 자신을 사랑하는 사람만이 진정으로 사랑을 누릴 수 있습니다. 자신을 사랑하는 사람은 지복을 누리고, 그 사랑은 흘러 넘쳐다른 이들에게까지 퍼져 나갑니다. 사랑 속에서 살다보면 사랑을 나눌 수밖에 없습니다. 사람은 자기 자신만을 사랑할 수는 없습니다. 자신을 포함하여 많은 사람을 사랑하는 것이 최고의 기쁨이며 아름다움이라는 사실을 깨닫기 때문이지요.

우리도 사랑을 나누면 나눌수록 더욱 기쁨이 커진다는 사실을 알지 않습니까. 물결은 멀고 먼 곳으로 서서히 퍼져나가기 시작합니다. 다른 사람을 사랑하기 시작하고, 동물과 새, 나무, 바위까지 사랑하게 됩니다. 그럼으로써 온 우주를 사랑으로 채울 수 있게 됩니다. 오직 한 사람만으로도 우주 전체를 사랑으로 채우기에 충분하지요. 작은 조약돌 하나로도 호수 전체에 물결을 일으킬 수 있듯이.

오직 지복에 찬 사람만이 다른 사람에게 도움이 될 수 있습니다.

오직 지복만이 우리를 동정심을 가진 사람으로 만들 수 있습니다. 오직 지복만이 우리의 삶에서 다른 사람을 도와줄 수 있고 봉사할 수 있는 아름다운 에너지를 만들어 낼 수 있습니다. 지복에 차 있지 않다면 우리는 누구에게도 봉사할 수 없습니다. 자신은 봉사하고 있다고 생각할지 모르나, 오히려 해를 끼치고 있을 뿐입니다.

불행한 사람은 사람들에게 오직 불행만을 줄 수 있습니다. 우리는 우리가 가진 것만 줄 수 있기 때문입니다. 선한 의도를 가지고 있느냐 아니냐는 문제가 안 됩니다. 도와주고 싶어도 우리 내부에 흘러넘치는 지복의 에너지가 없다면 반드시 해를 끼치게 됩니다. 부모들은 자신들이 아이들을 도와주고 있다고 생각하지만 실상은 아이들을 파괴하고 있을 뿐입니다.

이것은 부모들이 도와주고 싶어하지 않는다는 말이 아닙니다. 그들은 도와주고 싶어하지만 그럴 능력이 없습니다. 그들의 부모는 그들을 파괴했고, 지금은 그들이 자신들의 아이들을 파괴하고 있습니다. 그리하여 불행은 계속 이어지고 쌓이고 점점 더 커져만 갑니다.

먼저 자신을 위한 일을 해야 진실로 깨달은 스승은 제자들에게 인류에 봉사하라고 말하지 않습니다. 제자들에게 자신을 실현하라고 말합니다. 그때 봉사가 찾아올 것입니다. 봉사를 이야기할 필요가 없습니다. 봉사는 그림자처럼 저절로 따라오지요. 우리가 봉사를 따라가는 것이 아니라 봉사가 우리를 따라오는 것입니다. 그때 봉사는 하나의 커다란 축복입니다.

그러므로 우리는 무엇보다 먼저 자신에 대해 일을 해야 합니다. 우리는 자신의 의식을 끌어올려야 합니다. 그래서 존재의 절정에 도달해야 할 것입니다. 거기서부터 일별이 가능해집니다. 진리란 우리에게 주어질 수 있는 것이 아닙니다. 우리의 에고가 완전히 죽을 때 진리가 나타납니다. 그것은 철학적 탐구가 아닙니다. 그것은 종교적 변형입니다.

우리가 지닌 의식의 질에 따라 경험도 달라집니다. 우리의 의식이 고양될수록 우리 안에는 더 많은 축복이 내리고 더 평화로워지며 기쁨에 넘치는 경험이 꽃피기 시작하지요. 그리고 가장 순수한 상태, 의식의 최고점에 도달했을 때, 자신은 더 이상 남들과 분리된 존재가 아니지요.

그들은 하나의 가슴, 하나의 사랑, 하나의 기쁨이 됩니다. 궁극적인 경지에서 그들은 하나입니다. 그 경지에 도달한 사람은 누구든지 하나의 오르가즘, 하나의 바다에 녹아들기 때문입니다. 수많은 강물이 하나의 바다에서 합쳐지듯이 말입니다.

강물들은 각기 다른 길을 통해 왔을 것입니다. 그러나 바다에서 그들은 돌연 자신의 경계를 잃습니다. 그들이 서로 다르게 느껴지는 것은 지옥에서뿐입니다. 타인과 분리되었다는 느낌이 강하면 강할수록 그대는 삶이라고 부르기에도 역겨울 정도로 불행하고 비참한 삶을 살게 됩니다.

지구를 둘러보십시오. 엄청나게 많은 분열과 차별이 난무하고 있습니다. 그렇게 많은 분열과 차별이 득세하는 것은 우연이 아닙니다. 수많은 국가와 종교, 종파는 단 하나의 사실을 암시하고 있습니다.

그것은 인간이 다른 사람과 전혀 교류할 수 없을 정도로 어두운 심연의 밑바닥에 떨어져 있다는 사실입니다. 가장 낮은 밑바닥에 떨어져 있을 때, 우리는 고립됩니다. 우리의 주변에 다리를 놓을 수 없기 때문이지요. 언제부터인가 우리는 사랑의 언어를 잊고, 어떻게 교류하는지, 어떻게 다른 사람과 관계를 맺는지 잊었습니다.

일상생활에서 자기 자신을 위한 삶과 타인을 위한 삶이 어떻게 구분되는지 좀 더 깊이 생각해 보아야 할 것 같습니다.

　나를 위한 삶은 무슨 일을 할 때 나 자신의 즐거움을 위해서 하는 것이고, 다른 사람을 위한 삶은 다른 사람에게 잘 보이기 위해 하는 것이지요. 이런 일은 여러 측면에서 그리고 여러 차원에서 일어날 수 있습니다. 먼저 자신의 즐거움을 위해 하는 것이 무엇인지 구체적인 예를 통해 생각해보기로 합시다.

　이 시대 최고의 성인인 라즈니쉬는 사백 여권의 강의록을 남길 정도로 그 누구보다도 말을 많이 한 사람입니다. 그러나 그는 다음과 같은 회고를 통해 이것이 자신을 위한 삶이었음을 강조합니다. 깨달은 사람들은 자신을 위한 삶을 사는 것이 특징입니다.

　자신을 위한 삶 "나는 아무런 목적도 없다. 나는 단지 나 자신을 즐기고 있을 뿐이다. 나는 말하기를 좋아하기 때문에 말을 하는 것이다. 따라서 나는 어떠한 사상가도 가질 수 없는 자유를 가지고 있다. 왜냐하면 사상가들은 일관성을 유지해야 하기 때문이다. 나는 일관성을 유지하는 문제에는 전혀 관심이 없다.

　내가 무엇이든 말한 그 순간 그것은 끝난 것이다. 나는 뒤돌아보지 않는다. 나의 어떤 책도 나는 읽어보지 않았다. 나는 제목조차 기억하지 못한다. 만약 누군가 '오쇼, 당신은 저 책에서 이렇게 말했습니다.'라고 지적하면 나는 말한다. '정말인가? 누군가 다른 사람이 말한 것이겠지. 그 사람은 오래 전에 죽었네.'

　그래서 내가 하는 모든 말에는 목적이 없다. 장미꽃만큼이나 목적이 없다. 하늘을 나는 새처럼, 별들처럼, 매일 아침 햇볕 속의 이슬방

울처럼 목적이 없다. 무슨 목적이 필요한가? 나는 어떤 면에서도 목적이 없다. 그것은 순수한 즐거움이다."

남들로부터 인정받기 위한 몸짓들 진실로 자신의 몸을 소중히 여기는 사람은 없습니다. 세상에 깨달은 자들은 손가락으로 꼽을 정도밖에 안 됩니다. 그 이유는 간단하지요. 깨달은 자가 되기 위해서는 세상과 반대로 움직여야 하기 때문입니다.

대부분의 사람들은 작은 일에서부터 큰일에 이르기까지 거의 모든 일을 남에게 보이기 위해서 합니다. 매일 아침 여자들은 화장을 하고 머리를 손질하며 옷에 신경을 쓰고 온갖 수단을 다 동원하여 아름다워지려고 노력하지요. 그렇다고 자신이 정말 아름다워질 수는 없으며, 단지 잠시 다른 사람의 눈을 속일 수 있을 뿐입니다.

아름다운 것은 좋습니다. 그러나 아름답게 보이려고 안간힘을 쓰는 것은 추하지요. 이러한 꾸밈은 교활할 뿐만 아니라 자신의 귀중한 자산과 시간을 낭비하는 것이기도 합니다. 그러나 세상 사람들은 계속 이런 일을 반복합니다. 최근에는 한 걸음 더 나아가 얼굴에 칼을 대고 눈과 코 등을 뜯어고치는 성형수술도 마다하지 않는 일이 유행하고 있습니다.

타인들이 우리 몸을 봅니다. 그들은 우리를 보고 아름답다거나 못났다고 말할 수 있습니다. 우리는 여기에 좌우됩니다. 아름다움에 대한 기준이 없기 때문이지요. 우리는 사람들의 관념과 그들이 생각하는 미의 기준에 좌우되어 줏대없이 밖으로만 관심을 기울입니다.

그대는 육체를 소중히 여기고 있다고 말할지도 모릅니다. 그러나 세상에 진실로 자신의 몸을 소중히 여기는 자는 한 사람도 없습니다. 설령 몸을 소중히 여기고 있는 듯이 보이더라도 진실로 그런 것은 아님니다. 우리가 몸을 소중히 여기고 있는 것은 다른 이유에서입니다. 타인의 눈에 어떻게 비치는가 하는 바로 그것 때문이지요.

그렇다면 우리는 우리 몸을 사랑하고 있는 것이 아닙니다. 내가 내 몸을 사랑하지 않는다면, 다른 누가 사랑하겠습니까? 자신의 육체를 사랑하는 것이 좋습니다. 그렇게 하면 지금까지 느껴보지 못한 평안함을 느낄 것입니다. 사랑은 긴장을 풀게 하지요. 자기 자신의 몸과 사랑에 빠지는 것은 잘못된 일이 아니며 나르시스적인 것도 아닙니다. 그것은 바로 영성에의 첫 걸음입니다.

대부분의 사람들은 자신의 필요에 의해서가 아니라 다른 사람들로부터 인정받기 위해서 몸을 돌봅니다. 남들로부터 인정을 구하는 것은 사실 구걸하는 것과 다를 바 없습니다. 무엇을 위해 인정을 구합니까? 무엇을 위해 명성을 구합니까? 중요한 것은 내면의 느낌이지 외면의 세상이 아닙니다.

왜 타인에게 의존합니까? 사람들은 모든 걸 타인에게 의존합니다. 명성을 중시하는 사람들은 노벨상에 관심이 많습니다. 노벨상을 받기를 원하는 것은 자신이 의존적인 사람이라는 걸 보여주는 것입니다. 노벨상을 받은 사람들을 보십시오. 그들은 자기 자신을 자랑스러워하기보다는 노벨상을 더 자랑스러워합니다.

그러나 깨달은이는 다른 어떤 것도 자랑스러워하지 않습니다. 그는 그 자신을 자랑스러워할 뿐입니다. 자신을 자랑스러워할 때, 참다운 개인이 되지요. 완전한 자유 속에서 사는 개인이 될 때, 스스로 두 발을 딛고 당당히 설 때, 그는 존재의 중심에 뿌리를 내립니다.

이런 식으로 그는 궁극적으로 꽃피어납니다. 자신의 개인성을 찾은 사람은 타인의 눈을 의식하지 않고 자신의 일을 사랑하며 살아갑니다. 이런 사람이 진정으로 자신의 삶을 사는 사람일 것입니다. 물론 이렇게 살 때 그가 존경을 받을 가능성은 줄어듭니다.

그의 삶이 개성적이고 독립적일수록 존경 받을 가능성은 더욱 줄어들 것입니다. 존경을 받기는커녕 오히려 비난을 받을지도 모릅니다. 그들에게 존경을 받으려면 그들의 기대와 양식에 따라 살아야만 합니다. 그들이 그를 존경하면 그는 무엇을 얻습니까? 그는 자신의 영혼을 잃을 뿐, 아무것도 얻지 못합니다.

나의 인생은 나의 것 관점을 바꾸어 이렇게 생각해볼 수도 있습니다. 모든 사람이 계속해서 타인의 허물, 결점, 어리석음을 보고 있습니다. 아무도 자기 자신을 보지 않습니다. 그대가 그대 자신을 바라보기 시작할 때 그대는 자신을 위한 삶을 살게 됩니다. 그대가 그대 자신을 바라보기 시작할 때 위대한 변화가 시작됩니다.

그대는 탐욕을 거슬러 사랑을 향해, 욕망을 거슬러 무욕을 향해 첫걸음을 내디딘 것입니다. 그대가 자신의 손을 볼 때 그 손이 수없이 데여 왔고 자신이 수많은 상처들을 지니고 있음을 볼 수 있을 것입니다. 다른 사람들을 바라보는 것은 바로 자기 자신을 바라보는 것을 피하는 것입니다.

그대가 누군가를 비난할 때마다 지켜보십시오. 그것은 그대가 그대 자신을 용인하도록 하는 마음의 속임수입니다. 우리는 계속 타인을 비난합니다. 온 세상을 비난할 때 기분이 대단히 좋습니다. 비교 속에서 내가 남보다 더 나쁘지 않다고 생각할 수 있습니다.

이런 일을 그만두십시오. 이는 그대를 돕지 못할 것입니다. 이것은 바로 자살과 같은 행위입니다. 우리는 타인에 대해 생각하려고 여기 있는 것이 아닙니다. 우리의 인생은 우리의 것입니다. 타인에 대해 생각하는 것은 아무런 이익도 없을 것입니다.

나 자신에 대해 생각하십시오. 나 스스로에 대해 명상하십시오. 그대가 여기서 하고 있는 것에 더욱 깨어 있으십시오. 단지 언저리를 배회하고 있는 것은 아닌지요? 아니면 정말로 무엇을 하고 있습니까? 신뢰할 수 있는 것은 오직 각성뿐입니다.

참 나는 신의 일부 한층 높은 차원의 경우로 들어가 봅시다. 월트 휘트먼의 시에 이런 구절이 있습니다. '나는 나 자신을 축복하며, 나 자신을 노래한다.' 이것이 바로 모든 깨달은 이들의 가르침입니다. 그러나 여기서 나란 자아가 아니라 참 나를 가리키는 사실에 유의해야 합니다.

자아는 타인들에 대해서 관심을 가질 뿐만 아니라 그들로부터 관심을 끌고 인정받기 위해서 노심초사합니다. 그러나 참 나는 자아와는 근본적으로 다르며, 자아를 넘어선 어떤 것이지요. 자아는 우리의 창작물이나 참 나는 신의 일부입니다. 초월적인 존재의 일부입니다. 우리는 결코 이들을 혼동해서는 안 될 것입니다. 참 나는 종교에서 추구하는 대상이고, 자아는 도덕적으로 관리해야 할 대상입니다.

종교는 자신의 내적 존재에 관심을 둡니다. 종교는 외적으로 나타나는 생활 방식과는 아무런 관련이 없습니다. 종교는 우리 존재의 중심을 다룹니다. 물론 중심이 달라지면 표면도 그에 따르고 외적인 삶도 변합니다.

하지만 그 반대는 진실이 아니어서, 표면이 달라지더라도 중심은 달라지지 않습니다. 그러면 우리는 위선의 삶을 살게 되지요. 우리는 중심과 표면이 달라지고 나아가 정반대가 됩니다. 그러면 우리는 둘로 갈라지게 됩니다.

나 자신을 중심이 있는 하나의 동그라미로 생각해봅시다. 동그라미는 타인들에 관심을 가집니다. 동그라미는 다른 사람들의 언저리, 다른 동그라미들과 접합니다. 그때 도덕이 필요해집니다. 타인들과 살아가기 위해서는 도덕과 규범, 체제가 필요합니다.

도덕은 타인들을 위해서 어떻게 행동하느냐 하는 것을 따지고, 종교는 나 자신을 위해서 어떻게 살아가느냐 하는 것을 따집니다. 도덕은 타인들에게 어떻게 해야 잘못을 범하지 않느냐를 중시하고, 종교는 자신에게 어떻게 잘못을 범하지 않느냐 하는 방법을 따집니다. 종교는 철저한 고독 속에서 가장 깊은 내면의 성역에서 행하는 것이나, 결국은 중심으로부터 빛이 발산되어 표면 전체로 나오기 때문에 표면도 달라질 것입니다. 우리는 빛을 발산하고, 타인들까지도 그 빛을 느끼게 될 것입니다.

중심으로부터 빛이 발산하는 사람은 단언합니다. "나는 나 자신을 위해 살 것이며, 내 인생을 살 것이다. 그 가치가 무엇이든 나는 이를 위해 어떤 구속에도 굴하지 않는 자유인으로 살 것이다." 한번 이렇게 결심하면 우리는 중심이 됩니다. 구도는 우리가 자신의 중심을 되찾는 것입니다. 이는 오로지 자신의 내적인 자각, 내적인 성장을 위해 사는 것입니다.

구도자는 타인들에게 신경을 쓰지 않습니다. 그는 절대적으로 그 자신에게만 관심을 둡니다. 구도는 개인적인 현상이지 사회적인 현상이 아닙니다. 구도란 오직 그대 홀로 존재하기 때문에 접촉해야 할 타인이 아무도 남지 않은 그런 경지입니다. 사회적인 삶이란 타인들과의 삶이요 타인들과의 관계이나, 구도는 이런 관계가 배제된 상태에서 보다 순수한 삶을 지향합니다.

구도자도 타인들을 돕지만 타인들에 대해서 심각하게 관심을 갖지는 않습니다. 이들의 도움은 의무나 사명이 아니고 자연스러운 현상입니다. 이들은 누구를 도울 길을 짐짓 추구하거나 탐색하지 않습니다. 도움은 부수적인 결과에 지나지 않지요. 내면의 보물들이 흘러 넘쳐 그냥 나누어 줄 뿐입니다.

   자기 자신을 위해 사는 것이 그렇게 가치 있는 것이라면, 이런 삶을 살기 위해서는 어떻게 해야 합니까?

   자기 자신을 위해 사는 일이야말로 세상에서 가장 풍요로운 일입니다. 자기 자신을 위해 살 때 그대는 비로소 충만한 삶, 의미 있는 삶을 살 수 있습니다. 자기 자신이 중심이 되어 본성에 따라 성장하는 것이 운명을 성취하는 길입니다.

   그동안 그대는 좋은 학생, 좋은 군인, 좋은 시민, 좋은 신자로서 살아왔을지 모릅니다. 그렇습니다. 그대는 이 모든 것이 되었지만, 진정한 개인은 되지 못했습니다. 이는 그대가 진정으로 뿌리를 지니지 못한 것이며, 뿌리 없이 살고 있는 것입니다.

   나무가 땅 속에 뿌리를 내리듯이 인간 또한 존재 안에 뿌리를 내려야 합니다. 그렇지 않으면 그대는 매우 공허한 삶을 살 것입니다. 그대는 이 세상에서 성공할지 모르고 사회적으로 매우 유명해질지 모릅니다.

   그러나 그대는 그대 자신에 있어서는 실패자입니다. 비트겐슈타인의 전기에 이런 말이 나옵니다. '국가가 아니라 자기 자신을 위해서 살라. 먼저 그대 자신을 실현하라. 그것이 세상을 풍요롭게 하는 데 그대가 할 수 있는 전부이다'

   사회적 삶은 허구입니다. 아름다운 드라마라고나 할까요? 그대는 거기 참여할 수 있습니다. 그러나 그것은 그저 연기할 수 있는 역할입니다. 그것을 가능한 한 아름답게 연기하십시오. 그러나 그것을 심각하게 받아들이지는 마십시오.

그 속에는 궁극적인 어떤 것도 없습니다. 궁극적인 것은 자신의 내면에 있습니다. 개개의 영혼은 그것을 압니다. 그리고 그 영혼으로 다가가는 것, 그것은 훌륭한 전환점입니다.

짐 나르는 낙타와 길들여지지 않는 사자 자라투스트라는 자신의 삶을 살기 위해서는 무엇보다도 강한 영혼이 필요하다고 말합니다. 그는 허약하고 무능력한 것에 반대합니다. 그의 비전에 있어 중요한 위치를 차지하는 것은 온순하고 겸손한 것이 아니라 강해지는 것, 자신의 존재에 대해 긍지와 존엄성을 가지는 것, 자유롭게 되는 것, 짐 나르는 낙타의 특성이 아니라 길들여지지 않는 사자의 특성을 가지는 것입니다.

그는 낙타의 인내심에 찬성하지 않습니다. 그는 기꺼이 노예가 될 준비가 되어 있는 사람들에 대해 극구 반대합니다. 강한 영혼을 가진 사람은 아무도 그를 노예로 만들 수 없습니다. 그를 죽일 수는 있지만 그를 노예로 만들지는 못합니다. 그의 영혼을 죽이지는 못합니다. 그의 육체는 감옥에 가둘 수 있지만, 그는 가둘 수 없습니다.

그는 자유를 압니다. 누구도 그 자유를 빼앗아 가지 못한다는 것을 압니다. 그것은 엄청난 용기를 불러일으킵니다. 그래서 그의 삶이 타인에 의해 조종당하는 일은 결코 일어나지 않습니다. 자신감이 있는 사람은 자신을 강력히 주장할 것이고 자신만의 것을 하려고 할 것입니다.

그는 그만의 여행을 할 것이고, 다른 사람들의 지도나 조언에 맹종하지 않을 것입니다. 그들은 그에게 어떤 해를 끼치려고 가르치지는 않습니다. 하지만 분명한 것은 그가 해를 입고 있다는 사실입니다. 자신의 가슴에서 울려퍼지는 소리를 들어야 합니다. 가슴의 소리만이 진정한 스승입니다. 자신의 직관만이 진정한 스승입니다. 그에게는 내면의 지도자가 있지요. 그는 용기를 갖고 이에 따라 살 것입니다.

사실 그 누구도 우리가 걸어가야 할 길을 안내하는 지도를 가지고 있지 않습니다. 그런데도 우리는 부모나 스승 혹은 정치적 사회적 지도자를 추종하며 그들이 뭔가를 알고 있다고 생각하지요. 그러나 그들의 생활을 들여다보십시오. 그들은 행복합니까? 그들의 생활에 향기가 있습니까? 그들과 함께 있을 때 우리는 그들의 침묵이 우리에게 와 닿고 있다고 느낍니까? 그들에게서 이와 같은 것은 찾아볼 수 없습니다.

부모와 교사, 사제, 학교는 그대를 교육시켜 일정한 마음을 갖게 만듭니다. 그래서 그대는 평생 동안 밖에서 주입한 마음에 맞춰 살아야 합니다. 그리하여 다른 사람의 인생을 살아야 합니다. 다른 사람이 시키는 대로 하는 사람은 정신적인 노예입니다.

노예 생활을 하라고 삶이 있는 게 아니지요. 삶은 자유를 맘껏 누리라고 여기에 있는 것입니다. 타인이 내면의 성장을 방해하지 못하도록 계속 깨어있어야만 진정으로 자신을 위한 삶을 살 수 있는 기반이 마련될 것입니다.

그러므로 타인이 준 수행의 계율이 아니라 자신의 가슴에서 나오는 느낌에 따라 순간순간 반응해야 합니다. 사전 속에서 의무와 책임은 동의어이지만 인생에서는 결코 그렇지 않습니다. 삶에서 이들은 완전히 다를 뿐만 아니라 정반대입니다. 의무는 타인 지향적인 반면 책임은 자기 지향적입니다.

남들에게 이끌리는 것에 철저히 반대하면서 자신에 충실한 삶을 사는 것이 실제로 가능할지 궁금합니다. 이런 사례가 있다면 소개해 주시기 바랍니다.

평생 대단한 반항심과 독립적인 정신을 가지고 산 대표적인 사람으로 라즈니쉬를 들 수 있습니다. 그는 어려서부터 유별나게 강한 정신력으로 다른 사람의 어떤 도움이나 조언도 과감히 뿌리치며 자신의 뜻대로 살아온 희귀한 인물 중의 한 사람입니다. 그는 자신의 어린 시절을 이렇게 회고합니다.

라즈니쉬의 강한 정신력 나는 할아버지와 함께 아침에, 때로는 달이 뜬 밤에 긴 산책을 나가곤 했다. 그러나 나는 결코 할아버지가 나의 손을 잡는 것을 허락하지 않았다. 그러면 그는 말했다. "하지만 왜? 너는 넘어질지도 몰라. 돌멩이나 뭐 그런 것에 걸려 넘어질 거야."

나는 말했다. "그 편이 나아요. 넘어지게 놔두세요. 그런다고 죽지 않아요. 저는 어떻게 해야 넘어지지 않을지, 어떻게 깨어 있을지, 어떻게 돌들이 어디 있는지 기억할지를 배우게 될 거예요. 하지만 할아버지가 제 손을 잡고 있으면…. 할아버지는 얼마나 오래 제 손을 잡고 있을 수 있어요? 얼마나 오래 저와 함께 계실 거예요? 할아버지가 언제나 저와 함께 있을 거라고 장담하실 수 있다면, 그렇다면 물론 기꺼이 그렇게 하겠어요."

할아버지는 매우 진실한 사람이었다. 그는 말했다. "그것은 장담할 수 없다. 나는 심지어 내일 일에 대해서도 얘기할 수 없다. 하지만 한 가지는 확실하구나. 너는 오래 살 것이고 나는 머지않아 죽을 것이다. 그러니까 나는 영원히 여기서 너의 손을 잡아줄 수 없다."

나는 말했다. "그렇다면 저는 지금부터 배우는 편이 나아요. 왜냐하면 언젠가 할아버지는 갑자기 저를 혼자 두고 떠나가실 테니까요. 그러니 저를 혼자 내버려두세요. 넘어지게 놔두세요. 저는 일어서려고 노력할 거예요. 할아버지는 기다리세요. 할아버지는 그냥 기다리세요. 그것이 저의 손을 잡는 것보다 더 도움이 될 거예요."

그리고 나는 아버지에게도 말하곤 했다. "설사 제가 물어본다고 해도 저에게 아무 조언도 해주지 마세요. 그것을 분명히 해두셔야 해요. 단지 '너 스스로 자신의 길을 찾아라.'라고 말해주셔야 해요. 저에게 조언을 해주지 마세요." 왜냐하면 값싼 조언이 가능하다면 자기 자신의 길을 찾으려 할 사람은 아무도 없을 것이기 때문이다.

나는 언제나 나의 선생들에게도 이런 식으로 말하곤 했다. "한 가지를 기억해 주세요. 저는 선생님의 지혜를 원치 않아요. 그냥 선생님의 과목만 가르치세요. 선생님은 지리 선생님인데 저에게 도덕을 가르치려 하시나요? 도덕과 지리가 무슨 관계가 있죠?"

나는 이미 날고 있었다. 나에게 날개가 있음을 나는 알고 있었다. 내가 날기 위해 누구의 도움도 필요치 않다는 것을 나는 알고 있었다. 그 모든 하늘 전체가 나의 것임을 나는 알고 있었다. 나는 결코 그들에게 나를 이끌어 주기를 청하지 않았다. 그리고 어떤 안내라도 주어지면 나는 언제나 반박했다.

"이것은 모욕이에요. 제가 스스로 할 수 없다고 생각하세요? 저를 인도해 주려는 데 나쁜 뜻이 전혀 없다는 것은 알아요. 그 점에 대해서는 감사해요. 하지만 한 가지 이해 못하시는 게 있어요. 그것은 바로 제 스스로가 그것을 할 수 있다는 거예요. 단지 제가 해낼 수 있다는 것을 증명할 기회를 주세요. 방해하지 마세요."

빛나는 반항정신　커서 자주적이 되기 위해서는 어려서부터 순종하지만 말고 반항적이기도 해야 합니다. 반항적인 아이는 부모와 선생 그리고 주변 사람들에게 꾸지람을 듣지만 이런 아이는 남에게 쉽게 굴복하지 않으며, 훗날 부모의 강요에 못 이겨 자신이 원하지 않는 결혼을 하지도 않고, 부모가 원하는 직업을 갖지도 않습니다. 오로지 자신의 내면의 욕망이 이끄는 길을 따라갈 뿐입니다.

라즈니쉬는 아주 어렸을 때 아버지의 지시에 반항해서 자신의 뜻을 관철한 적이 있습니다. 어느 날 아버지가 말했습니다. "저녁 아홉 시까지는 반드시 집에 들어와야 한다." 라즈니쉬가 물었습니다. "만일 들어오지 않으면 어떻게 되나요?" 그러자 아버지는 문을 잠가버리겠다고 했습니다. "문을 잠그시면 저는 그 앞에 앉아 밤을 새우겠습니다. 그리고 지나가는 사람들에게 그런 사정을 털어놓겠습니다." "뭐라고? 그렇다면 문제를 만들겠다는 것이냐?"

"제가 만든 것이 아닙니다. 아버지가 저에게 명령을 하셨습니다. 하지만 아홉 시까지 반드시 들어와야 한다는 명령을 들으면 저는 아홉 시 이전에 들어올 수가 없습니다. 물론 저는 아무것도 하지 않을 것입니다. 그저 바깥에 앉아서 사람들이 왜 여기 앉아 있느냐고 물으면 그 사정을 털어놓겠습니다."

결국 아버지는 언제든 들어오고 싶은 시간에 들어오라고 했습니다. 그리고는 이렇게 말했습니다. "그래, 문은 언제든지 열려 있다. 너에게 아홉 시까지 들어와야 한다고 말한 것은 나의 잘못이었다. 다른 아이들은 모두가 아홉 시 전에 집에 들어오기 때문에 그렇게 말한 것이다."

"저는 다른 아이들이 아닙니다. 그 애들은 아홉 시까지 들어오고 싶은 것이고, 저는 그렇지 않습니다. 제가 들어오고 싶으면 들어오겠습니다. 그러니 저의 자유를 구속하지 마세요. 저라는 개인을 파괴하지 말고 저를 그대로의 모습으로 놓아두세요."

깨닫지 못한 사람들은 다소간 다른 사람을 위해 사는 측면이 있지만, 특히 다른 사람들을 위해 사는 것이 직업인 사람들의 문제는 무엇이며, 이를 극복하려면 어떻게 해야 하는지요?

우리의 존재에는 안과 밖이라는 두 가지 측면이 있지요. 표피적인 면은 대외적인 것이 될 수 있지만, 안쪽의 내밀한 부분은 결코 대외적인 것이 될 수 없습니다. 내적인 부분까지 대외적인 것으로 만들려고 한다면 그 사람은 영혼을 잃고 그 본연의 얼굴을 망각하게 될 것입니다. 그러면 그는 내면의 중심을 잃고 공허한 삶을 살게 됩니다.

이것이 대중을 상대하는 정치인이나 연예인들에게 흔히 일어나는 일인데, 그들은 대중을 상대하면서 자기 내면의 고유한 존재를 잃어버리지요. 그들은 대중의 의견을 제외하고는 자기 자신이 누구인지 알지 못합니다. 모든 것을 타인의 시선에 의존하기 때문에 자기 존재에 대한 자각이 없으며, 언제나 대중의 인기도의 변화에 일희일비하면서 온 정신을 그들의 반응에 기울이지 않을 수 없습니다.

유명한 여배우 마릴린 몬로는 자살로 생을 마감했고, 정신과 의사들은 그 이유에 대해 연구해 왔습니다. 그녀는 뛰어난 미모를 갖추었을 뿐만 아니라 가장 성공한 배우 중의 한 사람이었습니다. 그러나 그녀의 삶은 철저하게 대외적인 것이었고, 그녀도 그런 사실을 알고 있었습니다.

그녀는 케네디와 밀회를 즐기는 곳에서도 그를 대통령 각하로 호칭했습니다. 마치 한 남자가 아니라 하나의 조직을 상대하듯 했습니다. 사실 그녀의 삶 자체가 하나의 대외적인 조직 같은 것이었습니다. 서서히 그녀는 자신에게 개인적인 삶이 없다는 것을 깨닫기 시작했습니다. 모든 것이 노출되고 벗겨진 상태였지요. 내 삶이라고 할 만한 것이 없었습니다.

그녀가 자살한 이유는 그것이 그녀가 개인적으로 할 수 있는 유일한 행동이었기 때문입니다. 모든 것이 대외적인 반응에 따라 행해졌고, 이제 그녀가 자기 의지대로 할 수 있는 단 하나의 일은 자살밖에 없었습니다. 대중에게 노출된 공인들은 자살 충동을 강하게 느낍니다. 어렴풋이라도 자신이 누구인지 느낄 수 있는 길은 자살밖에 없기 때문입니다.

무無에서 피어나는 장미 정치가는 권력을 탐할 때 사람들이 그를 인정해주는 맛에 삽니다. 그래서 권력자가 되어야 한다고 생각하게 되는 것이지요. 우리는 먼저 권력에 대한 욕망이 어디에서 나오는지 이해해야 합니다. 그 욕망은 우리의 공허감, 우리의 열등감에서 나옵니다.

추한 지배욕에서 벗어날 수 있는 유일한 길은 우리의 공허감 속으로 들어가, 그 공허감이 무엇인지 바라보는 것입니다. 우리는 권력에 눈이 어두워 자신의 공허감으로부터 달아나기만 했습니다. 이제는 자신의 공허감으로부터 달아나는 데 에너지를 쓸 게 아니라 자신의 공허감 속으로 들어가는 데 써야 할 것입니다.

공허감은 무엇입니까? 이는 본질적으로 나쁜 것이 아닙니다. 우리의 공허, 우리의 무無 속에서 장미가 피어날 수 있습니다. 그곳에서 영원한 생명의 근원을 찾습니다. 영원한 생명을 찾으면 이제 열등감에 사로잡히지 않아도 됩니다. 다른 사람과 비교하지 않아도 됩니다. 우리는 자신을 찾은 것입니다.

　권력에 미혹되는 사람들은 자기 자신으로부터 달아납니다. 마음이 자신으로부터 달아난 만큼 공허감은 깊어집니다. 대체로 사람들은 공허나 무無라는 말을 부정적으로 생각하지요. 그러나 무의 아름다움을 탐색할 수 있다면, 그 무는 더없이 고요한 세계지요. 소리 없는 음악입니다.

　그것과 비교될 만한 기쁨은 존재하지 않습니다. 그것은 더없는 지복입니다. 이런 체험 때문에 붓다는 자신과의 궁극적인 만남을 열반이라고 불렀습니다. 열반은 무無를 뜻합니다. 무에서 모든 긴장이 풀려나가고 갈등과 불안이 사라집니다. 그 속에서 죽지 않는 생명의 근원을 찾습니다.

　그러나 이 생명력은 우리가 흔히 생각하는 어떤 세속적인 힘과는 전혀 다른 것입니다. 이는 사랑이나 침묵 혹은 지복과 같은 신성한 것입니다. 오늘날 힘이라는 말은 너무 오염되어서 엄청난 정화가 필요한 말이 되었습니다.

　정치가와 연예인들은 자신의 중심을 알지 못합니다. 자신의 중심을 모르기 때문에 그들은 끊임없이 두려워할 수밖에 없습니다. 자의식은 항상 두려움으로 떨고 있습니다. 그들은 항상 타인의 도움을 필요로 합니다. 그들을 알아주는 타인, 그들에게 박수를 보내는 타인, 그들의 지성과 미모를 칭찬해주는 타인이 필요한 것입니다.

　타인의 입에 발린 소리를 듣고 그들은 최면에 빠져버립니다. 그래서 그들은 자신이 지성적이고 미모가 뛰어나다고 믿습니다. 어리석은 사람이 그대를 보고 지성적인 사람이라고 말한다고 합시다. 사실 그는 어리석은 사람일 뿐입니다. 그가 그대보다 지성적이라면 그에게 그대는 지성적으로 보이지 않을 것입니다.

하여튼 어리석은 사람이 와서 그대의 지성을 인정해주면 그대는 무턱대고 좋아합니다. 사실 그대는 못생긴 사람한테만 아름답게 보입니다. 상대가 그대보다 아름답다면 상대에게 그대는 못생겨 보일 것입니다. 모든 것은 상대적이니까요. 못생긴 사람이 그대의 미모를 인정해주면 그대는 무턱대고 좋아합니다.

어리석은 사람으로부터 인정을 받아야 하는 지성은 대체 어떤 지성입니까? 못생긴 사람으로부터 인정을 받아야 하는 미모는 대체 어떤 미모입니까? 이것은 모두 거짓입니다. 하지만 우리는 계속해서 찾아다닙니다. 자신의 에고를 도와줄 사람, 자신의 에고를 부풀려줄 사람을 구하고 다닙니다.

우리의 에고를 도와줄 사람이 없으면 우리는 당장에 쓰러질 것입니다. 그래서 우리는 서로의 에고가 넘어지지 않도록 이쪽에서 받쳐주고 저쪽에서 받쳐주면서 넘어지지나 않을까 전전긍긍합니다. 이렇게 대부분의 사람들은 주변을 모으면서 중심을 완전히 잊어버리고 말지요. 우리는 주변에서 살면서 주변이 인생의 전부라고 생각합니다.

예수가 불쌍한 죄인들을 구원하기 위해 강림하고, 붓다가 무지한 중생을 깨우치기 위해 설법한 것은 모두 타인들을 위한 삶이 아니었습니까? 이런 사실을 어떻게 이해해야 할지 궁금합니다.

붓다와 같은 의식은 이 세상에 오기 위해 어떤 사회적 정치적 조건들을 필요로 하지 않습니다. 그런 영혼은 전혀 시간에 의존하지 않습니다. 자고 있거나 무의식적인 사람은 태어나기 위해서 어떤 조건들을 필요로 합니다. 그러나 깨달은 사람은 그의 시간이라고 부르는 특정 시간에 태어나지 않습니다. 반대로 그는 자신이 태어날 시간을 만듭니다. 시간이 그를 따를 뿐 그는 시간을 따르지 않습니다.

그러나 우리는 시대가 나쁘고 끔찍하기 때문에 이러한 시대의 필요성에 응답하기 위해 그리스도가 태어난다고 생각합니다. 그러나 이는 근본적으로 틀린 생각입니다. 이런 생각은 그리스도와 같은 존재조차 원인과 결과에 연결되어 온다는 것을 의미합니다. 그것은 그리스도와 같은 존재의 탄생조차 실용적인 것으로 격하시킵니다. 그리스도를 우리의 이익에 봉사하는 것으로 간주하고 있는 것입니다.

자신의 즐거움과 희열 때문에 그것은 마치 꽃 한 송이가 길가에 피었는데 지나가는 사람이 그 꽃이 자기를 위해 피었으며, 그 향기가 그를 위해 있다고 하는 것과 같습니다. 그러나 꽃들은 심지어 인간이 결코 가지 못하는 외딴 장소에서도 핍니다.

꽃들은 그냥 피는 것이 좋아서 핍니다. 그것들은 다른 존재들을 기쁘게 하기 위해 피지는 않습니다. 만일 누군가가 우연히 그들의 향기를 맡게 되더라도 그것은 전혀 다른 문제입니다.

그리스도나 붓다와 같은 사람들은 그들 자신의 즐거움과 희열 때문에 그것에 대한 사랑으로 태어납니다. 그들은 다른 사람들을 위해서 태어나지 않습니다. 다른 사람들이 그의 향기를 맡게 되더라도 그것은 다른 문제입니다. 사람들이 붓다와 같은 인간의 현존으로부터 이익을 얻지 못할 때가 있습니까?

모든 시대가 그를 필요로 할 것이며, 모든 시대가 그의 햇볕에 몸을 녹일 것입니다. 정말이지 모든 시대는 불행합니다. 모든 시대는 고통에 빠져있습니다. 그러므로 그리스도나 붓다와 같은 인간은 모든 시대에 적절하고 의미가 있습니다. 누가 향기를 좋아하지 않겠습니까? 우리가 붓다를 특정한 시대의 유용성의 관점에서 생각하는 것은 잘못입니다.

그러나 우리는 우리 자신의 한계를 가지고 있습니다. 그래서 무엇을 보든지 그것이 이익이 되는지 아닌지 따져보는 입장에서 생각하도록 길들여져 있습니다. 우리는 비실용적이고 목적이 없는 것에는 아무런 의미를 부여하지 않습니다. 사람들은 자기 중심적이기 때문에, 우주에 있는 모든 것이 그들과 그들의 에고에 봉사하기 위해 존재한다고 생각합니다.

실용적으로 생각하는 것은 근본적으로 잘못된 것입니다. 삶의 모든 움직임은 비실용적입니다. 그것은 목적이 없습니다. 삶은 그 자신의 목적을 위해 존재하고 있습니다. 꽃은 제 멋에 겨워 피고, 강 또한 흐를 수밖에 없어 흐릅니다.

그대 역시 그대 자신을 위해 여기에 존재하고 있음을 명심하십시오. 그리스도와 같은 인물은 무아경에서 전적으로 그 자신의 삶을 삽니다. 우리가 여러 방법으로 태양의 빛을 이용하는 것, 우리가 비의 도움으로 식물을 기르는 것, 꽃들로 화환을 만드는 것은 다른 문제입니다.

그것들은 이 목적들을 위해 거기에 존재하는 것이 아닙니다. 마찬가지로 붓다나 그리스도 같은 인물이 우리 가운데 있을 때, 우리는 그 존재의 덕을 보게 되기를 기대하는 것입니다.

옛날의 학자와 오늘의 학자란 표현에서 '옛날'과 '오늘'이 상징하는 대조적 의미는 무엇입니까?

지금 우리는 복잡한 문명의 틀 속에 깊이 빠져들어 있습니다. 고대로 올라갈수록 나무의 뿌리에 가까워지고 현대로 내려올수록 나무의 잎사귀에 가까워집니다. 옛날 사람들은 단순하고 진실했습니다. 그들은 진짜 삶을 살았습니다.

지금 사람들은 매우 억압된 삶, 가짜의 삶을 삽니다. 삶의 모든 양식 자체가 거짓스럽습니다. 모든 문화가 거대한 거짓덩어리와 같습니다. 사람들은 삶을 살지 않습니다. 단지 연기를 합니다. 그들의 마음속에 많은 것이 미진하게 남습니다. 많은 불완전한 경험들이 계속 모이고 쌓여갑니다.

신경증은 현대인의 일부가 된 듯합니다. 옛날 사람들이 정신적으로 더 건강했습니다. 그들의 마음은 과부하가 걸려 있지 않았지요. 그러나 현대인의 마음은 수많은 것들로 과부하가 걸려 있습니다. 우리의 마음에 들어와서 마음과 동화되지 못한 것이 신경증을 유발합니다.

이는 음식과 비유될 수도 있습니다. 우리가 먹은 음식 중에 몸이 소화하지 못하는 것은 독이 됩니다. 사실 우리가 먹는 것은 우리가 듣고 보는 것만큼 중요하지 않습니다. 우리는 눈이나 귀 등의 감각기관을 통해 매 순간 수많은 정보를 받아들입니다. 그런데 우리에게는 이들을 모두 소화할 수 있는 시간적 여유가 없습니다. 이는 마치 식탁에 앉아 24시간 동안 끊임없이 음식을 먹는 것과 같습니다.

현대인의 마음은 이런 상황에 놓여 있습니다. 너무나 많은 것들을 받아들여야 하지요. 이런 마음이 고장 나는 것은 어쩌면 당연한 일인지 모릅니다. 기계에는 한계가 있는 법입니다. 마음도 미묘하고 섬세한 메커니즘입니다.

참으로 건강한 사람은 자신의 경험을 소화하는 데 50퍼센트의 시간을 할애합니다. 50퍼센트의 행위와 50퍼센트의 무위, 이것이 균형

잡힌 삶입니다. 50퍼센트의 생각과 50퍼센트의 명상, 이것이 신경증을 치유하는 방법입니다.

명상이란 모든 감관의 문을 닫고 마음을 푹 쉬는 것입니다. 세상으로부터 사라지는 것입니다. 신문이나 라디오, 텔레비전, 사람 들이 존재하지 않는 것처럼 세상을 잊는 것입니다. 가장 깊은 내면에서, 존재의 집에서 홀로 존재하는 것입니다.

이때 우리는 자신이 받아들인 것들을 소화할 수 있습니다. 가치가 없는 것들은 버립니다. 명상은 양날의 칼처럼 기능합니다. 한쪽에서는 들어온 것을 소화해서 자양분을 만들고, 다른 한쪽에서는 필요 없는 것들을 버리는 것입니다.

현대인의 마음은 고장 날 수밖에 없다 하지만 불행하게도 명상은 세상에서 사라졌습니다. 옛날에는 모두들 자연스럽게 명상적으로 살았지요. 과거에는 삶이 지금처럼 복잡하지 않았습니다. 그냥 앉아서 별들을 보거나 나무를 바라보거나 새들의 노랫소리를 듣는 시간이 아주 많았습니다. 존재를 깊이 받아들일 수 있는 시간이 많았습니다. 이런 시간이 있어야 사람은 더욱 건강하고 온전한 존재가 될 수 있습니다.

신경증이란 우리가 마음속에 너무나 많은 짐을 가지고 있으며, 마음이 그 짐에 눌려 신음하고 있는 것을 말합니다. 우리는 짐에 눌려 제대로 움직이지도 못합니다. 의식이 비상한다는 것은 꿈도 꿀 수 없는 일입니다. 짐이 너무 무거워 기어 다니는 것조차 힘겹습니다. 그런데 짐은 매 순간 늘어가기만 합니다. 마음은 고장 날 수밖에 없습니다.

옛날에는 자연과 함께 살면서 항상 신뢰 속에 있었습니다. 씨를 뿌리는 농부는 반드시 신뢰 속에 있어야 합니다. 의심하기 시작하면 씨를 뿌릴 수 없습니다. 신뢰는 마치 아무런 질병도 없이 건강한 상태와 같습니다.

그러나 의심은 자연스럽지 못합니다. 마치 질병이 자연스러운 상태가 아닌 것과 같습니다. 오늘날은 회의주의와 불신이 만연되어 있습니다. 어린아이들까지도 의심하고 있습니다. 옛날에는 노인들까지도 모든 것을 신뢰했습니다. 세상 전체의 분위기가 신뢰와 믿음으로 가득 차 있었습니다.

그래서 옛날에는 대다수의 사람들이 마음이 안정되고 여유가 있었습니다. 그때는 지금처럼 정신적으로 가난하지 않았습니다. 오늘날은 물질적으로는 매우 풍요하지만, 그것은 결코 진정으로 풍요한 것이 아닙니다. 그때는 정신적으로 대단히 풍요해서 많은 사람들이 심오한 진실에 근접해 있었습니다.

옛날의 학자와 오늘의 학자를 구별한 것으로 미루어, 시대에 따라 학자의 특성이 다를 듯합니다.

오늘날 학자는 단지 전문적인 사람, 한 단편적 분야를 맡고 있는 사람일 뿐입니다. 이런 학자들은 지금 세상에 지천으로 깔려 있습니다. 그러나 예전의 학자란 인생을 배우는 자세로 사는 지혜로운 사람을 의미했습니다. 이들이야말로 세상의 소금과 같은 존재였지요. 하지만 예전에도 이런 학자는 결코 흔치 않았습니다.

배우는 데는 크게 두 종류의 사람이 있으니 제자와 학생이 그것입니다. 학생이란 스승에게서 무언가를 배우려고 하는 사람들입니다. 그들은 머리로 지식이나 정보를 모아 자신들이 많이 안다고 자부합니다. 그들은 다이아몬드를 손에 넣을 수도 있는데 색칠한 돌들만을 모으고 있습니다.

제자란 진심으로 배울 준비가 된 사람입니다. 그러나 지식에는 관심이 없으며, 존재에 관심이 있습니다. 그는 단지 스승과 함께 있는 데 관심이 있습니다. 그 밖에는 아무런 동기도 이유도 없습니다. 그는 진지하나 심각하지는 않습니다. 어린아이와 같습니다. 아이는 나비를 따라가다가 길가에 꽃이 있으면, 나비는 잊어버리고 온 관심을 꽃으로 집중시키지요. 아이들에게는 길이 곧 목적지입니다. 바로 이 순간 나의 삶 전체가 나에게로 수렴됩니다.

진리에 이르기 위해서는 무엇을 배우는 것보다는 오히려 배운 것을 잊어버리는 것이 중요합니다. 이것이 높은 차원의 배움의 자세입니다. 지난날 진실로 지혜로운 사람은 여태껏 알아온 일을 잊기 위해 힘썼습니다. 배운 것을 잊을 수 있을 때, 그때 비로소 순수해질 것입니다.

진리에 이른다 함은 위대한 그 무엇이 되는 것이 아니라 모든 되는 것으로부터 벗어나 자기 자신으로 돌아가는 일입니다. 그래서 어떤 사람이 더욱 그 자신이 될수록 그는 세상에 대해 책임을 느낄 것입니다. 왜냐하면 그는 점점 더 세상의 일부분이 되어 가고 있기 때문입니다.

그가 진정으로 그 자신이라는 것은 엄청난 책임을 의미합니다. 그러나 그것은 짐이 아닙니다. 그가 존재를 위해 무언가를 할 수 있다는 것은 하나의 즐거움인 것입니다. 존재는 그를 위해 너무나 많은 것을 해 주었습니다. 그것을 갚을 수 있는 방법은 없습니다. 그러나 그는 무언가를 할 수 있습니다.

그것은 존재가 그에게 해 준 것에 비하면 아주 작습니다. 그러나 그것이 그의 감사의 마음을 전해줄 것입니다. 존재에 대한 그의 책임은 그가 얼마만큼 그의 참된 실재에 도달했는가 하는 것을 보여줍니다. 우리는 그의 참된 실재를 볼 수 없지만 그의 책임은 볼 수가 있습니다.

배운 것을 잊어야 오늘날 학자들은 지식을 쌓아가면서 그들의 참모습은 더욱 더 깊은 무의식 속으로 들어갑니다. 그들은 잔뜩 짐을 짊어지게 되고, 지나친 가분수가 됩니다. 그들의 머리는 그들이 아는 것을 갖고 외쳐대기 시작할 것입니다. 온통 시끄럽게 되어 그들은 가슴의 작고 고요한 소리는 들을 수 없습니다.

그 침묵의 소리는 지식의 소란에 묻혀버립니다. 집의 문과 창문 들은 죄다 그들이 쌓아온 책들로 막혀 있습니다. 지식적인 사람들은 결코 배울 준비가 되어 있지 않습니다. 그들은 이미 자신이 알고 있다고 생각하기 때문이지요. 그들의 지식이란 에고의 자양분 외에 아무것도 아닙니다.

소크라테스는 말합니다. "내가 아는 것은 단 한 가지, 나는 아무것도 모른다는 것이다." 우리가 아무것도 모를 때, 당연히 알아보고 탐구하려는 커다란 갈망이 일어납니다. 우리가 배우기 시작하는 순간 필연적으로 따르는 또 한 가지 중요한 점이 있습니다. 우리가 배운 것은 무엇이든 계속해서 놓아 버려야 한다는 것입니다.

그렇지 않으면 그것은 갈수록 시대에 뒤진 지식이 될 것이며, 지식은 더 이상의 배움을 방해할 것이기 때문입니다. 그래서 진정한 제자는 결코 축적하지 않습니다. 매 순간 그는 자신이 알게 된 것에 대해 죽고, 다시 무지해집니다. 그 무지는 진정한 빛입니다. 이런 빛을 현대 철학자들에게서는 찾아볼 수 없습니다.

그들에게는 붓다, 소크라테스, 노자, 자라투스트라와 같은 사람들과 비교될 만한 아름다움이 전혀 없습니다. 현대 철학자들은 매우 평범합니다. 그들의 철학은 그들 존재에서 우러나오는 빛도 아니고 노래도 음악도 아닙니다. 그들이 하고 있는 것은 단지 언어분석일 뿐이지요. 그들의 철학 속에는 삶의 철학이 없습니다. 기껏해야 논리를 세련시키는 것 따위만 가득할 뿐입니다.

옛날 중국에는 공자, 노자, 장자, 맹자 등이 있었고, 인도에는 고오타마 붓다, 마하비라 등이 있었으며, 희랍에는 피타고라스, 헤라클레이토스, 소크라테스 등이 있었습니다. 그리고 이란에는 위대한 자라투스트라가 있었습니다. 이들이 옛날 철학의 최고 정상을 이루고 있었습니다. 그런데 지금은 철학자들 대신에 단지 철학 교수들만이 있을 뿐입니다.

2

**강물은 결코 바다에 가야한다고
걱정하지 않는다**

子曰 君子道者三 我無能焉 仁者不憂 知者不惑
자 왈 군 자 도 자 삼　아 무 능 언　인 자 불 우　지 자 불 혹

勇者不懼
용 자 불 구

공자가 말하였다. "군자가 도로 삼는 것이 다음 세 가지인데, 나
는 할 수 있는 것이 없다. 어진 사람은 근심하지 않고, 지혜로
운 사람은 미혹되지 않고, 용감한 사람은 두려워하지 않는다."

주해

道者 도라고 하는 것 | **我** 나(제1인칭 대명사) | **無能** 할 수 있는 것이 없다 |
焉 문장 끝에 오는 허사 | **仁者** 어진 사람 | **憂** 근심하다 | **知者** 슬기로운 사
람, 여기서 知(지식)는 智(지혜)의 뜻으로 쓰였다. | **惑** 미혹하다 | **勇者** 용감한
사람 | **懼** 두려워하다

깨달은 이들은 삶이 주는 즐거움에 전적으로 찬성합니다. 그들은 우울함과 심각함에 찬성하지 않습니다. 신은 심각하지 않습니다. 만일 신이 심각했다면, 꽃은 존재하지 않았을 것이며 새들이 노래 부를 수도 없었을 것입니다. 그는 언제나 축제와 같은 활력으로 넘칩니다.

주위를 살펴보십시오. 삶이 흥겨움으로 넘치고 있지 않습니까? 계속해서 꽃을 피워 내는 나무들과 해와 달, 별들을 보십시오. 가장 낮은 것에서 가장 높은 것에 이르기까지 모든 것이 환희의 음률입니다. 인간을 제외한 어떤 것도 심각하지 않으며, 인간을 제외한 그 무엇도 근심걱정에 시달리거나 불안에 떨지 않습니다. 인간을 제외한 모든 생명체가 흥겨운 놀이를 즐기고 있습니다.

그런데 어떻습니까? 대부분의 사람들은 삶을 즐기지 못하고 있습니다. 우리는 과거의 망령과 미래의 헛된 꿈속에서 헤어나지 못한 채 지금 이 순간의 삶을 놓치고 있습니다. 어떤 사람은 자신이 잘 교육받지 못한 것을, 혹은 좋은 대학을 나오지 못한 것을 걱정하고, 그의 부모가 가난해서 많은 기회를 놓친 것을 유감스러워하며 불행해합니다.

이들은 행복할 만한 까닭이었을 것이 틀림없습니다. 오직 그때만이 행복할 수 있었으리라고 생각합니다. 빈곤한 사람은 그가 가난하기 때문에 근심하고 한탄합니다. 하지만 부유한 사람도 그가 부자이기 때문에 또한 슬퍼하고 한탄합니다. 부유한 사람들은 부모들이 자신을 망쳐 놓았다고 원망합니다.

그들은 어린 시절에 너무나 안락했기 때문에 미처 아무 것도 깨닫지를 못했습니다. 부유한 집안의 자식들에게서 이해력을 발견하기란 심히 어려운 일입니다. 그들은 어리석고 독립심이 부족하지요.

이지적이 되어야 할 까닭이 없지 않습니까? 그들은 이성으로써 얻을 수 있는 모든 것을 이미 가지고 있으니까요. 어디에서나 그들은 나태하고 방만한 삶을 살면서 아무 걱정 없이 지냈습니다.

우리의 마음은 항상 과거나 미래에 있습니다. 결코 현재에 있지 않습니다. 미래는 아직 여기에 존재하지 않는데도 마음은 미래를 꿈꾸며 행복을 찾아 이리저리 뛰어다닙니다. 그러나 더 열심히 뛸수록 더 불행해집니다. 그래서 붓다는 말하였습니다. "탐욕에서 근심이 생기고 근심에서 두려움이 생긴다." 욕망이 일어날 때마다 항상 근심이 생깁니다.

어떻게 차지할까, 어떻게 성취할까 걱정하지요. 우리가 걱정할 때마다 수천수만 가지 선택의 문제가 생깁니다. 그러면 더 많은 근심이 생겨납니다. 어느 쪽이 그것에 도달할 수 있는 옳은 선택이며, 우리가 도달할 수는 있을지 불안하기만 합니다. 세상에는 수많은 경쟁자가 있습니다. 이런 상황에서 우리가 성공하리라는 보장이 어디에 있습니까? 그래서 두려움이 일어날 수밖에 없는 것입니다.

사람들은 현재 건강하다 해도 또한 행복하지 않습니다. 그들은 결코 건강을 행복할 만한 어떤 것으로서 생각하지 않을 것이므로. 건강한 사람은 결코 건강에 대해서 생각하지 않습니다. 만일 그들이 건강하지 않다면 역시 그들은 불행합니다.

우리 마음의 논리를 주시하십시오. 우리는 불행한 까닭을 발견할 수 있는 것은 무엇이든지 비약하며, 행복한 까닭을 발견할 수 있는 것은 단순히 잊습니다. 행복할 만한 까닭에 대해서는 전혀 주시하지 않습니다. 통찰력이 부족한 사람은 눈을 뜨고 있어도 장님이나 마찬가지입니다.

왜 그토록 걱정합니까? 우리는 평생을 걱정과 긴장에 시달립니다.

어깨 위에 무거운 짐을 올려놓고, 가슴을 커다란 바윗돌로 내리누르면서 어리석게도 불행을 자초합니다. 남보다 더 많이 성취하겠다는 욕망, 더 뛰어난 존재가 되겠다는 욕망이 계속됩니다. 모든 대상에 그런 욕망이 투영되지요. 때로는 돈이 대상이고 때로는 권력 때로는 명예가 대상이 됩니다.

깨달은 사람은 모두 한결같이 욕망이 고통의 근원이요, 자족이 행복의 토대가 된다고 말합니다. 우리는 지금 가지고 있는 것을 진정으로 누릴 줄 압니까? 우리는 자신이 가지고 있는 것조차 누릴 줄을 모릅니다. 그러면서 더 많은 것을 얻기 위해 몸부림칩니다.

초연함이 진정한 삶의 방식입니다. 지혜로울수록 집착과 욕망이 줄어들고, 궁극적으로는 삶이 저절로 일어나는 해프닝이 되게 합니다. 그러면 거기에 기쁨이 있고 즐거움이 있습니다. 절망이 없기 때문이지요. 애초에 기대한 바가 없으므로 실망도 없지요. 무슨 일이 일어나든 좋습니다. 실패도 없고 성공도 없습니다. 성공과 실패라는 게임이 포기되었습니다.

아침에 해가 뜨면 일어나고 밤에 달이 자장가를 부르면 자고 배고프면 먹습니다. 그렇다고 나태해도 좋다거나 일하러 나가지 말라고 하는 게 아닙니다. 단지 행위자가 되지 말라는 것입니다. 물론 배고플 때는 먹어야 하고 먹기 위해서는 일해야 합니다.

그러나 거기에 행위자가 있어서는 안 됩니다. 배고픔 자체가 일을 해야 합니다. 배고픔 외에 다른 행위자가 있어서는 안 됩니다. 우리를 우물가나 강으로 데려가는 것은 목마름 자체지요. 목마름 자체가 움직이고 있는 것이지 목마른 자는 없습니다.

깨달음이란 달성해야 할 어떤 거창한 목표가 아닙니다. 우리를 둘러싸고 있는 이 일상적인 삶을 수용하는 것이 깨달음입니다. 우리가 진실로 깨닫게 되면 이런 삶을 위한 고차원의 지혜와 용기도 따라올 것입니다. 그때 이 일상적인 삶은 비범한 아름다움을 지니게 됩니다. 나무는 더 푸르러지고 새는 더 풍성한 음률로 노래합니다.

이렇게 주변에서 일어나는 모든 일이 소중하게 느껴질 때 우리는 쓸데없이 걱정과 긴장에 시달리지 않습니다. 그러나 오늘날 우리에게 이런 이야기는 아득히 먼 어느 나라의 동화처럼 들립니다. 우리는 본래의 어진 바탕을 상실하고, 지식만 추구할 뿐 지혜가 없으며, 만용만 부릴 줄 알 뿐 진정한 용기가 없기 때문입니다.

어진 사람은 근심하지 않는다고 할 때, 이런 사람은 어떤 특성을 지닌 사람을 뜻하는 것입니까?

이런 사람은 쉽게 말해서 어린아이 같은 사람이라고 이해하는 것이 좋을 것 같습니다. 어린아이의 마음은 결코 사업적이거나 계산적일 수 없습니다. 아이들은 단지 즐길 뿐입니다. 우리가 즐거움 속에 빠질 수 있다면 다시 어린아이가 될 것입니다. 아이들만이 미래에 대한 어떤 걱정도 없이 단순히 즐기고 놀 수 있기 때문입니다.

아이들은 모래로 집을 만들고 놀면서 그 모래집이 얼마나 오래 갈 것인가 고민하지 않지요. 그들도 얼마 안 있으면 없어질 것이라는 사실을 잘 알고 있습니다. 그러나 그런 일로 인해 어른들처럼 걱정하지 않습니다. 오히려 그 순간은 매우 진지합니다. 그들은 최선을 다합니다. 아이들은 모래집 때문에 서로 싸우기조차 합니다. 그러면서 그들은 즐기고 있는 것입니다.

아이들은 바보가 아닙니다. 아이들은 모든 것이 모래집 같이 사라질 것이라는 것을 잘 알고 있습니다. 왜 사업적인 관점으로만 생각하면서 시간을 낭비합니까? 왜 보다 유희적이고 보다 진지하고 환희에 찬 삶을 누리지 않습니까? 삶의 환희는 우리의 노력을 통해서 얻어질 수 있는 그런 것이 아닙니다. 환희는 삶의 한 방식입니다. 아이들은 한 순간 한 순간 기쁨으로 삽니다. 환희는 복잡한 일에서가 아닌 아주 단순한 일에서 느낄 수 있습니다.

우리 삶에는 즐길 수 있는 기회가 헤아릴 수 없이 많이 주어져 있습니다. 그러나 목적이 있을 때 우리는 이 모든 것들을 놓치고 말지요. 목적이 사라졌을 때 매 순간이 기쁨으로 넘칩니다. 그때 우리는 정원에 피어 있는 한 송이 꽃의 율동이 될 것이며, 밤하늘의 별과 노래 부를 것입니다. 어떤 목적도 갖고 있지 않다면, 우리는 어디를 가도 본질적인 아름다움만 보게 될 것입니다.

깨달은 사람이란 어른이면서 어린아이처럼 사는 사람입니다. 그는 삶을 하나의 놀이로서, 하나의 게임으로서 참여하고 있기 때문입니다. 그가 행동 안으로 들어가는 것은 넘쳐나는 에너지 때문일 뿐입니다. 그는 무엇을 하거나 목표에 도달하는 데는 관심이 없습니다. 그의 행동은 일이 아니라 일종의 놀이입니다. 그때 그는 지복을 느낍니다. 이런 점에서 어진 사람은 깨달은 이에 가까울 것입니다.

크리쉬나는 장난스럽고 즐기며 전혀 심각해하지 않았습니다. 무슨 일이 일어나도 그는 전혀 걱정하지 않았습니다. 어떤 고통이 와도 그 역시 지나갈 것이므로 크게 근심하지 않았습니다. 그는 삶의 흐름에 어떤 것도 강요하지 않았습니다.

삶이 어디로 데려가든 그곳이 목적지였습니다. 삶이 도중에 죽음으로 데려간다 해도 그것은 그의 목적지라고 생각했을 것입니다. 가야 할 곳은 아무 데도 없습니다. 성취하지 않는 마음이 장난스러운 마음입니다. 성취하고자 하는 마음은 사무적인 마음입니다.

매 순간 아름답고 소중해서 아이들은 항상 강한 의지로 무장하도록 강요받으면서 자랍니다. 의지란 그들의 자발성에 반하는 것입니다. 그래서 의지력을 키우게 되면 편한 사람이 될 수 없습니다. 꽃이 피어나는 데 대단한 노력이 필요하다고 생각합니까? 나무가 자라는 데 무슨 노력이 필요합니까? 나무는 인위적인 노력을 하지 않습니다. 강물이 바다로 흘러가지만 강물의 흐름을 행위라 할 수 없습니다. 거기에는 인위적인 노력이 없기 때문입니다.

강물은 아주 편안하게, 마음을 푹 놓고 흘러갑니다. 바다에 가야한다거나, 다른 강물과 경쟁해야 한다는 생각도 없습니다. 강물은 그냥 흘러가면서 산과 계곡, 평야를 지나면서 노래를 하고 춤을 추지요. 강물은 결코 바다에 가야한다고 걱정하지 않습니다. 매 순간 아름답고 소중해서 내일 일을 신경 쓰지 않습니다.

의지는 가짜 인격을 만드는 데 쓰입니다. 의지는 에고라고 하는 추한 것의 다른 이름입니다. 심리학자 아들러는 자신의 정신분석학을 인간의 모든 문제는 의지에서 나온다는 사실에 토대를 두고 발전시켰습니다. 인간은 다른 사람보다 특별하고 거룩한 사람이 되고 싶어합니다. 시장의 장사꾼이냐 사원의 수도승이냐는 문제가 아닙니다. 모든 사람이 최고의 자리로 올라가기 위해 투쟁합니다.

우리가 싸울수록 그래서 성공할수록 우리는 자신의 존재에서 멀어집니다. 우리는 점점 더 경직되고 불안한 존재가 되기 때문이지요. 설령 우리가 성공을 한다 해도 다른 사람이 우리를 끌어내릴까봐 두려워합니다. 성취의 삶을 사는 사람은 평화로울 수 없습니다.

명상은 성취의 마음을 놓는 것입니다. 미래에 대한 생각은 잊어버리고 이 순간을 최대치로 살며 이 순간에 기뻐하는 것입니다. 그때 다음 순간은 제가 알아서 할 것입니다. 우리가 이 순간을 기뻐할 수 있다면 다음 순간도 기뻐할 수 있습니다. 이렇게 우리는 순간순간을 더 기뻐하고 춤추고 노래 부를 수 있습니다.

건조한 영혼 어린아이 같다고 해서 결코 유치한 것은 아닙니다. 반대로 그들은 지혜로 충만합니다. 그들의 지혜의 특성은 전적으로 건조한 영혼이 되는 데 있습니다. 건조하다는 것은 무감각해진다는 뜻이 아닙니다. 어떤 일에 주의를 기울이지 않는다든가 무관심해진다는 것이 아니지요.

그것은 깨어있고 주의하면서 깊은 관심을 보입니다. 그러나 이 관심은 결코 걱정이나 불안이 되지 않는 관심입니다. 건조한 영혼을 가진 자는 아내나 딸, 아들, 남편 또는 부모나 친구 그 밖의 모든 사람들에게 할 수 있는 만큼 모든 힘을 다 기울여 돌보아 줍니다. 그리고 무슨 일이 일어나든지 모두 다 받아들입니다. 절망한다든가 좌절하는 일이 없습니다.

가능한 것은 모두 다 합니다. 그때 어떻게 좌절이 있을 수 있습니까? 그들은 이러저러해야 했을 걸 하고 후회하거나 걱정하지 않습니다. 모든 것을 다 했기 때문에 그것으로 된 것입니다. 모든 것을 전체적으로 받아들이고 처리해 낼 때 거기에 걱정이 남아 있을 수 없습니다. 모든 관계가 다 깨끗해집니다.

일반적으로 물에 젖은 상태에서는 모든 관계가 다 불결합니다. 관계라는 것이 우리를 더럽게 만듭니다. 그러나 우리를 참으로 더럽히는 것은 관계가 아니라 우리가 지니고 있는 물기입니다. 마치 젖은 옷을 입고 밖에 나갔다가 돌아오면 옷에 흙이나 먼지가 많이 묻는 것과 같습니다. 길이 더럽기 때문이 아닙니다. 옷이 물에 젖었기 때문입니다.

내면의 세계에서도 그런 일이 일어납니다. 영혼이 물에 젖으면 무엇을 하든지 추한 결과를 가져옵니다. 먼지가 달라붙기 때문입니다. 그러나 영혼이 건조하면 아무것도 달라붙지 않습니다. 먼지가 불어와도 달라붙지 못합니다. 붓다도 우리가 살고 있는 이 세상과 똑같은 세상을 살았습니다. 그런데도 붓다에겐 아무 먼지도 붙지 않았는데 우리는 매일 우리가 더러워지는 것을 느낍니다. 붓다는 항상 방금 목욕하고 나온 것처럼 신선하고 깨끗합니다. 그 청결함은 영혼이 건조하기 때문에 가능한 것입니다.

우리가 깨어 있을수록 우리의 영혼은 건조해집니다. 우리가 자각할 때 내면에서는 불꽃이 일어납니다. 그 불꽃은 우리가 잠을 자고 있을 때도 계속해서 타오릅니다. 그러나 많은 사람들은 깨어 있을 때도 몽유병 환자와 같습니다.

불꽃이 계속 타오르는 상태에서 자각하고 있을 때는 자고 있을 때도 불이 꺼지지 않습니다. 오히려 신선한 공기가 계속 흘러들어와 불꽃은 더 활활 타오릅니다. 여기에서 깨어 있다고 하는 말은 어느 하나에 집중한다는 뜻이 아닙니다. 어느 하나에 정신을 집중하고 있을 때는 다른 모든 것을 의식하지 못하게 됩니다.

깨어 있다 함은 모든 차원으로 통하는 문을 모두 열어놓고 항상 열려 있는 상태에 있는 것을 말합니다. 그때 우리의 깊은 내면에서 불꽃이 타오릅니다. 그 불꽃이 모든 물기와 무의식을 말려 버립니다. 바로 이것이 깨달음입니다.

실제로 현인 가운데 전연 근심하지 않은 이가 있었다면, 어떤 자세로 살기에 그럴 수 있었는지 궁금합니다. 혹시 그런 분의 예를 들어주실 수 있는지요?

여러 해 동안 위대한 신비가인 에크나트를 찾아간 사람이 있었습니다. 어느 날 그는 아침 일찍 아무도 없을 때 에크나트에게 찾아가 물었습니다. "용서하십시오. 일찍 와야 아무도 없을 것 같아서요. 늘 묻고 싶었지만 부끄러워서 차마 묻지 못했던 질문을 하겠습니다." 에크나트가 말했습니다. "부끄러워할 필요 없네. 어떤 질문이든 아무 때고 하게. 여기 앉지." 그들은 수도원 안에 나란히 앉았습니다.

사내가 말했습니다. "제 질문은, 오랫동안 선생님을 보아 왔지만 한 번도 슬퍼하거나 좌절하는 걸 못 봤고, 불안해하거나 어떤 걱정을 하는 것을 보지 못했습니다. 선생님은 언제나 행복하고 언제나 충만하고 만족해 있었습니다. 저는 그걸 믿을 수 없습니다. 저의 의심하는 마음은 말합니다. '이 사람은 가장하고 있는 거다.'

하지만 그렇게 오랫동안 가장할 수는 없다는 생각도 들었습니다. '만약 그가 가장하고 있는 거라면, 나도 한번 해 보자.' 그래서 시도해봤습니다만, 5분이나 6분이 지나면 그런 마음은 깡그리 사라지고 걱정이 밀려오고 화가 치밀고 슬픔이 밀려오고 또 아무것도 안 올 때는 마누라가 옵니다.

어떻게 선생님은 날마다 달마다 해마다 그럴 수 있습니까? 저는 언제나 똑같은 기쁨과 똑같은 고상함을 봅니다. 용서하십시오. 하지만 아무래도 선생님이 가장하고 있다는 의심이 끊이지 않습니다. 선생님에겐 부인이 없는 듯한데, 그것이 선생님과 저와의 딱 한 가지 차이점 같습니다."

에크나트가 말했습니다. "자네 손을 한번 보여 주게." 그는 사내의 손을 잡고 아주 심각하게 들여다보았습니다. 사내가 말했습니다. "뭐가 잘못됐습니까?" 그는 조금 전의 의심과 에크나트에 대해선 관심도 없는 듯했습니다. 에크나트가 말했습니다. "손금을 보니 자네의 명줄이 끝났군. 7일밖에 안 남았어. 자네 질문에 대답해 주다가 잊어버릴까봐 먼저 말해 주는 걸세."

그러자 사내가 말했습니다. "저는 제 질문이나 선생님의 대답에 관심이 없습니다. 제발 저를 좀 부축해 주십시오." 그는 젊은 사람이었습니다. 에크나트가 말했습니다. "일어설 수가 없단 말인가?" 그가 말했습니다. "기운이 전부 빠져나간 것 같습니다. 7일밖에 안 남았다고요? 모든 게 산산조각 났군요. 도와주십시오. 저의 집은 멀지 않습니다. 집에 데려다 주십시오."

에크나트가 말했습니다. "자네는 갈 수 있네. 걸을 수 있지 않은가? 바로 몇 분 전에는 멀쩡하게 걷지 않았나?" 사내는 어떻게든 일어서려고 애를 썼습니다. 그는 기운이 다 빠져나간 사람처럼 보였습니다. 계단을 내려가려고 할 때 그는 갑자기 늙어서 난간을 의지해야 할 정도였습니다. 길을 가다가 언제 쓰러질지 몰랐습니다. 그는 술 취한 사람처럼 걷고 있었습니다. 어찌어찌해서 그는 집에 도착했습니다.

식구들은 모두 일어나 있었는데, 그는 잠을 자러 갔습니다. 식구들이 물었습니다. "무슨 일이세요? 아파요? 몸이 좋지 않아요?" 그가 말했습니다. "지금 병이 문제가 아니야. 몸이 아프건 안 아프건 상관없어. 내 명줄이 끝났어. 7일밖에 안 남았어. 오늘이 일요일이니까. 다음 일요일 해가 떨어질 때 나는 갈 거야. 나는 이제 끝났어."

집안 전체가 슬픔에 잠겼습니다. 친지와 친구들이 모여들었습니다. 왜냐하면 에크나트 같은 사람은 거짓말을 할 리가 없었기 때문이지요. 그는 진실한 사람이었으니까요. 그가 말했다면 죽음은 확실한 것이었습니다. 7일째 해가 떨어지고 있었습니다. 그의 아내와 아이들은 물론 형제들도 울고 있었고, 늙은 부모는 정신을 잃었습니다.

에크나트가 집에 도착하자 모두들 말했습니다. "마침 잘 오셨습니다. 그에게 축복을 내려 주십시오. 그는 미지의 곳으로 여행을 떠납니다." 7일 동안 그 사내는 엄청나게 변해서 에크나트도 그를 알아보기 힘들 정도였습니다. 그는 뼈만 남아 있었습니다. 에크나트가 그를 흔들었습니다. 그는 겨우 눈을 떴습니다. 에크나트가 말했지요. "자네가 죽지 않을 거란 얘기를 해주려고 왔네. 자네의 명줄은 아직 많이 남았네. 나는 자네의 질문에 대한 답으로 7일 안에 죽을 거라고 말한 거네. 그것이 나의 대답이었네."

그러자 사내가 펄쩍 뛰었습니다. "그게 대답이었다고요? 맙소사! 선생님은 이미 날 죽였습니다. 해가 떨어지면 죽겠구나 하고 창밖을 보고 있었는데." 사내가 한결 환해진 얼굴로 물었습니다. "무슨 대답이 이렇습니까? 그런 대답은 사람을 죽일 수도 있어요. 당신은 살인자나 진배없군요. 우리는 선생님을 믿었는데, 선생님은 그 믿음을 악용했어요."

에크나트가 말했습니다. "그 대답이 아니면 어떤 것도 도움이 되지 못했을 걸세. 나는 자네에게 물으러 왔네. 7일 동안 자네는 누구하고 싸우거나 누구에게 화를 낸 적이 있는가? 법정에 간 적이 있는가? 자네의 일이란 게 매일 법원에 가는 일 아니었나?" 그는 그런 사람이었습니다. 그저 돈만 많이 주면 심지어 살인자를 위해서도 증인이 될 수 있는 사람이었습니다. 그의 직업은 돈을 받고 누구를 위해서나 증인을 서주는 것이었습니다.

에크나트가 물었습니다. "자네 사업은 어떻게 되었나? 7일 동안 얼마나 증언하고 얼마나 벌었는가?" 그가 말했습니다. "무슨 말을 하시는 겁니까? 침대에서 한 발짝도 움직이지 않았는데, 먹지도 못했습니다. 식욕도 없고 목이 마르지도 않더군요. 저는 그냥 죽어 있었어요."

에크나트가 말했습니다. "이제 일어나게. 때가 되었네. 목욕을 하고 잘 먹게. 내일 또 법정에 가야지. 계속 일을 해야 하지 않겠나? 나는 자네 질문에 대답을 한 거네. 모든 사람은 죽게 되어 있네. 죽음은 내일이라도 올 수 있네. 자네는 7일이나 여유가 있었네. 나에게는 7일도 없어. 내일 해 뜨는 걸 못 볼지도 모르지.

내겐 바보 같은 일과 어리석은 야망에, 탐욕에, 분노에, 걱정에, 근심에 쏟을 시간이 없네. 시간이 없을 뿐이네. 내일이면 내가 여기 없을지도 모르니까. 이 한 뼘도 안 되는 인생에서 존재의 아름다움을 누릴 수 있다면, 내 사랑을 나눌 수 있다면, 내 노래를 나눌 수 있다면, 죽음은 내게 힘겨운 일이 아닐 걸세."

순간순간 도를 따라 살기 우리는 죽음에 대해서 걱정하면서 살아갑니다. 배가 부를 때도 굶주림을 걱정합니다. 삶에는 항상 커다란 불안이 있습니다. 그러나 성현은 과거에 집착하지 않으며 미래를 걱정하지 않습니다. 현재에도 매이지 않습니다. 과거는 더 이상 존재하지 않으며 미래 역시 아직 존재하지 않기 때문입니다. 그리고 현재는 매 순간 흘러가고 있습니다. 그러니 어디에 집착하겠습니까? 어디에도 집착하지 않는 것이 현명한 삶입니다.

집착은 불행만 가져다 줄 뿐입니다. 그러니 과거에 대해서 생각하지 마십시오. 그것은 이미 지나가 버린 것입니다. 지혜로운 사람은 현재에도 집착하지 않습니다. 그것 역시 계속 지나가고 있습니다. 그리고 그는 미래에 대해서도 생각하지 않습니다. 그것은 아직 오지 않았습니다. 그것이 올지도 안 올지도 모르지 않습니까?

지혜로운 사람들은 순간순간 도를 따라 삽니다. 이 한 문장이 종교의 감추어진 모든 비밀입니다. 완전한 깨어 있음과 자발성 속에서 순간순간 그들은 기쁘고 평화스럽게, 고요하고 완만하게 살아가고 있습니다. 그들의 침묵이 깊어질수록 그들의 이해도 깊어집니다. 그들의 의식이 최고봉에 이를 때 모든 순간들이 낙원으로 변하지요. 그때 구름 속에 있는 낙원 같은 것은 생각하지도 않습니다. 그때 낙원은 지금 여기에 존재합니다.

어진 사람의 삶에서, 보통 사람 같으면 걱정 정도가 아니라 격분도 마다하지 않을 경우에 아무 걱정도 하지 않고 태연하게 산 실례가 있는지 모르겠습니다.

있지요. 좋은 예를 하나 들어보지요. 보쿠주라는 선승이 어떤 마을을 지나가고 있었습니다. 그때 갑자기 누군가가 다가와서 그를 지팡이로 때렸습니다. 그는 쓰러졌고 그와 함께 지팡이도 떨어졌습니다. 그는 일어나서 지팡이를 주워들었습니다. 그를 때린 사람은 멀리 달아나고 있었습니다. 보쿠주는 그를 따라가며 외쳤습니다. "잠깐만, 지팡이를 가져가야지." 보쿠주는 그를 따라가서 그에게 지팡이를 주었습니다. 사람들이 무슨 일이 일어났는지 보려고 모여들었습니다. 그 중 한 사람이 보쿠주에게 물었습니다. "저 사람이 당신을 세게 때렸는데 당신은 아무 말도 하지 않는군요."

보쿠주는 이렇게 말한 것으로 전해집니다. "사실은 사실일 뿐이다. 그가 때렸다. 그게 전부다. 그가 때리고 내가 맞는 일이 일어났을 뿐이다. 그것은 내가 나무 밑을 지나가거나 나무 아래 앉아 있을 때 나뭇가지가 떨어지는 것이나 마찬가지다. 내가 어떻게 하겠는가?" 그러나 사람들이 말했습니다. "나뭇가지는 나뭇가지일 뿐이지만 이 사람은 사람입니다. 나뭇가지에게는 아무 말도 할 수 없고 벌 줄 수도 없습니다."

보쿠주가 말했습니다. "이 사람도 나에게는 나뭇가지일 뿐이다. 그리고 내가 나뭇가지에게 뭐라고 말을 할 수 없는데 왜 굳이 이 사람에게 뭐라고 말해야 하는가? 그런 일이 일어났을 뿐이다. 나는 일어난 일에 대해서는 판단하지 않는다. 그리고 그것은 이미 일어난 일이다. 왜 그것에 대해 걱정해야 하는가?"

이것이 현자의 마음입니다. 판단하지 않고 요구하지 않으며, 이것을 하고 저것을 하지 말아야 한다고 말하지도 않습니다. 무슨 일이 일어나든 그는 그것을 전체적으로 받아들입니다. 이 받아들임이 그에게 자유를 줍니다. 이 받아들임이 그에게 볼 수 있는 능력을 줍니다. 해야 한다 혹은 해서는 안 된다든가, 구분하고 판단하고 비난하고 칭찬하는 등 이런 것들은 눈병들입니다.

선택과 선호의 차이 선객禪客들에겐 선택이 없습니다. 오직 선호만이 있을 뿐입니다. 선택과 선호의 차이를 명확히 알 필요가 있습니다. 선택이란 '나는 그것에 대해 아주 심각하다'고 하는 것입니다. 선택은 의미합니다. '이것은 내가 살고 싶은 방식이고, 나머지는 전혀 살고 싶지 않은 방식이다. 이것은 살아야 할 길이고, 저것은 가치 없는 것이다.'

그러나 선호한다는 것은 단순히 '나는 이것이 좋다. 하지만 그 일이 일어나지 않는다면 나머지도 좋은 것이다.'라고 하는 것입니다. 그 속엔 심각함이 없습니다. 당연히 선사들 역시 기호를 갖고 있습니다. 누구나 기호가 있기 마련인데, 그라고 왜 없겠습니까?

그는 잠잘 때 가시나무 위에서 자지 않습니다. 침대 위에서 잡니다. 이것은 선택이 아닌 선호이지요. 그러나 만일 가시나무 위에서 자야 한다면 거기에서 잘 것입니다. 만일 침대가 여의치 않은데 잠이 온다면 가시나무 위에서라도 잘 것입니다.

하지만 이것은 선택이 아닙니다. 다만 그 처지에서는 그것만이 유일하게 가능한 일입니다. 그는 밥을 먹습니다. 날쌀을 먹지 않습니다. 이것은 선호이지 선택이 아닙니다. 밥을 지을 수 없을 때는 기꺼이 날쌀을 먹을 것입니다. 선객들은 선택하지 않습니다. 그들은 세상을 선택하지 않고 세상을 포기하는 것도 선택하지 않습니다.

하지만 그들은 세상에서 살고 있습니다. 그쪽을 선호하는 것입니다. 이것이 더욱 자연스러워 보인다고 말합니다. 그들은 보통 사람들처럼, 우리가 사는 것처럼 삽니다. 하지만 그들은 비범한 지성을 갖고 살며 엄청난 각성을 지니고 삽니다. 선택이 사라지고 선호가 자리를 잡을수록 더욱더 지성적이고 깨어있고 의식적이 되지요.

보쿠주라는 선승도 물론 사람들이 무례하게 구는 것보다는 예의 바르게 대하는 것을 선호합니다. 그러나 이는 선호일 뿐 선택이 아닙니다. 부득이한 상황에서 어떤 무례한 일을 당한다 해도 결코 심각하게 혹은 신경질적으로 반응하지 않고 여유 있게 대하고 전체적으로 수용합니다. 이것은 그가 비범한 지성을 갖고 있지 않다면 전연 불가능한 일이었습니다.

세상의 부모들은 자식 걱정 때문에 하루도 마음 편할 날이 없습니다. 바탕이 어질지 못해서 그런 것일까요? 아니면 무엇이 문제인지요?

부모들은 자식에 대해서 늘 긴장하고, 끊임없이 걱정하고 있으며, 너무나 많은 문제들을 가지고 있습니다. 그래서 어느 집이나 부모와 자식 사이에 갈등이 끊이지 않지요. 라즈니쉬의 성장 과정도 예외는 아니어서 그는 젊은 시절에 겪은 아버지와의 갈등을 다음과 같이 회상합니다.

그 아버지에 그 아들 나의 아버지는 내가 대학에 다니고 있을 때, 매주 월요일마다 나에게서 편지를 받아야겠다고 아주 끈질기게 요구하셨다. 나는 아버지에게 말했다. "만약에 무언가 잘못된 것이 있다면, 만약에 무언가 문제가 있다면, 만약에 제가 아프다면 아버지에게 알려 드리겠습니다. 그러나 불필요하게 아무 일도 없다는 말을 반복해서 쓴다는 것은 조금도 정당화될 수 없는 일입니다."

그분은 말씀하셨다. "정당화되든 안 되든 그것은 네가 따질 문제가 아니다. 7일 동안 기다리다 보면, 나는 너에 대해서 걱정을 하게 된다. 내가 걱정하는 것은 네가 아픈가가 아니다. 나는 네가 무엇을 하고 있으며, 너에게 무슨 일이 일어나는지에 대해서 걱정하는 것이다.

네가 어느 순간에 곤란에 처하게 될지 아무도 모르는 일이다. 그러니 바로 토요일에 너는 편지를 부쳐서 월요일에는 내가 받아볼 수 있도록 해야만 한다. 만약 월요일에 편지를 받지 못하면 나는 불필요하게 네가 다니는 대학까지 2백 마일을 가야만 할 것이다."

그래서 나는 편지 한 통을 썼다. '이곳에선 모든 것이 잘 되고 있습니다. 저는 아무런 문제도 없습니다. 걱정하실 필요 없습니다.' 그리고 다른 편지들에서 나는 단지 '전과 같음' 표시만 했다. 아버지는 매우 화가 나서 나를 보자마자 역정을 내셨다. "나는 당장 너를 때리고 싶은 기분이다. 편지들에다 '전과 같음'이라고 쓰다니."

내가 말했다. "그것이 정확히 제가 처한 상황입니다. 그렇지 않으면 저는 같은 것을 다시 써야 하기 때문입니다. 아버지는 제가 매주 토요일에 편지를 쓴다고 생각하세요? 저는 단지 어떤 타이피스트에게 첫 번째 편지를 치고 100통의 편지에다는 '전과 같음'이라고 쳐 달라고 부탁했습니다.

그리고 그 편지들을 같은 기숙사의 한 친구에게 주고 말했습니다. "너는 매주 토요일마다 이 '전과 같음'이라고 적힌 편지들 중에 하나를 부쳐다오." 왜냐하면 저는 잊을 수도 있고, 그렇게 되면 불필요하게 아버지가 이곳까지 오셔야만 할지도 모르기 때문입니다. 그는 너무나 정확해서 일단 그에게 부탁을 하면 그는 반드시 그렇게 한답니다."

아버지는 매우 화가 나셨다. "너는 누가 편지에다 '전과 같음'이라고만 쓴다는 말을 들어보기나 했느냐? 나는 일주일을 기다려서 고작 단지 '전과 같음'이라고만 쓰여 있는 카드만 받는단 말이다. 너의 사인도 없이 말이다. '전과 같음'이라는 구절은 처음 편지에 모든 것이 표현되어 있으니 그것을 참조하라는 것이냐?"

걱정과 사려 깊은 마음 삶은 논리적이지 않습니다. 그것은 그 이상의 어떤 것입니다. 그리고 그 이상의 어떤 것이야말로 가장 가치 있는 것입니다. 그러나 많이 배우지 못한 부모의 말을 논리적으로만 생각하고 못마땅해 하는 자식들은 부모의 그 깊은 마음을 알 길이 없습니다.

자식에 대한 부모의 이런 마음은 자식이 아무리 나이가 들어도 사라지지 않습니다. 부모에게 자식은 언제나 물가에 내놓은 어린애 같으니까요. 그러나 부모의 지나친 걱정은 결코 바람직한 것은 아닙니다. 자식이 어릴수록 부모의 걱정은 더욱 클 수밖에 없지요.

그래서 아이가 어머니에게 어떤 것을 요청하면, 어머니는 그 아이의 말은 귀담아 듣지도 않고 으레 안 된다고만 합니다. 아이는 밖에 나가서 놀고 싶어합니다. 때로는 비가 오고 있는데 밖에 나가서 빗속에서 뛰어놀겠다고 합니다. 그러면 어머니는 말하곤 하지요. "안 돼, 감기에 걸린단 말이야." 감기는 암이 아닙니다.

그러나 빗속에서 뛰어놀지 못하게 된 그 아이는 엄청난 것을, 정말로 아름다운 어떤 것을 놓칠 것입니다. 감기는 걸릴 만한 가치가 있을지도 모릅니다. 그리고 그 아이가 반드시 감기에 걸리는 것도 아닙니다. 사실 부모가 아이를 보호하면 할수록 그 아이는 더욱 쉽게 감기에 걸리게 됩니다. 그 아이에게 더 많은 자유를 허용할 때, 그 아이의 면역력은 더욱 커질 것입니다.

부모들은 '그래' 하고 말하는 법을 배워야만 합니다. 백 번 중에 아흔 아홉 번을 그들은 보통 안 된다고 말하지요. 그러면 그 아이는 방에 들어가 인형을 가지고 놀 수밖에 없습니다. 그러면서 인형을 이쪽 구석에서 저쪽 구석으로 발로 뻥뻥 차댑니다. 그것은 실은 그 아이가 자신의 어머니나 아버지에게 하고 싶었던 것입니다.

문제는 부모에게 있습니다. 부모는 아이에 대해 너무 걱정을 많이 하는 것 같습니다. 어떤 때는 그런 걱정이 아이를 긴장하게 합니다. 걱정은 보살핌이 아닙니다. 근심은 파괴적입니다. 근심은 부모와 아이를 동시에 파괴하지요. 어머니가 자기 때문에 근심하는 모습을 보면, 아이는 죄책감을 갖습니다. 그 죄책감이 기관지염이나 천식의 원인이 될 수도 있습니다. 때로는 아이가 밥을 먹지 않음으로써 무의식적으로 스스로에게 벌을 주기도 합니다.

관심이 없는 것은 좋지 않습니다. 그렇지만 지나친 관심 역시 좋지 않습니다. 극단적인 태도는 언제나 좋지 않은 결과를 가져옵니다. 중용을 지키는 것이 좋습니다. 부모는 아이를 지나치게 감싸면서 아이를 숨 막히게 만들고 있습니다. 부모의 의도는 선합니다. 그러나 부모의 행동은 옳지 않습니다. 아이에게는 자신의 삶이 있습니다. 아이가 자기 방식대로 살아가도록 놓아두어야 합니다. 부모가 할 수 있는 일은 사랑하는 것과 자유를 주는 것뿐이지요.

많은 어머니들이 아이의 주위에 묶여 있으면서 스스로도 괴로워합니다. 이제 자신의 삶으로 돌아가서 아이들에게도 혼자 있을 수 있는 시간을 주어야 합니다. 아이를 어른처럼 존중하십시오. 모든 아이들을 자신과 동등한 존재로 인정해야 합니다. 먼저 아이에게 자유를 주십시오. 아이를 숨 막히게 하지 마십시오. 아이는 천식을 통해 부모에게 그와 같은 사실을 말하고 있습니다.

그리고 밥을 먹으라고 강요하지 마십시오. 강요하면 아이는 거부할 것입니다. 아이들은 언제 배고픈지 잘 알고 있습니다. 배가 고프면 밥을 먹습니다. 배고프지 않다면 밥을 먹을 필요가 없지요. 배가 고픈데 밥을 먹지 않는 아이는 없습니다.

어쩌다 한 끼를 거르더라도 걱정할 필요가 없습니다. 한 끼를 거르도록 놓아두세요. 정말 배가 고프면 자기가 달려올 것입니다. 그런데도 많은 어머니들은 여전히 아이에게 식사를 강요하고, 그로 인해 많은 것을 망가뜨립니다. 아이의 자연스러운 식욕이 망가지면, 아이는 언제 배가 고프고 언제 배고프지 않은지를 잊게 되지요.

부모들이 하는 일이란 아주 섬세한 것입니다. 나아가 그것은 귀중한 것입니다. 왜냐하면 아이의 삶 전체가 거기에 달려 있기 때문입니다. 진심으로 아이를 사랑하는 부모라면 이렇게 말할 줄 알아야 합니다. 그러나 이는 한낱 먼 나라의 이상적인 바람일 듯합니다.

"너는 우리에게서 자유로울 필요가 있다. 우리에게 복종하지 말고 네 자신의 지혜에 귀를 기울여라. 네 자신의 실수를 저지르고, 그 실수에서 삶을 배워라. 다른 사람을 따라하면서 실수를 저지르지 않는 것보다 그 편이 낫다. 다른 사람을 따라하면 아무것도 배울 수 없다. 그것은 독약과 같다."

사랑의 충복이 되라 사랑의 충복이 되라는 말이 있습니다. 이것은 사랑하는 사람의 충복이 되라는 의미가 아닙니다. 부모의 입장에서 는 자식의 충복이 되라는 게 아니라 사랑의 충복이 되라는 것입니다. 사랑이라는 순수한 관념은 존중되고 숭배되어야 합니다.

자식은 그 순수한 관념이 가진 여러 모습 중 하나일 뿐입니다. 모든 존재에는 수없이 많은 사랑의 모습들이 담겨있습니다. 꽃이나 달이 그러하듯 연인과 아이들, 어머니와 아버지 모두 사랑이라는 거대한 바다의 물결들입니다.

부모로서 사랑의 충복이 되는 것은 자식을 통하여 사랑을 즐길 줄 아는 것입니다. 그러면 자식에게 집착하지 않을 것입니다. 자식에게 집착하지 않을 때, 사랑은 가장 높은 정점에 이릅니다. 집착이 일어 나면 바닥으로 굴러 떨어지기 시작합니다. 집착이란 중력 같은 것이지요.

집착하지 않는 모습에는 기품 있는 아름다움이 있습니다. 집착은 진실하지 않은 사랑의 다른 이름입니다. 진정한 사랑은 얽매이지 않습니다. 진실하지 않은 사랑은 너무 지나치게 걱정합니다. 늘 관심이 끊이지 않습니다. 진정한 사랑은 걱정이 아니라 사려 깊은 마음입니다. 누군가를 진정으로 사랑한다면 그 사람이 정말로 필요로 하는 것이 무엇인지 숙고해야 합니다.

그 사람에게 정말 필요한 모든 것을 주어야 하지만, 그 사람의 환상이 만들어낸 욕망을 충족시켜서는 안 됩니다. 그 사람에게 해를 입히게 될 어떤 것도 주어서는 안 됩니다. 그 사람이 간절히 원한다고 하더라도 그의 에고를 채워주어서는 안 됩니다. 그것은 사랑하는 사람에게 독을 주입하는 것입니다. 그 사람에게 진정으로 필요한 일인지, 아니면 그의 에고가 원하는 일인지 구별할 수 있는 것이 바로 사려 깊은 마음입니다.

사람들은 근심이나 걱정을 잊기 위해서 술을 마시거나 담배를 피우고, 혹은 일에 몰두하기도 하는 것을 봅니다. 그러나 이것은 근본적인 방법이 아닐 것입니다. 보다 근본적인 방법에 대해서 말씀해 주실 수 있는지요?

담배를 피우는 것은 걱정거리를, 긴장을, 불안을 잊는 데 도움이 됩니다. 술을 마시는 것은 한층 더 도움이 될 것입니다. 비참한 사람일지라도 술 기운을 빌어 갑자기 웃고 즐기기 시작하는 것을 봅니다. 술집에 가서 거기 분위기를 느껴보십시오. 모든 이들이 웃고, 즐기고 서로의 코를 때리며 싸웁니다.

다른 것들도 이와 같은 일들을 할 수가 있습니다. 껌을 씹는 것도 같은 일을 할 수 있습니다. 그러나 효과적인 것으로 말하면 마약 만한 것은 없을 것입니다. 그것은 즉각적으로 에너지를 좌뇌에서 우뇌로 이동시켜 주기 때문입니다. 마약이 하는 일은 그것뿐입니다. 그러나 마약이 주는 기쁨을 안 사람이 마약을 끊는 것은 대단히 어렵습니다. 마약보다 나은 방법을 찾아야 마약을 버릴 수 있습니다.

우뇌가 목적이며 좌뇌는 수단이다 명상이 보다 나은 방법입니다. 명상도 마약과 같은 일을 합니다. 인간의 마음을 좌뇌에서 우뇌로 이

동시켜 주는 것입니다. 명상이 널리 퍼져서 사람들의 삶 속에 자리 잡으면 마약은 사라질 것입니다.

사람들은 좌뇌와 우뇌의 존재를 알고 양쪽을 모두 활용할 수 있는 방법을 배우고, 어느 쪽을 언제 이용해야 되는지를 배우면 좋을 것입니다. 사업을 하거나 돈 계산을 할 때처럼 좌뇌를 사용해야 할 때가 얼마든지 있습니다. 우뇌를 사용해야 할 때도 많이 있습니다.

그러나 어디까지나 우뇌가 목적이며 좌뇌는 수단임을 잊지 말아야 합니다. 우뇌가 주인입니다. 따라서 좌뇌는 우뇌를 따라야 합니다. 왜 돈을 법니까? 우리는 어디까지나 삶을 즐기고 생명을 찬미하기 위해서 돈을 법니다. 우리는 사랑을 하며 아름답고 보람 있게 살기 위해 저축을 합니다.

그리고 놀기 위해 일을 합니다. 삶의 유희가 목적입니다. 우리는 휴식을 취하기 위해 일을 합니다. 휴식이 목적이지 일이 목적이 아닙니다. 그러나 많은 사람들이 마치 일이 목적인 냥 일에 파묻혀 삽니다. 그러면서 열심히 사는 것처럼 착각합니다.

마약 중독자가 마약에 탐닉하는 것처럼 일에 집착함으로써 근심을 잊기도 하지요. 일이 바로 마약인 셈입니다. 일은 지루함과 걱정 그리고 긴장을 덜어줍니다. 일은 마치 마약처럼 온갖 근심과 고통을 잊을 수 있도록 도와줍니다.

지난날 사람들은 일요일에도 일을 했지요. 그토록 휴일이 없었습니다. 그들은 말합니다. "집에 있어봤자 별다른 할 일도 없지 않은가? 그런 고통은 원하지 않는다. 집에 있으면 아내나 아이들과 티격태격할 일밖에 없다. 그러니 일에 빠져 있는 것이 더 낫다."

어떤 것이든 마약을 대신하여 사용할 수 있습니다. 단지 어떤 것에든지 탐닉하기만 하면 됩니다. 일에 집착하여 중독된 자는 명상에 반하고 있습니다. 온갖 탐닉으로 말미암아 그는 참다운 명상가가 되지 못하는 것입니다. 무엇보다도 온갖 탐닉을 끊는 것이 중요합니다.

일에 전념하는 것은 일에 집착하고 탐닉하는 것과는 전혀 다른 차원의 문제입니다. 그대의 일과 온전히 하나 되는 것은 집착이 아니라 일종의 명상입니다. 일에 온전히 몰두할 때 그 일은 온전해지고, 그대는 그 온전함에서 솟아나오는 기쁨을 만끽하게 될 것입니다.

만약 일에 전념할 수 있다면 무위에도 전념할 수 있게 됩니다. 조용히 앉아 침묵을 전적으로 즐기는 것입니다. 그때 그대는 전체적으로 되는 법을 알고 있습니다. 조용히 눈을 감고 전체 속으로 몰입하는 것입니다. 그대는 전체적으로 되는 비밀을 알고 있습니다.

그러므로 일에 전념하는 것은 명상에 큰 도움이 됩니다. 그러나 중독자는 명상에 빠질 수 없습니다. 일에 전념하는 사람은 중독자가 아닙니다. 그는 모든 것에 온 정성을 쏟을 수 있는 사람입니다. 그는 전체적인 인간입니다. 그러면 그의 삶 전체는 명상이 될 것입니다.

가진 자나 가진 것이 없는 자나 모두가 근심 걱정 때문에 마음의 평화를 누리지 못하고 있습니다. 무엇이 문제이며, 이를 극복하려면 어떻게 해야 합니까?

가난한 사람은 괴롭습니다. 그러나 가난한 사람만 괴로운 것이 아닙니다. 부자가 되더라도 괴로움의 수준만 바뀔 뿐, 괴로움은 여전히 남아 있습니다. 사실 가난한 사람은 결코 부자가 가지고 있는 근심을 가질 수 없습니다. 가난한 사람에게는 최소한 합당한 이유가 있기 때문이지요. 즉 가난하다는 사실입니다.

그러나 부자의 근심에는 합당한 근거가 없습니다. 부자는 자신이 근심하는 이유조차 정확히 모릅니다. 뚜렷한 이유도 없이 근심이 있다면 그것은 끔찍한 일이 아닙니까? 이유가 있다면 안심할 수 있고 위안을 느낄 수도 있을 것입니다. 왜냐하면 이유를 제거할 수 있다는 희망이 있으니까요. 그러나 아무 이유 없이 근심이 생긴다면 이야말로 보통 문제가 아니지요.

인간 자신이 바로 근심이다 우리는 가난한 자의 고통이 아니라 부유한 자의 고통을 갖고 싶어할 것입니다. 그러나 그때 초조해지는 정도는 더 심해질 것입니다. 풍요한 삶을 누리고 있는 현대인들이 직면하고 있는 불안과 근심은 가난한 시절의 조상들이 경험한 것보다 훨씬 더 큽니다.

이는 참으로 아이러니하지요. 우리는 자신이 근심 속에 빠져 있는 것은 어떤 이유가 있기 때문이라고 생각하기 쉽습니다. 그러나 그렇지 않습니다. 인간 자신이 바로 근심이지요. 인간은 스스로 새로운 근심거리를 만들어 냅니다.

우리의 마음은 끊임없이 우리가 가지고 있지 않은 어떤 것을 요구합니다. 우리가 가지고 있는 것은 날이 갈수록 의미가 없어집니다. 이미 성취한 것은 하찮은 것이 되어 버리고 아직 얻지 못한 것을 얻으려고 끊임없이 발버둥 칩니다.

외모에 대한 콤플렉스도 마찬가지입니다. 우리는 못생긴 사람만이 괴로워할 것이라고 생각합니다. 그러나 반드시 그런 것만은 아닙니다. 외모가 뛰어난 사람도 자신의 외모에 대해서 결코 만족하지 못합니다.

심지어 클레오파트라조차도 외모 때문에 고민했습니다. 그녀는 코가 남들보다 약간 길었지요. 그녀는 세상에서 가장 아름다운 여자 중의 하나라고 자부하면서도 언제나 코를 의식하고 있었습니다. 그녀의 코는 역시 조금 길었습니다. 이것이 매우 고민스러웠습니다. 몸 전체는 아름다웠지만 코는 약간 불균형을 이루고 있었습니다.

비교하기 때문에 근심이 생깁니다. 사람들은 자신의 유일함을 인정하지 못하고, 자신의 존재 그 자체를 존중하지 않습니다. 비교는 끊임없이 모방을 도모합니다. 우리는 다른 사람처럼 되기 시작합니다. 남과 같은 옷차림을 하고 남이 가지고 있는 차를 사들이고, 남이 꾸며놓은 것처럼 방을 장식합니다.

비교는 우리의 마음에 갈등을 가져오고 근심을 품고 살게 합니다. 만일 우리가 비교하기를 좋아한다면, 우리는 신경증 환자가 될 것입니다. 누군가는 아름다운 머리카락을 가지고 있고, 누군가는 아름다운 코를 가지고 있고, 누군가는 아름다운 눈을 가지고 있고, 누군가는 아름다운 다리를 가지고 있습니다. 그리고 누군가는 멋지게 균형을 이루고 있고, 누군가는 근사한 외모를 가지고 있고, 누군가는 더 이지적입니다.

이런 생각에 말려들면 우리는 열등감에 빠져들게 되고 더러는 우월감을 갖게도 될 것입니다. 양쪽이 다 병입니다. 열등감이나 우월감을 품지 않음으로써 스스로 건강하게 살려고 노력하십시오. 비교하는 것은 건강한 것이 아닙니다.

근심과 걱정은 우리의 몸과 마음에 암과 같은 존재입니다. 이것을 극복하지 못하면 암을 방치하고 있는 것과 같이 위험합니다. 그러면 그 뿌리는 무엇입니까? 우리의 마음은 늘 비교를 통해 세상을 바라보면서 남보다 앞서기를 바라며 내일은 오늘보다 더 행복하기를 원합니다.

이런 욕망과 기대는 본질적으로 충족될 수 없는 것입니다. 욕망과 기대가 채워지면 그 순간 더 큰 욕망과 기대가 새로 생겨나기 때문입니다. 마음은 결코 이 순간 충족된 상태로 존재할 수 없으며 탐욕으로 끓고 있습니다.

탐욕은 근심을 일으킵니다. 근심은 두려움을 일으킵니다. 탐욕을 끊으면 두려움도 근심도 없습니다. 하지만 사람들은 그들의 삶 속에 탐욕만을 가지고 있습니다. 그래서 그들은 오직 근심과 두려움밖에 가진 게 없습니다.

수많은 사람들이 교회나 절에 가서 마음의 평화를 얻고자 합니다. 근심에서 벗어나길 원합니다. 하지만 탐욕에서 벗어나라는 말을 들으면, 그들은 따르려 하지 않고 기도나 만트라 같이 값싼 것을 원합니다. 그리하여 계속 욕망을 갖고 계속 탐욕을 좇으며 여전히 걱정 속에서 살 수밖에 없습니다.

내일은 오늘로부터 배태된다 탐욕에서 벗어나기 위해서는 오늘을 강렬하게 온 몸으로 사랑해야 합니다. 내일을 걱정할 필요는 없습니다. 오늘 우리 존재가 아름다움과 기쁨으로 충만해 있다면 내일 역시 아름다움과 기쁨으로 충만할 것입니다.

내일에 대해 걱정하는 사람은 오늘을 갖지 못한 사람입니다. 그는 오늘 비참합니다. 그러나 그 비참함을 감추려 합니다. 내일에의 희망과 욕망 속에서 그것을 외면하려 합니다. 그러나 내일은 오지 않습니다. 오는 것은 언제나 오늘뿐입니다.

우리는 오늘 비참해 하면서 내일에 대한 희망을 갖고 꿈을 꾸는 것에 익숙합니다. 이것은 삶을 놓치고 있는 것입니다. 사람들은 너무도 내일에 익숙해서 현세의 내일뿐만 아니라 사후의 삶에 대해서까지 생각합니다.

사람들은 묻습니다. "삶 후에는, 죽은 후에는 무슨 일이 일어날까요?" 진리는 이렇습니다. '죽음 전에 일어나는 일, 그것이 계속될 것입니다.' 우리가 오늘 기쁘다면 그것이 중요한 것입니다. 왜냐하면 내일은 오늘로부터 배태되기 때문입니다. 즉 오늘은 우리의 모든 미래의 모태인 것입니다.

그러면 어떻게 오늘을 강렬하게 온 몸으로 살 수 있습니까? 우리가 과거나 미래로 움직여 들어갔다는 사실을 깨닫게 되는 순간, 더 이상 그것으로 문제를 만들지 말고 현재로 돌아와야 합니다. 그러면 그만입니다. 다시 자각을 끌어들여 현재 속에 머무십시오.

지금 당장 현재 속에 존재할 수는 없습니다. 너무도 오랫동안 과거나 미래에 머무는 것이 습관이 되어 왔기 때문이지요. 그리고 앞으로도 수없이 많은 실패를 거듭할 것입니다. 그러나 걱정하지 마십시오. 신은 서두르지 않습니다. 영원은 영원히 기다릴 수 있습니다.

현재를 놓쳤다고 느낄 때 다시 돌아오십시오. 그것이 전부입니다. 죄책감을 느낄 필요가 없습니다. 그것은 마음의 또 다른 속임수입니다. 목욕을 하고 있었다면 다시 목욕을 계속하고, 음식을 먹고 있다면 다시 돌아와 음식을 먹도록 하십시오. 산책을 하고 있었다면 다시 산책을 계속하십시오.

그대가 지금 그리고 여기에 존재하지 않는다고 느끼는 순간 돌아오십시오. 다시 돌아올 때도 심각해 하면서 또는 애써 힘들여 다시 돌아오라는 말이 아닙니다. 아무런 문제도 만들지 말고 순수하게 돌아오기만 하면 됩니다.

모든 문제는 수평적인 차원에만 존재합니다. 수직적인 차원에는 아무런 문제도 없습니다. 그것은 순수한 즐거움일 뿐입니다. 아무런 걱정도 고뇌도 죄책감도 없는 순수한 기쁨일 뿐입니다. 앞으로도 여러 번 실패할 것입니다. 그러나 그 일로 걱정하지 마십시오.

당연히 그렇게 되어 있습니다. 여러 번 실패하겠지만 그것이 문제가 아닙니다. 우리가 여러 번 실패했다는 사실에 관심을 두지 마십시오. 대신에 실패한 뒤 여러 번 다시 극복할 수 있었다는 데 주의를 집중하고 그 사실에 행복해 하십시오.

예수는 그의 제자들에게 말했습니다. "내일은 생각하지 말라. 들에 핀 백합꽃을 보라. 얼마나 아름다운가." 저 백합꽃들은 과거나 미래를 생각하지 않습니다. 그것들은 일어나려 하는 것들에 대해서, 일어난 일들에 대해서 전혀 걱정하지 않습니다. 그것들은 단지 지금 여기에서 살고 있습니다. 이것이 저 백합꽃들의 아름다움입니다. 이것이 나무와 별과 바위와 강물의 아름다움입니다.

모든 존재는 아름답습니다. 과거가 없으므로. 사람은 추합니다. 과거는 사람을 추하게 만듭니다. 인간의 영역으로부터 벗어나 저 홀로 있는 그 어떤 것도 추한 것은 없습니다. 왜냐하면 오직 사람만이 과거나 미래에 대해서 곰곰이 생각하고 있으며, 현재에 있을 수 있는 삶을 잃고 있기 때문입니다. 삶은 여기에 있을 뿐입니다. 그 춤은 여기에서 펼쳐지고 있습니다.

지금까지 군자의 세 가지 도 가운데서 첫 번째 인자불우仁者不憂에 대해서만 여러 측면에서 살펴보고, 나머지 두 가지 지자불혹知者不惑과 용자불구勇者不懼에 대해서는 아무런 언급도 없이 이 장을 마치게 될 듯합니다. 어떤 이유에서인지요?

군자의 세 가지 도가 모두 중요하고 깊은 의미를 가지고 있지만, 이들을 이해하는 문제로 말하면 이 가운데서 유독 어진 사람과 근심하지 않는 특성을 관련짓기가 어려워 보입니다. 흔히들 어진 사람이라고 하면 인자한 사람 즉 마음이 너그럽고 사랑이 넘치는 사람을 연상하게 되는데, 난데없이 근심하지 않는 특성을 들이대니 적이 당황할 만도 합니다. 그래서 이와 관련해서는 특별히 많은 지면을 할애할 필요를 느낍니다.

그러나 지혜로운 사람은 미혹되지 않는다거나, 용감한 사람은 두려워하지 않는다는 말씀은 우리가 평소에 알고 있는 정의와 크게 다르지 않습니다. 뿐만 아니라 불혹不惑이나 용기勇氣와 관련해서는 이미 여러 차례 언급하였으므로 굳이 번거롭게 반복할 필요를 느끼지 않습니다.

『논어의 혼 2』의 '마흔에는 흔들리지 않았다'四十而不惑 장과 '용기는 가장 위대한 정신적 재산이다'見義不爲 無勇也 장 등을 참조하면 좋을 것입니다. 여기서는 독자의 편의를 위하여 간략하게 그 요지만 적습니다.

지자불혹知者不惑 우리를 유혹하는 것은 우리 자신의 마음과 욕망입니다. 마음을 비우고 욕망을 초월하면 그 어떤 것도 우리를 잡아당길 수 없습니다. 이는 마음이 파괴되어야 함을 의미하지 않습니다. 단지 치워 두었다가 필요할 때만 꺼내 쓰라는 것입니다.

그것은 차를 차고에 넣어두는 것과 같아서, 차가 필요하면 우리는 차고에서 차를 꺼내 올 수 있습니다. 그때 우리는 마음의 주인이 됩니다. 그러나 대체로 정반대의 상황이 벌어져 왔습니다. 차가 차고에 들어가지 않겠다고 고집을 부리는 것입니다. 차는 말합니다. "나는 멈추지 않겠어. 당신은 나와 함께 달려야 해." 그리고는 계속 달립니다.

어린 시절 처음으로 마음이 움직이기 시작하면 죽기 전에는 절대로 마음은 멈추지 않습니다. 오직 수련과 명상을 체험한 극소수의 지혜로운 사람만이 마음이 멈춥니다. 그리고 그들은 문득 마음의 구름 뒤에 숨어 있던 태양을 알게 됩니다.

우리의 마음은 모든 사물을 대립적인 시각으로 바라봅니다. 이것은 저것과 반대라는 식입니다. 마음은 밤과 낮은 전혀 별개의 것이라고 생각합니다. 그러나 그렇지 않습니다. 낮과 밤은 하나입니다. 낮이 밤이 되고 밤이 낮이 되는 것입니다. 행복과 불행에 대한 시선도 마찬가지여서 우리의 마음은 행복을 붙들고 불행은 피하고 싶어합니다.

하지만 행복과 불행은 동전의 양면입니다. 그래서 우리는 당혹스러워하고 혼란스러워합니다. 이런 혼란스러움은 우리 마음 때문입니다. 마음이 사물을 바라보는 시각에 문제가 있습니다. 마음의 시각은 부분적이고 불완전하며 편파적입니다. 전체를 한눈에 바라볼 수 있을 때 우리는 세속의 유혹으로부터 해방됩니다.

붓다는 말합니다. "나의 탐구는 지복에 대한 것이 아니다." 지복에 대해 말하는 순간 사람들은 행복을 생각하기 시작할 것이기 때문입니다. 지복에 대해 말하는 것은 위험합니다. 사람들은 틀림없이 오해할 것입니다. 그래서 붓다는 말합니다. "나의 탐구는 자유를 위한 것이다."

자유라는 말은 말할 수 없이 중요합니다. 에고로부터의 자유, 마음과 욕망으로부터의 자유야말로 가장 근본적인 것이기 때문이지요. 내면의 여행에 있어서 붓다는 매우 과학적입니다. 그는 만일 우리가 내면에 우리의 의식이 완전히 자유로울 수 있는 공간을 창조한다면, 그때엔 모든 것이 성취된다고 말합니다.

진리가 성취되고 지복이 성취됩니다. 이는 오직 자유 안에서만 모든 것이 가능함을 의미합니다. 자유는 끊임없이 욕망하는 마음에서 벗어나는 것을 의미합니다. 욕망을 버리면 슬픔은 자동적으로 사라집니다. 슬픔은 욕망의 그림자이기 때문입니다. 욕망이 많을수록 우리는 더 절망합니다. 지금까지 어떤 욕망도 충족되지 않았기 때문입니다.

욕망은 충족될 수 없습니다. 우리가 무능해서 욕망을 이루지 못하는 게 아니라 욕망의 본성 자체가 충족 불가능한 것입니다. 욕망은 계속해서 거대해집니다. 처음에 우리는 백만 원을 요구합니다. 백만 원을 가졌을 때 욕망은 우리를 앞질러 갑니다. 이제 욕망은 천만 원을 요구합니다. 이렇게 욕망의 성취는 우리를 유혹하면서 평생을 낭비하게 합니다.

자유를 발견하는 것이 목표입니다. 이는 자신의 주인, 의식의 주인이 되는 것에서 출발해야 합니다. 우리는 아직 우리 의식의 주인이 아닙니다. 수많은 욕망과 생각, 상상의 노예입니다. 우리는 이리저리 끌려 다닙니다.

우리가 주인이 되기 위해서 첫 번째로 해야 할 일은 자신의 행동과 생각에 대해 좀 더 의식적이 되는 것입니다. 무의식은 노예이며, 의식이 주인입니다. 우리 마음은 매우 교활합니다. 에고의 게임은 어찌나 교활한지 끊임없이 경계하지 않는 한 그 유혹에서 벗어나지 못할 것입니다.

용자불구勇者不懼 깨달은 사람의 유일한 징표는 그가 어떤 불의에 대해서도 결코 타협적이거나 방관적이 아니라는 것입니다. 부당한 것에 대해서 그는 언제나 분개하거나 질타함으로써 반항적인 자세를 견지합니다. 만일 어떤 성자가 불의에 방관하거나 타협적이라면 그는 가짜입니다.

불의에 대한 반항은 진정한 스승의 기질입니다. 영적으로 강한 사람은 반항적일 수밖에 없습니다. 불의와 타협을 한다는 것은 자신의 존재에 독소를 가하는 것을 의미하기 때문입니다. 그러나 이런 경지에 오르는 것은 결코 쉬운 일이 아닙니다. 그러기 위해서는 용기가 절대적으로 필요합니다.

어떤 어려움에도 두려워하지 않는 용기는 가장 위대한 자질입니다. 용감하지 않다면 우리는 진실해질 수 없으며, 실체를 탐구할 수 없습니다. 용기 있게 살고 비겁해지지 않도록 노력할 것입니다. 결과를 생각하지 마십시오. 겁쟁이들만이 결과를 생각하고 두려워합니다. 결과 지향적인 사람들은 삶을 놓치게 됩니다.

그러나 진정한 용기는 만용과는 엄연히 구분됩니다. 만용은 반동분자들의 것입니다. 반항적인 자와 반동분자 사이에는 엄청난 차이가 있습니다. 반동분자는 기회만 있으면 언제라도 사회를 거스르려는 자입니다. 그는 사회가 올바르다 해도 사회를 거스를 것입니다. 사실 그는 진실한 삶에 참여하는 것을 두려워하는 겁쟁이일 뿐입니다.

진정한 용기는 어떤 제약도 떨쳐버리고 무한, 영원의 관점에서 생각할 때 피는 위대한 꽃입니다. 진실로 용감한 자는 먼저 육체의 제약에서 벗어납니다. 우리는 자신을 너무 육체와 동일시합니다. 이 고정관념에서 다른 잘못된 생각들이 생겨납니다. 육체와 자신을 동일시하게 되면 노쇠, 질병, 죽음을 두려워하게 될 것입니다.

깨달은 이들은 자신을 순수한 의식으로 생각합니다. 사실 우리는 몸이 아니라 몸을 의식하는 자입니다. 그리고 우리는 마음도 아닙니다. 그러나 먼저 육체와 함께 시작하는 것이 좋습니다. 거친 것에서부터 시작하는 것이 더 쉽기 때문이지요. 그리고 나서 미묘한 것으로 옮겨가야 합니다.

　우리 자신과 분리시켜 마음을 바라볼 때, 자신은 몸도 아니고 마음
도 아니라는 것을 자각하게 될 때, 우리는 제약받지 않는 위대한 자유
가 우리 안에 피어오르는 것을 느끼게 될 것입니다. 그때 우리는 어
떤 두려움도 느낄 수 없습니다.

3

사람들은 말재주는 있지만
침묵할 줄 모른다

子曰 群居終日 言不及義 好行小慧 難矣哉
자 왈 군 거 종 일 언 불 급 의 호 행 소 혜 난 의 재

공자가 말하였다. "여러 사람이 어울려 온종일 노닥거려도 단 한 차례도 정의 혹은 진리와 관련해서는 언급되는 법 없고 자질구레하게 잔꾀나 부리기들 좋아하니, 세상이 바로 되기는 어렵겠다."

주해 ──────────────────────────

群 무리 | **居** 있다, 앉다 | **終日** 하루 내내, 온종일, 여기서는 여러 시간을 과장해서 말한 것이다. | **言** 말, 언어 | **及** ~에 이르다 | **言不及** '言及 말이 ~에 이르다'의 부정으로, 말이 ~에 이르지 못하다 | **義** 정의, 진리 | **好** 좋아하다 | **慧** 지혜 | **行小慧** 작은 지혜를 행하다 즉 잔꾀를 부리다 | **難** 어렵다 | **矣哉** 두 글자 모두 문장이 끝남을 나타내는 형식적인 말들로 함께 쓰여 보다 강한 감정을 드러내고 있다.

사람이 모인 곳에는 말이 없을 수 없습니다. 말을 하지 않는다면 우리는 서로 이어지지 않습니다. 관계는 말하는 것과 함께 형성됩니다. 어떤 사람 곁에 여러 시간 앉아 있어도 말을 하지 않는다면 다리가 생기지 않습니다. 우리는 별처럼 멀리 떨어져 있습니다. 설령 몸이 닿는다 해도 말을 하지 않는다면 다리는 존재하지 않습니다.

수많은 사람들로 꽉 찬 전철 안에서는 서로의 몸이 닿아도 아무도 말을 걸지 않습니다. 그때 사람들은 서로 멀리 떨어져 있습니다. 그래서 남편과 아내가 침묵하고 있으면 뭔가 잘못된 듯이 보입니다. 그것은 친밀함이 깨졌다는, 다리가 무너졌다는 의미이지요.

우리는 말을 통해 서로 연결됩니다. 말을 통해 사랑을 표시하고 말을 통해 미움을 표시합니다. 성서에 '태초에 말이 있었다'는 구절이 있지요. 그것은 그럴 수도, 그렇지 않을 수도 있을 것입니다. 그러나 인간의 모든 모임에는 말이 있습니다. 언어는 인간의 수중에 있는 가장 강력한 도구 중의 하나입니다.

그러나 언어를 사용하는 수준에서는 우리는 지극히 비지성적입니다. 우리는 끊임없이 아무 거나 읽고 수시로 TV를 보거나 라디오를 듣고, 쓸데없는 이야기를 하고 사람들과 잡담하며, 서로의 머릿속에 온갖 쓰레기를 쏟아 붓고 있습니다. 만약 이웃사람이 쓰레기를 우리 정원에 버리면 우리는 싸울 것입니다. 그렇지만 누가 쓰레기를 우리 머릿속에 버리면 우리는 두 손 들어 환영합니다.

우리는 그것을 보지 못합니다. 반대로 그것이 마치 귀중한 뭐라도 되는 양 수집하고 있습니다. 말은 칼과 같이 유용하면서 그것을 잘못 쓰면 칼보다도 훨씬 더 위험합니다. 칼은 어린애들의 손이 미치지 않는 곳에 두기 마련이나, 말은 어리석은 사람도 마음껏 휘두르면서 상처를 달고 삽니다. 그러면서 인생이란 단지 엄청난 소음, 불행의 온상에 지나지 않는다고 절망하곤 합니다.

사람들이 듣기 좋아하는 것들은 언제나 그릇된 것입니다. 그러한 성질이 그들에게 있기 때문이지요. 그러니 어떻게 옳은 것을 듣기 좋아할 수 있겠습니까? 진리를 듣는 것은 매우 어렵습니다. 그것은 혼란을 몰고 와 뿌리째 흔들며 우리의 편견을 파괴합니다. 그 충격은 너무도 커서 우리를, 이제까지 존재해 왔던 우리의 에고를 죽일 것 같습니다.

이것이 진실을 들으려는 사람이 그렇게도 드문 까닭입니다. 비록 스승이 진리를 말하는 자리에 온다 해도 사람들은 그가 말하는 것을 듣기 위해 모이는 것이 아니라 그들이 듣기를 원하는 바를 들으러 오는 것입니다. 그들은 거기서 개혁 혹은 개선되는 것이 아니라 위로받는 데 그치지요.

붓다는 말합니다. "바른 말은 아주 진지한 말이다. 침묵하게 되면 우리가 말하는 것은 무엇이든 깊은 의미를 지닐 것이다." 그것을 지켜본 적이 있습니까? 만일 우리가 어느 날 단식을 하면 그 다음 날 우리의 배고픔은 다른 열정을 지닌다는 것을. 단식을 하면 우리 안에 신선한 배고픔이 올라오고 입맛이 다르게 느껴질 것입니다. 음식은 같을 테지만 훨씬 맛이 있을 것입니다. 그것은 강렬한 배고픔 때문입니다.

같은 일이 말에서도 일어납니다. 침묵을 지키고 나서 말하면 그 안에 힘이 있다는 것을 알 것입니다. 침묵은 단식과 같아서 우리의 말에 생명을 불어넣습니다. 그래서 세상에서는 오직 깊은 침묵을 지켰던 사람들만이 무한한 가치를 지니며, 그들의 말은 영원한 진리를 지닙니다.

붓다는 여러 달을 침묵했고, 마하비라는 12년을 침묵했지요. 예수는 피로를 느낄 때마다 숲으로 가서 40일 동안 침묵 속에 있다가 돌아오곤 했습니다. 그리고 나면 그에게서 나오는 말은 하나하나가 다 이아몬드와 같았습니다.

사람들은 말재주는 있지만 침묵할 줄 모릅니다. 말이 침묵으로부터 나오지 않는다면 그 말들은 일상적인 말일 뿐 광휘로 충만하지도 열렬하게 불타오르지도 않습니다. 우리는 이런 속된 말들과 너무도 장단이 잘 맞아서 진리의 하모니가 들려와도 우리에게는 별난 소음으로밖에 느껴지지 않습니다.

만일 진정으로 우리의 말이 가치 있기를 원한다면 침묵을 배워야 합니다. 말을 덜 하고 적게 듣는다면 서서히 우리는 명료해질 것입니다. 방금 목욕한 것처럼 순수한 느낌이 올라올 것입니다. 그것은 명상이 일어나는 데 필요한 토양이 될 것입니다. 그러면 어느 날 우리는 무엇이 바른 말인지 불현듯 알게 됩니다.

진리를 아는 일은 기나긴 여행입니다. 이런 여행을 위해서는 많은 준비가 필요하지요. 진리가 내려올 수 있기 전에 우리는 진리를 싣고 갈 수레가 되어야 하며, 찾아올 손님을 위해 완전히 빈 그릇이 되어야 합니다. 우리가 비어 있을 때만이 손님을 맞을 주인이 될 수 있기 때문입니다.

우리가 진리를 구하는 구도자라면 진리를 말하고 행동하기 위해 노력해야 합니다. 진리를 말하기 시작하면 말할 것은 없어지고 저절로 더욱 더 침묵을 지키게 될 것입니다.

사람들이 만나거나 모여서 하는 이야기는 으레 신변잡담 등 세속적이고 비본질적인 것들이며, 진실한 이야기는 거의 없는 것이 현실입니다. 이런 현상에 대해서 생각해보고 싶습니다.

혼자 있기를 바라는 사람은 아무도 없습니다. 모든 사람은 군중에 속하기를 원하지요. 그것도 하나가 아닌 여러 모임에 끼기를 원합니다. 거짓 정체성은 외부의 지지 없이는 홀로 지탱할 수 없기 때문입니다. 홀로 있으면 뭔가 알 수 없는 미묘한 느낌을 받게 됩니다.

우리는 너무 오랫동안 자신을 다른 누군가로 잘못 여기고 살아왔습니다. 그래서 홀로 있게 되면 갑자기 내가 이전까지 나로 여기던 그 사람이 아니라는 정체성의 혼란이 급습합니다. 그러면 과연 나는 누구인가 하는 생각이 떠오르면서 두려워집니다.

사람들은 편안한 것을 좋아합니다. 진리냐 거짓이냐 하는 문제는 별로 관심이 없습니다. 모든 안락함을 버리고 진리를 아는 것에 관심을 갖는 사람은 극소수에 불과합니다. 그러나 편안함은 지복이 아니며 안락함은 절정의 기쁨이 아닙니다.

하지만 사람들은 진정한 희열은 전혀 체험하지 못한 채, 요람에서 무덤까지 자신을 질질 끌고 가면서 이를 삶이라 생각하지요. 우리는 자신의 안전과 안락을 위해서 많은 모임을 이용할 뿐입니다. 그러면서 여러 이야기를 생각 없이 하고, 책임지지 못할 말을 하기도 하며, 확실하지도 않은 것을 추측을 가지고 말을 만들어내기도 합니다.

우리는 수많은 말을 나누지만 아무 의미가 없습니다. 모든 말들이 그저 시간 죽이기에 불과합니다. 우리의 그 모든 유치한 얘기들이 정말로 유치하다는 사실을 간파하지 못합니다. 이것이 우리의 문화입니다. 구체적으로 그 몇 가지 예를 들어보지요.

버릴 수 없는 것 한번은 어떤 친구들이 무리를 이루고 앉아서, 버릴 수 없는 가장 본질적인 것이 무엇인가에 대해서 토론하고 있었습니다. 어떤 사람이 말했습니다. "나는 어머니를 버릴 수가 없어. 어머니는 나를 낳아주셨고 나의 생명은 어머니로부터 나왔다고 할 수 있거든. 다른 모든 것을 다 버릴 수 있어도 어머니만은 버릴 수 없어."

또 어떤 사람이 말했습니다. "나는 아내를 버릴 수가 없어. 어머니나 아버지는 내가 선택하지도 않은 채 주어진 것이지만 아내는 내가 선택했거든, 나는 아내에게 어떤 책임감을 느끼고 있다고. 그래서 다른 사람은 다 버릴 수 있어도 아내만은 절대로 버릴 수 없어."

그들은 이런 식으로 이야기를 계속하고 있었습니다. 어떤 사람은 그의 집을 버릴 수 없다고 하고, 또 어떤 사람은 다른 것을 말하기도 했습니다. 드디어 한 구석에 조용히 앉아 듣고만 있던, 바보로 알려진 사람의 차례가 되자 그는 이렇게 말했습니다. "나는 다른 것은 몰라도 배꼽이 없이는 살 수가 없지."

거기에 모였던 사람들이 모두 이상하게 생각했습니다. 배꼽이라고? 친구들이 그에게 설명해 달라고 부탁했습니다. 그는 이렇게 말했습니다. "나는 휴일이면 편안히 침대에 누워서 감자를 먹는다네." 사람들이 말했습니다. "그런데 그것이 배꼽과 무슨 관계가 있나? 감자야 누구든 먹을 수 있는 것이 아닌가?"

"이해들을 못 하는군. 배꼽이 없으면 소금을 놓을 곳이 없어진다는 말일세." 그는 감자를 먹을 때 소금을 자신의 배꼽 속에 집어넣고 찍어 먹는다는 것입니다. 그는 언제라도 다른 사람이 아닌 자신을 통해 인간의 어리석음을 자신의 몸으로 드러내 놓습니다.

그는 항상 자신을 향해 웃으면서 동시에 스스로 웃음거리가 되어 사람들에게 웃음을 선사합니다. 그는 현명한 바보지요. 우리가 집착하고 있는 것은 모두가 다 그렇게 어리석은 것입니다.

우리 내면의 의식 이외에는 모든 것이 다 버려질 수 있습니다. 이는 그것들을 버리라고 말하는 것이 아닙니다. 그러나 깊은 내면에서는 모든 것을 버린 상태에서 살아야만 합니다. 이는 내적인 태도의 문제일 뿐입니다. 어떤 대상을 바꾸는 데 문제가 있는 것이 아닙니다. 마음을 바꾸는 데 그 핵심이 있지요. 우리가 집착하고 있는 대상들은 그 자체로서는 결코 나쁜 것이 아닙니다.

나쁜 것은 단지 집착하는 것입니다. 집착함으로써 어리석은 인간이 됩니다. 이제까지 우리는 모든 사물이나 현상의 진실을 볼 수 있는 능력을 상실한 채 하찮은 자신만의 편견이나 과장된 생각, 엉터리 철학으로 자신을 덮어씌워왔습니다. 삶에 대해 아무것도 알지 못하면서 그것을 알려고 노력하는 대신 아무런 문제의식도 없이 기존의 가설을 따르고 있습니다.

형식적인 몸짓 사람들은 오랜만에 만나면 반갑게 인사를 나누고 정담을 주고받지만, 이 또한 진실성이 결여된 채 형식적인 몸짓에 불과할 때가 비일비재합니다. 다음은 이런 예를 극명하게 보여주는, 어느 신문 독자의 기고문입니다.

"오랜만이네요." 회사와 집을 빠듯하게 오가는 일하는 엄마 형편으로는 그리워도 마음뿐일 수밖에 없었던 이들과 결혼식장에서 모처럼 반갑게 만났다. 하지만 정작 오가는 대화는 "하나도 안 변했네요, 잘 지내세요?" 또는 "아이가 몇 살이죠? 세월 빠르네." 수준에서 마음과 따로 돈다. 그런데 그나마 상투적 대화도 "엄마 목말라." 혹은 "쉬 마려." 하는 아이로 인해 자꾸 끊긴다.

결국 애매한 미소만 잔뜩 날리다가 가야 할 시간에 다다른다. 또 상투적인 인사 "언제 밥이라도 같이 먹으면 좋을 텐데. 또 뵈어요." 라는 말을 남기며 일어서는 나. 선배가 웃으며 "괜찮아. 서로 바쁜데, 이렇게 한 번씩 얼굴 보면 되지 뭐." 한다. 아쉽고 미안한 내 마음

위로를 느낀다.

우리의 대화는 이렇게 형식적이기 일쑤입니다. 우리는 많은 말을 나누지만 아무 의미도 없지요. 모든 말들이 그저 시간 보내기에 불과합니다. 만일 어떤 사람과 더 가까워지고 친밀감이 싹트기 시작하면, 우리의 말 한마디 한마디가 중요한 의미를 가질 것입니다. 그때 우리는 무의미한 말장난을 할 수가 없습니다. 이젠 모든 것이 깊은 의미를 지니기 때문이지요.

그러나 우리는 사랑이나 신뢰를 대신하여 친절이라는 거짓 가치를 만들어냅니다. 우리는 여러 가지로 사랑을 표현하지만 그 모두가 공허합니다. 우리의 가슴은 형식적인 몸짓에만 머물고, 우리의 친절은 사랑에서 나온 것이 아니라 의무감에서 나온 것입니다. 이런 친절은 추하지요. 하지만 우리의 전통은 친절을 존귀한 가치로 만들어 놓았습니다.

인간은 거짓 가치를 만드는 데 대단히 뛰어납니다. 이는 인간의 뿌리 깊은 속성인 듯합니다. 참된 가치는 우리의 전체성을 요구하고 우리의 전 존재를 필요로 합니다. 반면에 거짓 가치는 아주 쉽게 만들 수 있습니다. 거짓 가치는 진짜처럼 보이지만 우리의 전체성을 요구하지 않습니다. 껍데기만 그럴싸할 뿐이지요.

낮나게 돈 쓰기와 흐지부지 쓰기 요즘은 사람들이 번거롭게 직접 만나거나 모임에 나가지 않고도 수다를 떨 수 있는 방법이 널리 보편화되고 있습니다. 전화라는 문명의 이기는 정말 편리한 것이지요. 집 전화는 사양길로 접어들고 최첨단 휴대폰이 빠른 속도로 발달하고 있습니다.

최근에는 경쟁적으로 요금은 떨어지고 음질은 좋아지고 휴대도 편해져 집에서뿐만 아니라 길에서건 차 안에서건 세상이 온통 통화 소리로 진동합니다. 다음에 소설 한 편이 전화 한 통화의 수다로 이루어진 내용 중에서 돈을 주제로 쏟아놓는 부분을 옮겨봅니다.

"전에는 어떡하면 같은 돈이라도 낯나게 쓰나가 중요했었는데 지금은 안 그래요. 흐지부지 쓰는 게 훨씬 더 중요해요. 낯나게 쓴다는 게 뭔가요? 남에게 잊혀지지 않을 만한 부담을 주는 거 아닌가요? 그러기 싫어요.

같이 차 마시고 나서 찻값을 내는 거, 몇이서 택시를 같이 탔을 때 택시 값을 혼자서 내는 것 따위가 흐지부지 쓰는 건데, 바보 같아 보이기 십상이지 누구 하나 고마워하지 않는 씀씀이죠. 그렇지만 차 한 잔씩 마시고 나서 서로 눈치 보는 그 짧은 동안이 싫어요. 일상의 바퀴가 삐그덕 소리를 내면서 잘 안 구르는 것 같은 느낌이 들거든요.

흐지부지 쓴다는 건 바퀴에 기름을 치는 행위에 다름 아니죠. 그렇잖아도 하루하루 살기가 힘이 들어 죽겠어요. 조금이라도 덜 힘들 수 있는 방법이 있는데도 힘 들일 거 뭐 있어요. 일상의 바퀴에 기름을 치는 일은 하나도 표가 안 나서 남들은 낭비라고 생각하지만 나에겐 여간 중요한 씀씀이가 아니고, 물론 안 아까워요.

창숙이 창희는 그런 나를 여간 못마땅해 하지 않아요. 낭비벽이 있다고 생각하나 봐요. 그냥 놔뒀다가는 살림 다 들어먹을 것 같은지 즈이들 버는 돈도 나를 안 갖다 주고 즈이끼리 저금도 붓고 해서 아마 상당히 모았을 거예요.

밥값은 내죠. 밥값도 안 내놓고 제 낭탁만 할 아이들도 아니구요. 스크립터, 디자이너, 이런 직업을 형님은 좀 우습게 보시는 것 같지만 얼마나 고소득이라구요. 걔네들 내는 밥값만 가지고도 나 하나 없혀 살 만해요. 연금은 흐지부지 쓰기에 부족함이 없구요." (박완서의 단편소설 '나의 가장 나종 지니인 것'에서)

돈을 현명하게 쓰는 지혜 이름도 없는 주인공은 빌게이츠처럼 거부가 아닙니다. 연금 수령자로 근근이 살아가는 여염집 부인네일 뿐이지요. 그러나 그녀는, 세계에서 최단기간에 가장 많은 돈을 벌고 가장 빨리 가장 많은 돈을 사회에 환원하면서 돈을 쓰는 것도 최선의 방식으로 이루어지도록 최선을 다할 것이라고 말한 빌게이츠처럼 나름대로 최선의 방식으로 돈 쓰는 지혜를 터득한 듯합니다.

돈은 버는 것보다 쓰는 데 더 많은 지혜가 필요합니다. 버는 데는 현명함보다 영리하고 교활한 자질이 요구되지요. 지혜로운 사람은 결코 구두쇠가 되지 않으며 그에게 돈은 하나의 효용이면서 멋지게 가지고 놀 수 있는 흥밋거리입니다.

사람들이 모이는 자리에서 흔히 나오는 돈 이야기라면, 가령 부동산을 몇 차례 사고팔기를 되풀이해 졸부가 된 갑남을녀의 이야기나, 시외의 허름한 땅을 길게 보고 샀는데 몇 년만에 시세가 열 배나 뛰어 좋아라고 팔았더니, 그 다음 해에 공단이 들어오기로 확정되면서 값이 백 배로 폭등해 배가 아파하는 사람 이야기, 더 최근에는 묻지마 펀드에 투자했다가 반 토막이 났다거나 멋모르고 주식 시장에 뛰어들었다가 몇 달만에 억대로 손해를 본 사람 얘기 등 황당한 게임 같은 것들이 대부분입니다.

그에 비하면 이 소설의 이야기는 돈 관련 얘기 치고는 상급에 속하는 멋진 이야기라고 할 만하지요. 더러는 이런 얘기도 오가면서 인간의 체모를 조금이나마 유지시켜 주곤 합니다. 돈벌레처럼 천박하게 사는 사람들로 들끓는 세상에서 말입니다.

언어의 왜곡된 모습이 어떠한지 머리가 아니라 가슴으로 절실히 느껴보기 위해서는 소설 같은 데서 현실감 있게 묘사해 놓은 대화를 음미해보는 것도 좋을 듯합니다. 혹 이런 좋은 예가 있을까요?

좋은 소설이란 사람들이 살아가는 여러 국면의 모습에 대해서 실제 못지않게 현실감 있게 그러면서도 박진감 넘치게 묘사한 것일 것입니다. 언어의 왜곡 현상에 대해서 다룬 소설도 한둘이 아닐 터이나, 가령 미국의 소설가 셀린저의 '호밀밭의 파수꾼'이란 소설은 특히 언어 문제를 주제로 한 대표적인 작품이라 할 만합니다.

여기서 저자는 위선적인 인간들의 진실성이 결여된 언어를 여실히 보여줌으로써 인간 불신의 원인은 언어 자체라는 입장을 취하고 있습니다. 현대인이 처한 왜곡된 언어 사용의 현주소를 생생하게 느껴볼 수 있도록 하기 위해서 그리고 한 국면이 온전하게 이해되게 하기 위해서 소설을 조금 길게 인용해 보겠습니다. 그러나 혹여 읽으면서 지루하게 생각된다면 조금도 개의치 말고 중도에 뛰어넘어도 상관없습니다.

호밀밭의 파수꾼 선생의 방문은 열려 있었다. 그래도 예의상 노크를 했다. 나는 선생이 어디에 앉아 있는지 알고 있었다. 선생은 큼직한 가죽 의자에 앉아 담요로 몸을 감고 있었다. 내가 노크했을 때 그는 내 쪽을 건너다보며 "누구냐?" 하고 소리쳤다. "콜필드냐? 들어와라."

이분은 항상 소리를 지르는 분이다. 교실 밖에서도 마찬가지이다. 때로 그 소리가 신경에 거슬릴 때가 있다. 방안에 들어서는 순간 공연히 왔구나 하는 후회가 나를 엄습했다. 사방에는 알약과 가루약이 흩어져 있어 모든 것이 빅스의 코감기약 같은 냄새를 풍기고 있었다.

"안녕하세요?" 하고 내가 말했다. "편지는 고맙게 잘 받았습니다. 편지까지 보내실 필요는 없었어요. 그러지 않으셨어도 작별 인사를 드리러 왔을 겁니다." "자, 거기 앉아라." 스펜서 선생이 말했다. 침대를 말한 것이었다. 나는 그 침대에 앉았다.

"선생님, 감기는 좀 어떻습니까?" "좀 나으면 의사를 불러야겠어." 하고는 미친 사람처럼 웃기 시작했다. 내 말이 마음에 든 모양이었다. 한참 웃다가 허리를 펴고 선생은 갑자기 진지해졌다. 그럴 줄 짐작하고 있었다. "그래, 학교를 그만둔단 말이지?" 그가 말했다. "네, 그렇게 될 겁니다."

선생은 늘상 그렇듯이 연방 고개를 끄덕였다. "그래 서머 교장은 뭐라고 하시더냐? 간단한 대화로 끝나지는 않았을 텐데." "네, 한참 이야기했습니다. 정말 오랫동안 이야기했습니다. 두어 시간 동안 교장실에 있었을 겁니다." "뭐라고 하시더냐?" "저, 인생이란 게임이라고 하셨어요. 그러니까 규칙을 따르지 않으면 안 된다고 말씀하시더군요. 꽤 부드럽게 대해주셨습니다. 성을 내거나 역정을 내시지는 않았다는 뜻입니다. 인생이란 게임일 뿐이라는 말씀만 계속하셨습니다."

"인생은 게임이야. 누구든 규칙을 따라야 해." "그렇습니다. 저도 잘 알고 있습니다." 게임 좋아하네. 굉장한 게임이로군! 만약 우수한 놈들이 모두 끼어 있는 쪽에 속한다면 인생은 게임일 것이다. 그것은 인정한다. 그러나 우수한 놈이라곤 하나도 없는 쪽에 속한다면 그게 어떻게 게임이 되겠는가? 게임이고 뭐고 아무것도 아니다.

"교장은 자네 부모에게 편지를 했나?" 하고 스펜서 선생이 물었다.

"월요일에 통지하시겠다고 하셨습니다." "자넨 부모님께 알렸겠지?" "아직 말씀드리지 않았습니다. 어차피 수요일 밤엔 집에 갈 테니까 그때 만나 뵙게 될 겁니다." "부모님은 이번 일을 어떻게 받아들일 것 같은가?" "뭐, 버럭 화를 내실 겁니다. 정말 화내실 겁니다. 이 학교만 해도 네 번째 학교니까요."

나는 여기서 말을 끊고 머리를 흔들었다. 나는 머리를 흔드는 버릇이 있다. "젠장!" 하고 나는 말했다. 실은 지금도 '젠장!'이라는 어휘가 걸핏하면 튀어나온다. 워낙 아는 어휘가 적기 때문이고 또 한편으로는 내가 나이에 비해 때로 너무 어리게 굴었기 때문이다. 그때 나는 열여섯 살이었고 지금은 열일곱 살이지만 아직도 열세 살짜리 소년처럼 행동하기 일쑤다.

정말 웃기는 노릇이다. 나는 키가 6피트 2인치 반이나 되는 데다 벌써 머리가 희끗희끗해지고 있으니 말이다. 정말 그렇다. 머리 한쪽, 그러니까 오른쪽 머리에는 새치가 무성하게 자라고 있다. 어렸을 때부터 그랬다. 그런데도 가끔 열두 살짜리처럼 행동하곤 한다. 다들 그렇게들 말하지만 역시 아버지가 앞장서서 그렇게 말한다. 일리 있는 말이긴 하지만 절대로 진리는 아니다.

어른들이란 자기네들 말이 절대 진리라고 한다. 나는 그들의 말을 전혀 개의치 않는다. 하긴 나잇값을 하라는 말을 들으면 하품만 나오고 따분하게 느껴지는 것은 사실이다. 때로 내 나이에 비해 어른스럽게 행동하는 때도 있다. 이건 정말이다. 하지만 어른들은 그걸 눈치채지 못한다. 그들이 뭘들 제대로 알아차리는 것이 있냐만.

스펜서 선생은 다시 고개를 끄덕이기 시작했다. 그러고는 콧구멍까지 후비기 시작했다. 그냥 코를 쥐고 있는 것처럼 보이려 했지만 실은 엄지손가락이 콧구멍 속으로 들어가 있었다. 방안에는 나밖에 없으니까 그런 짓을 해도 상관없다고 생각하는 모양이었다. 나는 별로 개의치 않았지만 콧구멍을 후비는 모습이 매우 불쾌한 광경이라는 것만은 부인할 수 없었다.

다음 순간 선생이 입을 열었다. "이삼 주일 전 자네 부모님이 교장 선생을 만나러 왔을 때 잠깐 뵌 일이 있었네. 참 훌륭한 분들이었어." "네, 그래요. 굉장히 훌륭한 분들입니다." '훌륭한'이란 말, 그것은 내가 지독히 싫어하는 말이다. 그것은 허위에 찬 단어이다. 그 말을 들을 때마다 구역질이 난다.

갑자기 선생은 내게 설교할 좋은 재료, 그러니까 꼬투리를 발견한 듯한 표정을 지었다. 그때 나는 갑자기 방에서 뛰쳐나가고 싶은 충동을 느꼈다. 지겨운 설교가 터져 나올 것만 같았기 때문이다. 아니나다를까 설교가 시작되었다. "도대체 어떻게 된 거야?" 선생이 입을 열었다. 그로서는 꽤 단호한 어조였다.

"이번 학기에 몇 과목이나 들었지?" "다섯 과목입니다." "다섯? 그럼 낙제 과목은 몇 개나 되지?" "네 과목입니다." 나는 침대 위에 걸친 엉덩이를 약간 추슬렀다. 그건 생전 처음 앉아보는 딱딱한 침대였다. "그래도 영어는 합격했습니다. 「베오울프」와 「나의 아들 로드 랜달」 같은 것은 후턴 고등학교에 다닐 때 이미 배웠거든요. 그냥 이따금 작문을 쓰는 것 말고는 공부할 필요가 전혀 없었어요."

선생은 내 말에 귀를 기울이지 않았다. 그는 상대방이 무슨 말을 하든 경청하는 적이 별로 없는 사람이었다. "내가 자네를 역사 과목에서 낙제시킨 것은 자네가 아무 것도 모르고 있었기 때문이야." "알고 있습니다. 선생님께서도 어쩔 수 없었을 겁니다." "아는 것이 전혀 없으니" 하고 선생은 되풀이했다. 자꾸 되풀이했다.

자꾸 되풀이되는 말에 미칠 것만 같았다. 이쪽에서 그렇다고 먼저 인정을 했는데도 또다시 되풀이하다니! "아는 것이 전혀 없더군. 학기 내내 교과서를 한 번이라도 들쳐봤는지 의심스럽더군. 어디 바른대로 말해봐." "저, 두서너 번 슬쩍슬쩍 훑어보았습니다." 하고 나는 대답했다.

나는 그의 감정을 상하게 하고 싶지 않았다. 그는 역사에 미친 사람이었으니까. "뭐, 슬쩍슬쩍 훑었다고?" 선생이 말했다. 극히 냉소적인 말투였다. "자네 답안지가 저 장 위에 놓여 있네. 답안지 다발 맨 위에 있어. 이리 좀 가지고 와봐."

이건 진짜 치사한 처사였다. 그러나 나는 그것을 갖다 주었다. 사실 그 상황에서는 별 도리가 없었다. 그런 다음 나는 다시 그 시멘트 바닥 같은 침대 위에 걸터앉았다. 작별 인사를 하러 온 것이 얼마나 후회스러웠는지 상상할 수도 없을 것이다. 선생은 그 답안지를 마치 더러운 똥이라도 만지듯 다루었다.

"우리는 11월 4일부터 12월 2일까지 수업 시간에 이집트인을 공부했지. 자네는 자유 논술 문제에서 이집트인을 주제로 택해 썼더군. 그런데 뭐라고 썼는지 한번 들어보겠나?" "아니, 괜찮습니다." 나의 응답에 상관없이 그는 읽어 내려갔다. 선생이 무엇이건 하면 그것을 막을 길은 없다. 선생들이란 그대로 밀고 나가는 사람들이니까.

'이집트인은 아프리카 북부의 한 지역에 거주한 고대 코카서스 종족에 속한다. 아프리카는 우리 모두가 알다시피 동반구에서 제일 큰 대륙이다.' 나는 거기에 그렇게 앉아 그따위 넋두리를 경청하지 않으면 안 되었다. 그것은 진짜 치사한 작태였다.

'이집트인은 여러 가지 이유에서 오늘날의 우리에게 극히 흥미로운 존재이다. 그들이 죽은 사람의 얼굴이 수십 세기가 지나도 썩지 않게끔 어떤 재료를 써서 시체들을 감쌌는지 현대 과학조차도 알고

싶어한다. 이 흥미로운 수수께끼는 20세기의 현대 과학에 대한 도전으로 남아 있다.'

선생은 읽기를 중단하고 답안지를 내려놓았다. 나는 선생이 밉살스럽게 생각되기 시작했다. "자네가 쓴 소위 논술이란 것은 여기서 끝났군." 이건 정말 빈정대는 말투였다. "그런데 맨 끝에다 나에게 전하는 글을 남겼더군 그래." "저도 알고 있습니다." 하고 나는 말했다. 내가 그렇게 황급히 말한 까닭은 선생이 그것을 큰 소리로 낭독하지 못하도록 하고 싶었기 때문이다.

그러나 그 낭독을 제지할 길은 없었다. 그는 마치 폭죽처럼 뜨거운 열기에 차 있었던 것이다. '스펜서 선생님께,' 선생은 큰 소리로 읽기 시작했다. '제가 이집트인에 대해 알고 있는 것은 이것이 전부입니다. 선생님의 강의는 매우 재미있었지만 저는 이집트인에게 그다지 큰 관심을 가질 수 없었습니다. 선생님께서 저에게 낙제점을 주셔도 괜찮습니다. 하긴 영어 이외엔 모두 낙제점을 받을 테니까요. 이만 줄이겠습니다. 홀든 콜필드'

선생은 내 답안지를 내려놓고 마치 탁구 경기나 다른 경기에서 나를 무참히 패배시키기라도 한 것처럼 나를 바라보았다. 그런 넋두리를 큰 소리로 읊어대다니. 그를 영원히 용서하지 않을 것이다. 만일 선생이 그런 것을 썼다 해도 나 같으면 절대로 그렇게 소리 내어 읽지는 않았을 것이다. 정말이지 절대로 읽지 않았을 것이다. 내가 그놈의 글을 쓴 것은 무엇보다 선생이 나를 낙제시키면서도 그다지 언짢은 기분을 느끼지 않도록 해주기 위해서였다.

"낙제점을 주었다고 원망하나, 자네?" 하고 선생이 물었다. "아닙니다. 저는 절대로 원망하지 않습니다." 나는 아까부터 줄곧 선생이 나더러 '자네'라고 부르지 않길 바랐다. 선생은 내 답안지에 대한 볼 일을 마치자 그것을 침대 위에 던지려 했다. 그러나 실패했다. 그래서 나는 일어나서 그것을 집어 올려 침대 위에 놓아야 했다.

"자네가 내 입장이라면 어떻게 했겠나? 정직하게 말해봐." 하고 선생이 물었다. 하여튼 선생이 나를 낙제시킨 것에 대해 언짢게 느끼고 있는 것만은 확실했다. 그래서 나는 잠시 허튼소리를 지껄였다. 나는 정말 얼간이라느니 하는 식의 말을 늘어놓았던 것이다. 내가 선생의 입장이었어도 선생처럼 행동했을 것이고, 교사라는 직업이 얼마나 힘든 것인지 사람들은 모르고 있다느니 하는 따위의 말을 늘어놓았다. 정말 돼먹지 않은 이야기였다. 모두 허튼 짓거리였다.

그런 허튼소리를 지껄이고 있는 동안에도 내 머릿속에는 다른 생각들이 가득 차 있었다. 그때 스펜서 선생이 나에게 무언가 물었다. 그러나 나는 그 말을 미처 알아듣지 못했다. 그래서 "무슨 말씀을 하셨습니까?" 하고 물었다. "이 학교를 떠나는 데 대해 어떤 불안 같은 것은 느끼지 않나?"

"몇 가지 불안을 느끼고 있긴 합니다. 그러나 대수롭지 않습니다. 아직은요. 아직 실감이 나지 않는다는 뜻입니다. 좀 시간이 지나야 실감이 날 겁니다. 지금은 수요일에 집에 간다는 생각뿐입니다. 저는 워낙 바보니까요."

"장래에 대해 전혀 걱정되지 않는단 말인가?" "장래에 대해서는 약간 걱정도 되는 것 같습니다. 아니 틀림없이 걱정하고 있습니다." 나는 잠시 장래에 대해 생각했다. "그러나 그다지 심각하게 생각하지는 않습니다." "장차 걱정하게 될 거야." 스펜서 선생이 말했다. "걱정하게 될 거라니까. 그러나 그땐 이미 늦어 있을 거야."

그런 말을 듣는 것은 싫었다. 기가 죽고 침통한 기분이 들었다. "아마 걱정하게 되겠지요." 하고 나도 수긍했다. "자네 머릿속에 분별이란 것을 넣어주고 싶구먼. 난 자네를 도와주고 싶어. 가능하다면 자네를 도우려고 하는 거야."

그것은 사실이었다. 거짓이 아니라는 것을 알 수 있었다. 그러나 우리는 양극단에 서 있었다. 그뿐이었다. "알고 있습니다. 그래서 매우 감사하게 생각하고 있습니다. 농담이 아닙니다. 진심으로 고맙게 생각합니다." 나는 침대에서 몸을 일으켰다. 여기에서 10분이라도 더 지체하는 건 죽어도 싫었다. "저, 이만 가보겠습니다. 집에 가지고 갈 장비를 체육관에 두고 왔거든요."

선생은 내 얼굴을 쳐다보며 다시 고개를 끄덕이기 시작했다. 심각한 얼굴이었다. 갑자기 나는 선생에게 미안한 생각이 들었다. "선생님, 제 걱정은 하지 마세요. 정말입니다. 저는 아무 일 없을 겁니다. 저는 지금 하나의 단계를 통과하고 있는 겁니다. 누구나 여러 가지 단계를 거치는 것 아닙니까?" 하고 내가 말했다.

"글쎄 나는 모르겠네." 나는 그런 식의 응답이 싫다. "누구나 그런 단계를 거친다는 것은 틀림없는 사실입니다. 정말입니다. 선생님, 제발 제 걱정은 그만하세요." 그리고는 얼떨결에 선생의 어깨 위에 손을 얹고 "아셨습니까?" 하고 말했다.

"따끈한 코코아 한 잔 들고 가지 그래." "그랬으면 좋겠습니다만, 아무래도 지금 가봐야겠습니다. 체육관에 들러야 하거든요. 여러 가지로 고마웠습니다. 선생님, 정말 고마웠습니다." 그리고 나서 악수를 나누었다. 바보짓이긴 하지만. 그러나 악수를 나누고 나니 정말 섭섭했다. "편지 올리겠습니다. 그럼, 감기 조심하십시오." "그래, 잘 가게."

내가 문을 닫고 응접실 쪽으로 되돌아 나올 때 선생은 나를 향해 뭐라고 소리쳤지만 정확하게 듣지는 못했다. 분명 "행운을 빈다."라고 소리쳤을 것이다. 제발 그런 말이 아니었기를 바란다. 맹세코 그런 말이 아니었기 바란다. 나라면 누구에게도 "행운을 빈다."는 말은 하지 않을 것이다. 곰곰이 생각해보면, 그 말은 끔찍한 악담이 아니고 무엇인가?

우리는 다른 사람들의 허튼 소리에 일희일비하면서 그들의 피상적인 의견에서마저 자유롭지 못합니다. 이를 극복하기 위해서 보다 높은 차원의 소통은 어떤 것인지 생각해보고 싶습니다.

사람들은 피상적인 말들을 통해서 삽니다. 남편은 부인에게 "여보, 당신은 정말 아름답소!" 라고 말합니다. 그러면 부인은 자신이 정말 예쁘다고 생각합니다. 그대를 지지하는 사람들이 "당신은 정말 지혜롭고 지적인 분이십니다. 당신은 보기 드물게 훌륭하신 분입니다" 하고 말하면 그 말을 믿기 시작합니다.

또 어떤 사람들은 그대를 비난하고 미워하며 화를 냅니다. 그때 그대는 그들의 말을 인정하지 않지만 무의식 깊은 곳에는 그들의 말이 축적됩니다. 어떤 사람은 그대를 아름답다고 말하고, 또 어떤 사람은 못 생겼다고 말합니다. 어떤 사람은 그대를 현명하다고 말하고, 다른 사람은 바보 같다고 말합니다.

누구의 말을 믿을 것입니까? 그대는 거울에 의존해서만 자신의 얼굴을 볼 수 있습니다. 그런데 양쪽 모두가 거울입니다. 그대는 자신을 바보라고 말하는 거울을 좋아하지 않을 것입니다. 그러나 어쨌든 그 거울은 그렇게 말했고, 나름대로 거울의 임무를 다했습니다. 그대는 그 말을 애써 무시하고 의식하지 않으려 할지도 모릅니다.

그러나 하나의 거울이 그대를 보고 바보라고 말했다는 사실은 지워지지 않고 그대의 무의식 속에 남을 것입니다. 그대는 거울을 믿습니다. 그때 그대는 분열될 수밖에 없습니다. 왜냐하면 그대에게는 수많은 거울이 있기 때문입니다. 그리고 그 거울들은 저마다 다른 말을 합니다.

어떤 사람은 그대를 현명하다고 말합니다. 그것은 그대가 현명하기 때문이 아니라 그의 의견이 그렇다는 말이지요. 또 어떤 사람은 그대를 어리석다고 말합니다. 그것은 그대가 어리석기 때문이 아니라 그의 눈에 그렇게 보인다는 말이지요. 그들은 다만 자신의 싫고 좋음을 말하고 있을 뿐입니다.

그들은 그대에 관해 아무 것도 말하지 못합니다. 그들은 자기 자신에 관해 말하고 있는 것이지 그대에 관해 말하고 있는 것이 아닙니다. 그대가 누구인지 보여줄 수 있는 거울은 없습니다. 거울들은 단지 그대의 표면, 그대의 피부만을 보여줍니다. 그러나 그대의 피부가 그대는 아닙니다.

그대 자신은 매우 깊은 곳에 있지요. 그대는 육체가 아닙니다. 젊은 육체도 언젠가는 늙어버릴 것입니다. 건강하고 아름답던 육체도 어느 날 갑자기 불구가 되거나 마비상태에 빠질지도 모를 일입니다. 활기에 넘치던 그대도 언젠가는 생명력이 쇠퇴하여 바람 빠진 고무풍선처럼 되어버릴 것입니다.

그러나 그대는 표피에 있지 않습니다. 진정한 존재는 그대의 중심에 있습니다. 비본질적인 것에 몰두하는 사람은 표피 위에서 삽니다. 그러나 본질적인 인간은 중심에 머뭅니다.

진정한 교류 방법은 침묵이다 우리의 인간관계는 형식적인 것입니다. 우리는 수많은 말들을 나누지만 별 의미가 없습니다. 그러나 한 사람과 더 가까워지고 친밀감이 생기기 시작하면 그에게는 무의미한 말장난을 할 수가 없습니다. 그때는 모든 것이 깊은 의미를 지니니까요.

이때 간혹 말이 끊긴 침묵의 틈이 생깁니다. 처음에는 그런 침묵이 아주 어색하게 느껴질 것입니다. '무슨 말인가 해야 해. 그렇지 않으면 저 사람이 나를 어떻게 생각하겠어?' 하는 생각이 들 것입니다. 그러나 관계가 더 가까워지고 사랑이 깊어질수록 말이 필요하지 않습니다. 침묵의 순간이 자주 찾아오지요.

진정으로 사랑하는 사람과는 별로 말할 것이 없습니다. 낯선 사람과 있을 때는 할 말이 많지만, 친한 사람과 있을 때는 별로 할 말이 없습니다. 그런데 우리는 이런 침묵에 익숙하지 않기 때문에 그 순간을 아주 어색하게 느끼지요. 우리는 침묵의 언어를 모릅니다. 우리의 유일한 의사소통 수단은 입에서 나오는 언어입니다.

우리는 마음의 소리가 아닌 가슴의 침묵으로 교류하는 법을 모릅니다. 단지 이 자리에 존재하는 것만으로도 서로 교류하는 길이 있다는 것을 우리는 모릅니다. 우리는 계속 성장하고 있는데, 교류의 수단은 여전히 낡아빠진 것입니다. 언어가 아닌 새로운 교류 수단을 배워야 합니다. 우리가 성숙할수록 비언어적인 교류 방법이 필요해집니다.

언어가 필요한 이유는 우리가 진실로 교류하는 법을 모르기 때문입니다. 그 방법을 알게 되면 서서히 언어가 필요 없게 됩니다. 언어는 초등학교 수준의 방법이고, 진정한 교류 방법은 침묵입니다. 연인 사이에 언어가 사라진다고 해서 잃는 것은 아무것도 없습니다. 그것은 잘못된 생각입니다.

무엇인가 새로운 것이 들어오고 기존의 패턴은 그 새로운 것을 담아내기에 충분하지 않습니다. 이것은 아이가 성장함에 따라 예전에 입던 옷이 작아지는 것과 같지요. 이것은 무엇인가를 잃는 게 아닙니다. 오히려 날마다 새로운 것이 보태지고 있는 것입니다.

명상이 깊어질수록 우리의 사랑과 관계도 깊어집니다. 그리고 마침내 침묵만 남는 순간이 올 것입니다. 언어는 우리가 사랑하지 않는 사람들과 만날 때나 필요한 것이지요. 사랑하는 사람과 있을 때는 언어가 필요 없습니다. 우리는 어린아이처럼 순진무구한 상태로 돌아가 침묵해야 합니다.

물론 몸을 통한 표현은 일어날 것입니다. 아무 말 없이 미소 지을 때가 있는가 하면 상대방의 손을 잡을 때도 있을 것입니다. 아무것도 하지 않고 상대방의 눈을 들여다보며 침묵을 지킬 때도 있을 것입니다. 두 사람의 존재가 만나 하나로 용해됩니다. 두 사람만 아는 어떤 일이 일어나는 것입니다.

이것은 아주 깊은 곳에서 일어나는 일이기 때문에 두 사람 외에는 누구도 알 수 없습니다. 그 침묵을 즐길 수 있어야 합니다. 그러면 곧 침묵이 고유의 소통 방법을 갖고 있다는 것을 알게 될 것입니다. 그 침묵의 교류는 훨씬 더 깊고 심오한 것입니다. 훨씬 더 강렬하고 고차원적인 것입니다. 이 침묵의 교류는 신성합니다. 거기엔 조금도 오염되지 않은 순수함이 깃들어 있습니다.

사람들이 진실하게 말하지 못하는 이유는 무엇입니까?

'사람들은 언제나 있되 그 자리에 있지는 않는다.' 헤라클레이토스의 이 말은 깊이 음미해볼 만합니다. 그대는 어디에 있든 그 자리에 있지 않습니다. 사람들은 어딘가에 있을 수 있지만 그들이 있는 곳은 거기가 아닙니다. 그래서 그들은 들어도 듣지 못합니다. 마치 귀머거리와 같이. 현재 그 순간에 그 자리에 있지 않는 것, 바로 그것이 잠입니다.

이런 일이 있었습니다. 나스루딘이 찻집에 앉아서 자신의 관대함에 대해서 이야기하고 있었습니다. 그런데 도가 지나쳐 너무 과장되게 말하게 되었습니다. 모든 사람처럼 그도 자신이 무엇을 말하고 있는지 잊었기 때문입니다. 그때 한 사람이 말했습니다. "나스루딘, 자네는 우리에게 한 번도 식사 대접을 해 본 일이 없지 않은가? 도대체 어떻게 된 일이지?"

그 말을 듣자 나스루딘은 너무 흥분해서 자기 아내 생각은 까맣게 잊어버리고 이렇게 말했습니다. "좋아, 지금 당장 가지." 집이 가까워질수록 그는 제 정신이 들기 시작했습니다. 그때 그는 아내를 생각해 내고 두려워지기 시작했습니다. 그를 따라오는 사람은 30명이나 되었습니다.

문 앞에 도착하자 그가 말했습니다. "여기서 잠깐 기다리게. 자네들도 알고 있겠지만 먼저 아내를 설득해야 하지 않겠나? 내가 아내를 설득하면 그때 들어오도록 하게." 그렇게 말하고는 안으로 들어갔습니다. 그들은 기다리고 기다렸습니다. 그런데 아무리 기다려도 나스루딘은 나오지 않았습니다. 그래서 문을 두드렸습니다.

나스루딘은 아내에게 모든 것을 그대로 고백했습니다. 자기가 관대함을 너무 떠벌이다가 그 사실을 증명하지 않을 수 없어 그렇게 되었다고 했습니다. 그러자 아내가 말했습니다. "그렇지만 30명이나 되는 사람을 대접할 만한 것이 없어요. 그리고 이렇게 늦은 밤에 어디 가서 무엇을 마련해 올 수도 없고요."

나스루딘이 말했습니다. "그러면 이렇게 해요. 저 사람들이 문을 두드리면 나가서 내가 없다고 해요." 그들이 문을 두드리자 그의 아내가 나와서 이렇게 말했습니다. "저의 남편은 지금 집에 없는데요." 그들이 말했습니다. "그럴 리가 있나요. 우리는 그와 같이 왔고 그가 안으로 들어가고 다시 밖으로 나가는 것을 보지 못했습니다. 틀림없이 안에 있을 겁니다. 다시 들어가서 한 번 찾아보세요. 틀림없이 어디엔가 숨어 있을 겁니다."

아내는 할 수 없이 안으로 들어와 말했습니다. "이제 어떻게 하지요?" 나스루딘은 흥분해서 밖으로 뛰어 나와 이렇게 말했습니다. "도대체 무슨 소리요? 나스루딘은 뒷문으로 빠져나갈 수도 있지 않소?"

들으면서 듣지 않고, 보면서 보지 않고 주인이 집에 없습니다. 이런 일이 매일 일어납니다. 자기 자신을 완전히 잊어버립니다. 논리 속에서 자신을 잊어버립니다. 논리는 옳습니다. 주장도 옳지요. 그러나 그게 무슨 말입니까? 그대들은 앞문에서 기다리고 있는데 자기는 뒷문으로 빠져나갈 수도 있다고요?

논리는 옳지요. 그러나 나스루딘은 그 말을 하고 있는 사람이 바로 자기 자신이라는 사실을 완전히 잊어버렸습니다. 우리는 현재에 있지 않습니다. 세상 속에서도 그렇고 우리 자신에게도 그렇습니다. 이것이 잠입니다. 그때 어떻게 보고 듣고 느낄 수 있습니까? 지금 그리고 여기에 존재하지 않으면 모든 문이 닫힙니다. 그리고 죽은 사람이 되어 버립니다.

그렇기 때문에 예수는 계속해서 이렇게 말한 것입니다. '귀 있는 자 들을 것이요, 눈 있는 자 볼 것이다.' 헤라클레이토스도 많은 사람들이 들으면서 듣지 않고 보면서 보지 않는다는 것을 발견했음에 틀림없습니다. 그들의 집은 완전히 비어 있습니다. 주인이 집에 없습니다. 눈은 보고 있고 귀는 듣고 있지만 주인은 안에 없습니다.

눈은 단지 창문일 뿐입니다. 우리가 그 창문을 통해서 보지 않으면 그것들은 아무것도 보지 못합니다. 어떻게 창문이 무엇을 볼 수 있습니까? 우리가 창 앞에 서야 합니다. 그때만 볼 수 있습니다. 창문은 스스로 느낄 수 없습니다. 그러나 우리가 창문 앞에 서면 그것은 완전히 달라집니다.

몸 전체는 집이고 마음은 여행하고 있습니다. 집 주인은 항상 어디엔가 여행을 하고 있습니다. 그러므로 집은 항상 비어 있습니다. 삶이 문을 두드립니다. 그것을 존재라 해도 좋고 신이라 해도 좋습니다. 이름은 아무래도 상관이 없지요. 아무튼 어떤 존재가 우리의 문을 계속해서 두드리고 있습니다. 그러나 우리는 없습니다. 바로 이것이 잠입니다. 사람들은 자고 있는 듯이 말하거나 행동합니다.

우리는 무의식 속에서 삽니다. 우리는 자신이 무슨 말을 하는지, 무슨 짓을 하는지 의식하지 못합니다. 우리는 주시하지 않습니다. 통찰력은 주시를 통해서만 얻어집니다. 주시할 수 있으면 눈을 감고도 볼 수 있습니다. 주시하지 못하면 눈을 뜨고도 아무것도 볼 수 없습니다. 추측하고 추리하고 억지를 부리고 투사할 뿐입니다.

우리가 진실하게 말하면서 자신의 말에 책임을 질 수 있으려면 어떻게 해야 하는지 좀 더 구체적으로 생각해보고 싶습니다.

진실하게 말하기 위해서는 완전히 깨어 있는 상태에서 말해야 합니다. 그러면 그대 안에 엄청난 변화가 일어나는 것을 발견할 것입니다. 그대가 깨어 있다고 하는 바로 그 사실이 그대의 행동을 변화시킵니다. 그때는 죄를 범할 수 없습니다. 그대 자신을 규제한다는 뜻이 아닙니다.

규제란 자각에 대한 빈약한 대용물입니다. 아무런 도움도 되지 않습니다. 자각하는 사람은 분노를 규제할 필요가 없습니다. 자각 속에서는 분노가 일어나지도 않습니다. 자각과 분노는 서로 공존하지 못합니다. 또한 자각 속에서는 질투도 생겨나지 않습니다. 자각 속에서는 많은 것이, 부정적인 모든 것이 단순히 사라질 뿐입니다. 그래서 자각한 상태에 있는 사람은 결코 책임을 질 수 없는 말을 할 수 없습니다.

이는 마치 빛과 같습니다. 빛이 있다고 할 때 어떻게 어둠이 거기 같이 존재할 수 있습니까? 어둠은 도망쳐 버릴 뿐입니다. 집에 불이 켜져 있으면 더듬지 않아도 되고 벽을 문으로 잘못 알고 두드리지 않아도 됩니다. 불이 켜져 있으니 문이 어디에 있는지 알 수 있지요. 단지 문으로 들어가고 그리고 언제든 나가고 싶으면 문으로 나가면 됩니다.

그러나 불이 꺼져 있어 문이 어디에 있는지 잘 보이지 않을 때는 더듬거나 넘어지게 되지요. 분노나 질투란 단지 어둠 속에서 더듬거리는 것일 뿐입니다. 그것들은 그 자체로서 잘못된 것이 아니라 그대가 어둠 속에서 살고 있기 때문에 잘못된 것입니다.

헤라클레이토스는 말합니다. "진리의 느낌으로부터 나오는 것만을 말하고 행동으로 옮겨라." 처음에는 매우 힘든 일입니다. 지금까지의 삶이 모두 거짓이었기 때문입니다. 처음에는 항상 다른 사람과 보조를 맞추지 못하는 듯한 느낌을 받습니다. 그러나 곧 모든 것은 다시 새로운 패턴으로 안정되기 시작합니다. 얼마 동안은 힘들 것입니다.

처음에는 그대가 얼마나 많은 방법으로 거짓말을 하고 있는지 지켜보십시오. 겉으로는 미소를 짓지만 속으로는 전혀 그런 마음이 아닌 때가 있습니다. 그것이 거짓입니다. 그때는 미소를 짓지 마십시오. 억지로 미소 짓는 일은 얼굴과 입술에 폭력을 가하는 것입니다. 그리고 그런 일을 계속하게 되면 미소의 느낌이 무엇인지, 진정한 미소가 무엇인지 잊어버리게 됩니다.

세상은 거짓 언행들로 넘쳐난다 오직 어린아이들만이 알고 있습니다. 대부분의 사람들은 진정한 미소가 무엇인지 완전히 잊어버렸습니다. 억지 미소는 거짓된 제스처에 불과할 뿐입니다. 틀에 박힌 듯한 정중한 태도로 사람들은 미소를 짓습니다. 사람들은 자기가 무엇을 하고 있는지도 모르고 다른 사람이 그렇게 기대하기 때문에 미소를 짓습니다.

미소가 거짓이 되었다면 그 밖의 무엇이 진실된 것이 있겠습니까? 눈물 또한 거짓이 됩니다. 사람들은 눈물이 필요할 때 눈물을 흘리고 그렇지 않으면 억눌러 버립니다. 얼마나 많은 방법으로 진실되지 못하였는가를 지켜보십시오.

사람들은 자기 뜻이 그렇지 않은데도 어떤 말을 합니다. 말을 완전히 무의식적인 상태에서 사용하는 것입니다. 그리고는 그 말에 매여 버립니다. 어떤 사람에게 이렇게 말할 때가 있지요. "당신은 아름답군요." 자기로서는 의외로 그렇게 말할 수도 있지요. 그러나 그 말이 상대방의 마음을 흔듭니다.

상대방은 그대가 진정으로 그렇게 느끼고 있다고 생각하기 시작합니다. 그때 어떤 기대가 생겨납니다. 그리고 좌절감이 뒤따릅니다. 그때는 지나가는 말로 그렇게 말한 것이지 진정으로 그런 뜻은 아니었기 때문입니다. 이제 그대는 올가미에 걸려듭니다. 그 기대를 충족시켜야 합니다. 당장에 어떤 부담감을 느낍니다.

진실해지십시오. 그러면 짐이 덜어집니다. 공연히 거짓된 기대를 만들어내지 마십시오. 그렇지 않으면 곤경에 빠지게 됩니다. 의미하는 바를 정확하게 말하십시오. 항상 이렇게 말하도록 하십시오. '지금은 이것을 의미하고 있습니다. 그러나 이 순간이 지나면 다른 것을 말할 수도 있습니다. 다음 순간에 무슨 일이 일어날지 누가 알겠습니까? 이 순간에는 당신을 사랑하지만 어떻게 다음 순간을 약속할 수 있겠습니까?'

오직 깨달은 사람만이 다음 순간에 대해서 말할 수 있습니다. 그는 영원한 곳에 도달해 있기 때문입니다. 그러나 어떻게 그대가 다음 순간에 대해서 말할 수 있겠습니까? 기분은 항상 변하지요. 이 순간에는 사랑을 느끼고 이렇게 말할 수 있습니다. "당신을 영원히 사랑하겠소."

이 순간에는 진실입니다. 그러나 다음 순간에 그것과 똑같이 말하리라는 보장은 없습니다. 말을 할 때는 항상 신중히 조건을 붙여 말하십시오. '이 말은 오직 이 순간에 한한 것입니다. 나는 지금 이렇게 느끼고 있습니다. 그러나 다음 순간의 일은 아무도 모릅니다. 약속할 수 없습니다.'

사람들이 하는 약속은 다 진실되지 못합니다. 어떻게 약속을 할 수 있습니까? 약속을 한다는 것은 이미 확고한 중심에 도달했다는 것을 의미합니다. 그대가 어떻게 약속을 지킬 수 있겠습니까? 그대는 한 여인에게 이렇게 말합니다. "당신을 영원히 사랑하겠습니다." 어떻게 이 약속을 지킬 수 있단 말입니까? 며칠이 지나면 흥분이 사라져 버렸음을 느끼게 됩니다.

이제 사랑은 더 이상 존재하지 않습니다. 그때 어떻게 해야 합니까? 이제는 거짓으로 미소를 짓고 키스를 하고 사랑을 해야 합니다. 단지 약속 때문에 말입니다. 모든 것이 거짓이 되어 갑니다. 그대도 거짓이 됩니다. 그리고 그것이 제대로 되지 않으면 죄책감을 느낍니다. 제대로 되려면 계속해서 연기를 해야 하지요.

거짓을 거짓으로, 진실을 진실로 그것은 진실이 아닙니다. 사랑의 열정은 더 이상 맛보지 못하게 되고 부담스러운 고뇌와 짐만을 만들어 낼 뿐입니다. 그것은 제대로 되어 갈 수가 없습니다. 결국 좌절만이 뒤따르게 됩니다. 이제 그 여인은 그대의 목을 짓누르는 바위가 되어 그대는 이렇게 느낍니다. '만일 이 여자가 죽는다면 좋을 텐데. 이 여자가 죽기만 한다면 얼마나 좋을까.'

약속 때문에 도망칠 길을 찾게 되는 것입니다. 단 한 순간에 일생을 약속하는 것은 불가능한 일입니다. 그대는 순간 속에서 살고 있습니다. 내면에 아직도 영원한 중심을 갖고 있지 못한 상태입니다. 수레바퀴처럼 돌아가고 있을 뿐입니다. 모든 사람들이 이런 식으로 속박되어 살아가고 있습니다.

어떤 대가를 치르더라도 사물들을 현실 그대로 보도록 하십시오. 만일 사물들을 있는 그대로 본다면 자의식이 무너지리라고 느끼더라도 말입니다. 자아는 빨리 무너질수록 좋습니다. 사회에서 그대가 차지하는 명예가 위기를 맞더라도, 사회란 그대처럼 착각에 빠진 사람들로 이루어졌으니까 그냥 내버려두도록 하십시오.

그들에게서 얻는 영광이란 전혀 영광이 되지 못합니다. 잠든 사람들, 꿈꾸는 자들에게서 얻는 영광이란 아무런 가치도 없습니다. 만일 지금까지 살아온 삶에 대해서, 지금까지의 그대 자신에 대해서 철저히 환멸을 느낀다면 사실상 거의 절반의 여행은 끝난 셈입니다. 오직 환멸만이 다음 단계를 위해서 그대를 준비시켜줄 것입니다.

만일 거짓된 것이 거짓임을 알 수 있게 된다면 그대는 이미 통찰력을 갖춘 셈이고, 이제 그대는 진실을 진실로서 알 준비가 갖추어졌습니다. 거짓을 거짓이라고 아는 것이 첫 단계입니다. 다음에는 진실을 진실이라고 아는 것이 자동적으로 가능해지는 두 번째 단계가 찾아옵니다.

진리는 직접 터득할 수가 없습니다. 우선 진리가 아닌 것을 알아야 하는데 그것은 그 상태에 그대가 처해 있기 때문입니다. 그대는 그대가 있는 곳으로부터 여행을 시작할 수밖에 없습니다. 그대의 내적 존재에는 자물쇠가 없습니다. 거짓말을 떨쳐 버린다면 진실은 자연히 모습을 드러낼 것입니다. 바로 그대 존재 내부에서는 늘 진실이 밝게 타오르고 있습니다.

그러나 그것은 두꺼운 층으로 가려져 있어서 그대는 그 빛을 볼 수 없습니다. 합리화는 그대 주위에 거짓 장벽을 치는 마음의 교활한 속임수 중의 하나입니다. 그대는 자신의 합리화에 갇혀 있습니다. 만일 그대가 자유롭고 싶다면 합리화를 떨쳐 버리십시오. 그리고 어느 누구도 그대를 대신하여 그 일을 해 줄 수 없습니다. 오로지 그대만이 그 일을 할 수 있습니다.

원칙적으로는 진실하게 말하는 것이 좋지만, 상황에 따라서는 거짓말을 하는 것이 좋을 때도 있지 않습니까? 선의의 거짓말 이라고나 할까요.

정의 자체는 좋은 것입니다. 모든 사람은 자기 자신에게 진실하고 정직해야 합니다. 그러나 나 혼자 여기 있는 것이 아니며, 많은 사람들과 관계를 맺고 있습니다. 그래서 나의 진실함과 정직함으로 인해 다른 사람들에게 상처를 입혀서는 안 되지요. 게임의 규칙을 지켜야 합니다.

모든 관계는 게임과 같습니다. 게임을 위해서 필요하면 가면도 쓸 줄 알아야 합니다. 가면을 쓰고 연기하되, 가면과 동일시하지만 않으면 됩니다. 우리는 진리를 사랑해서가 아니라 다른 사람에게 상처를 입히기 위해 진리를 말할 수 있습니다. 우리는 진리를 무기로 사용할 수도 있단 말입니다.

그러나 진리를 무기로 사용한다면 그것은 진리가 아닙니다. 그것은 거짓말보다 더 나쁜 것입니다. 때때로 거짓말을 통해 다른 사람을 도울 수도 있고, 거짓말을 통해 관계가 더 쉬워질 때도 있지요. 그때는 거짓말을 하는 것이 좋습니다. 능숙한 배우가 되고, 게임의 규칙을 지키십시오.

그리하여 불필요하게 다른 사람들에게 상처를 입히지 않아야 합니다. 그러나 항상 기억하고 있어야 합니다. 가면은 내 원래의 얼굴이 아니라는 것을. 언제라도 가면을 벗을 수 있어야 합니다. 가면에 잘못된 것은 아무것도 없습니다. 삶을 너무 심각하게 받아들일 필요가 없습니다.

연극을 하는 사람들이 가면을 쓰고 즐거워하고, 관객들도 즐거워하듯이 왜 실제 삶에서도 가면을 즐기지 않습니까? 삶은 하나의 연극입니다. 삶에서 올바른 행동이란 다른 사람들을 고려하는 것입니다. 거짓말이 다른 사람에게 도움이 되고 유익하다고 생각되면 가면을 쓰고, 내면에서는 이것은 우리가 연기하고 있는 게임에 지나지 않는다는 것을, 이것은 진실이 아니라는 것을 늘 깨닫고 있으면 됩니다.

바깥 세상에 대해선 배우처럼 행동하되 다른 사람을 속이고 있다고 생각할 필요는 없습니다. 아이에게 장난감 총을 주었다고 해서 우리가 아이를 속이는 것은 아닙니다. 아이는 진짜 총이 필요치 않습니다. 다른 사람을 지켜보고, 그에게 도움이 되고 우리에게는 불필요한 문제가 생기지 않는 방식으로 행동하는 것, 이것이 바로 올바른 행동의 의미입니다.

머리가 좋다는 사람들은 진실하게 살기보다는 잔꾀를 부려 말을 교묘히 하면서 이익을 챙기려는 경향이 있습니다. 우리는 살면서 이런 경우를 실제로 허다히 만나지 않습니까?

머리가 좋은 사람들은 좌뇌가 특히 발달하여 감성적이기보다는 다분히 이성적이지요. 그들은 머리 회전이 빨라서 보다 계산적이고 교활하고 영악하여, 자신의 목적을 위해 다른 사람을 수단으로 사용하고, 자신의 목표를 이루기 위해서는 부도덕한 것도 마다하지 않습니다.

그래서 그들은 생존경쟁에서 유리할 수밖에 없습니다. 그것이 그들에게 부자가 많은 이유입니다. 그들은 현명하지 않고 영리합니다. 외부 세계에서 성공하고 싶은 사람은 교활함과 영악함, 경쟁심, 시기심, 폭력적인 마음으로 발버둥치는 사람들의 길을 따를 수밖에 없습니다.

아이들이 자라면서 세상의 교활함과 영악함, 속임수, 게임 등을 배우기 시작하는 것도 사회의 이러한 분위기 때문입니다. 아이들은 꾸미는 걸 배우기 시작하고 가면을 쓰기 시작합니다. 허위의 껍질이 그들을 에워싸기 시작합니다. 이런 사람들은 서서히 영혼을 잃어가면서 더 이상 사람이 아닌 존재가 되어버립니다. 자아를 상실하기 때문입니다.

겉으로만 사람인 척할 뿐 가면을 쓰고 삽니다. 이들은 원래의 자기 얼굴을 잃어 버렸습니다. 이들의 언어는 거의 언제나 허위입니다. 이들의 언어는 매우 교묘하고 사물을 아름답게 치장하기 때문에, 그릇이 중요해지고 내용물은 뒷전으로 밀려나게 됩니다.

어쩌다 속임수가 드러나면 잔꾀를 부려 자신을 합리화하기 위해 이렇게 말하기 일쑤지요. "미안하네, 내 혓바닥의 실수였네." 그러나 혀는 절대로 거짓말을 하지 않습니다. 속에 품고 있는 생각이 입을 통해 튀어나오기 마련이며 혀는 절대로 실수하지 않습니다. 이런 사람들은 외관상으로는 현란할지라도 대부분이 가장 깊은 중심에서는 원시적인 상태로 남아 있습니다.

이런 길을 따르는 사람은 내면의 인도자를 볼 수 없습니다. 이들은 온 세상을 얻는다 해도 종국에는 자신을 잃고 말 것입니다. 예수는 말합니다. "온 세상을 얻은들 자신의 영혼을 잃는다면 무슨 소용인가?" 오직 가슴으로 사는 사람만이 내면의 세계에서 성공한다는 것입니다. 가슴은 가장 중요하며 가장 근본적인 부분입니다. 우리는 머리 없이는 살 수 있지만, 가슴 없이는 살 수 없습니다.

머리는 일종의 사치품입니다. 그러나 가슴 없이는 살 수 없습니다. 가슴은 모든 생물의 필수품입니다. 머리는 인간에게만 존재합니다. 그러므로 아주 본질적인 부분은 아닙니다. 동물들은 머리 없이 살지만 인간보다 훨씬 더 조용하고 행복한 방법으로 살고 있습니다. 나무도 머리 없이 살고 있으며, 새들도 그렇고 아이들도 그렇고 신비가도 그렇습니다.

머리는 피상적인 것입니다. 머리는 특정한 기능을 지니고 있습니다. 그것을 이용하기는 하되 그것에 이용당하지는 말아야 합니다. 머리에게 이용당하면 교활한 삶을 살게 되어 끝내는 삶에 염증을 낼 것입니다. 삶은 기나긴 고통이 될 것이며, 삶의 어디에서도 오아시스를 찾지 못할 것입니다. 그런 삶은 사막처럼 될 것입니다.

본질적인 것을 억압하면 안 된다는 것이 진리입니다. 비본질적인 것이 본질적인 것을 따라야 하며, 본질적인 것의 그림자가 되어야 합니다. 다음에 이런 사람들이 잔꾀로 속임수를 쓰면서 교묘하게 허위의 말로 위장하는 예를 몇 들어봅니다.

허위의 말들 먼저 머리가 비상하게 잘 돌아가는 어느 변호사의 술수에 대하여 살펴보지요. 어느 마을에서 제일 잘 사는 부자가 강을 건너고 있을 때였습니다. 강은 범람하고 있고 강한 바람이 불어 강한가운데서 배가 전복하였습니다.

뱃사공은 겨우 살아났지만 그는 부자를 구출할 수가 없었습니다. 부자는 물에 빠져 죽었습니다. 수색이 벌어지고 한 어부가 시체를 발견했습니다. 그런데 그는 엄청난 금액을 요구했습니다. 유족은 고민 끝에 가장 유능한 변호사를 찾아가 상의했습니다.

변호사는 말했습니다. "걱정할 것 없어요. 우선 수임료를 두둑하게 내시오. 그러면 방법을 가르쳐 드리리다." 그는 돈을 받아들고 말했습니다. "그대로 기다리시오. 그 녀석, 그 시체를 누군가 다른 사람에게 팔 수 없을 겁니다. 끝내 넘겨주지 않을 수 없을 거요. 당신 말고는 아무도 그 시체를 사려고 하지 않을 테니까요."

며칠이 지났습니다. 어부는 걱정되기 시작했습니다. 시체에서는 악취를 풍기기 시작했습니다. 그도 그 변호사에게 가서 상담했습니다. 그는 말했습니다. "우선 수임료를 듬뿍 내시오. 그러면 도움이 될 충고를 해 주리다."

어부는 떼돈을 벌 것으로 기대하고 돈을 꾸어다 바쳤습니다. 변호사는 돈을 받아들고는 말했습니다. "끝까지 기다리고 있으시오. 유족 쪽에서는 시체를 어딘가 다른 곳에서는 살 수가 없으니까요. 그들은 굽히지 않을 수가 없을 것이오."

기발한 말솜씨 다음에는 유능한 부동산 소개업자로 알려진 사람들의 기발한 말솜씨에 대해 생각해보기로 합니다. 한 부동산 업자가 부유한 고객에게 부동산을 보여주며 온갖 노력을 다해 설득하고 있었습니다.

"이곳 날씨는 이 나라에서 최고입니다. 아실지 모르겠지만, 여기서는 아무도 죽은 사람이 없답니다." 바로 그때 한 장례 행렬이 그들의 눈앞에 나타났고, 천천히 거리를 따라 행진하며 시야에서 사라졌습니다. 부동산 업자는 순간적으로 당황했지만 재빨리 정신을 차렸습니다.

그는 모자를 벗어 경의를 표하며 엄숙하게 말했습니다. "불쌍한 장의사 양반, 굶어서 죽다니." 이 사람의 머리는 얼마나 뛰어납니까? 얼마나 속임수가 근사합니까? 얼마나 교묘하게 잘 빠져 나갑니까? 이런 인간의 교활함은 참으로 교묘한 것입니다.

이는 어느 면에서는 애교 넘치는 재치로 볼 직도 하지만, 교활함의 차원을 넘어 위험천만한 사기극을 벌인, 부동산업계에서 최고로 손꼽히는 어느 중개업자에 관한 이야기를 하나 더 소개합니다.

그는 대기업에 소속되어 있었습니다. 하루는 사장이 아주 화가 나서 그를 기다리고 있었습니다. 이윽고 그가 왔을 때 사장은 화를 터뜨리며 말했습니다. "이건 너무 하잖소. 당신이 두 배의 값을 받고 땅을 팔아넘긴 그 사람이 방금 갔소. 그것을 우리는 이해할 수 있소. 당신은 총명하고 지성적이며 그 일을 잘 해냈소.

그리고 그것이 바로 우리가 당신에게 그렇게도 많은 보수를 지급하는 이유요. 그런데 그 남자가 와서 이렇게 말하는 것이었소. '비가 왔습니다. 그리고 지금 당신들이 나에게 판 그 땅은 8피트 깊이의 물에 잠겨 있단 말입니다. 이 회사는 도대체 어떤 회사입니까? 이건 정말로 사기가 아닙니까?"

그 중개업자가 말했습니다. "걱정하지 마십시오. 사장님. 그 사람은 제가 알아서 하겠습니다. 제가 가보겠습니다." 그리고 한 시간 뒤에 그가 돌아왔습니다. 그리고는 웃으면서 말하는 것이었습니다.

"사장님은 오늘 저에게 한턱 내셔야 합니다. 아무 일도 없었습니다. 저희 회사에는 오랫동안 안 쓰고 있던 낡은 보트 두 척이 있었습니다. 저는 그것들을 그에게 팔았습니다. 그에게 말했지요.

'당신은 바보군요. 그렇게도 아름다운 호수를 몰라보고. 우기가 되면 이곳은 호수가 된단 말이오. 보트 두 척만 가지면 됩니다. 집을 충분히 높이 지어서 두 가지를 다 갖도록 하십시오. 우기가 되면 당신은 그 호수를 즐기는 겁니다. 그러기 위해서 제가 가져온 이 보트들도 사는 것이 좋습니다.'

그런데, 그 보트들은 너무나 낡아서, 그 안에 앉자마자 그를 물속에 빠뜨리고 말 것입니다. 당신은 걱정하지 않아도 됩니다. 그 보트들은 오랜 기간 동안 회사 구석에 처박혀 있었습니다. 그리고 우리는 훌륭한 값을 받고 그것들을 판 것입니다. 사장님"

사장이 말했습니다. "이건 너무 위험하지 않소? 당신은 여전히 그를 속인 거요. 게다가 이제 당신은 그를 위험한 상황 속에 빠뜨렸소. 그 보트들이 그를 죽일 거요." 그가 말했습니다. "이 세상은 이런 식으로 돌아갑니다. 사장님은 다른 사람들에게 무슨 일이 일어나는지에 대해서는 생각하실 필요가 없습니다. 사장님은 사장님 주머니만 생각하시면 됩니다."

> 우리는 진실성과는 거리가 먼 말 속에서만 살아와서 그런지, 진실한 말이란 과연 어떤 것인지 잘 상상이 안 됩니다. 참으로 진실한 말의 가치를 음미해보고 싶습니다.

이는 여러 차원과 여러 측면에서 생각해 볼 수 있습니다. 먼저 우리가 흔히 사랑하는 사람에게 말하는 낯간지러운 말에 대해서 진실한 말은 어떠해야 하는지 생각해봅니다. 우리가 다시 사랑에 빠진다고 합시다. 사랑에 빠지는 것은 전혀 잘못이 아닙니다. 그것은 아름다운 일이지요.

다만 사랑을 하되 의식이 살아 있어야 합니다. 그냥 의식이 살아 있기만 하더라도 우리는 지금까지 존재하지 않았던 새로운 현상을 경험하게 될 것입니다. 이때 우리는 사랑하는 사람에게 무슨 말을 하든 완전히 각성된 상태에서 하게 됩니다.

이런 일이 있었습니다. 의식의 각성을 위해 정진하고 있는 사람이 어느 여인을 사랑하게 되었습니다. 그는 의식이 살아 있어야 한다고 배웠기 때문에, 여자에게 "당신은 이 세상에서 가장 아름답고 가장 멋진 여인입니다"라고 말했다가 갑자기 전에 배운 말이 머리에 떠올랐습니다.

그래서 그는 말했습니다. "잠깐만, 실례했어요. 그 말을 나는 많은 여자들에게 이미 했고, 당신 이후에도 다른 여자들에게 또 그 말을 하지 않을 자신이 없어요." 당신이 이 세상에서 가장 멋진 여자라는 말을 여러 사람에게 걸핏하면 했었다는 사실을 그는 갑자기 깨달았던 것입니다.

그런데 여자들은 참으로 진실하기 그지없지요. 그들은 신뢰하고 무조건 믿습니다. 그래서 여자들은 좌절을 되풀이하고, 남자는 기계적인 행동을 계속합니다. 그렇지 않으면 여자는 이렇게 말할 것입니다. '잠깐만요. 너무 그렇게까지 할 필요는 없어요. 사랑도 좋지만 어떤 여자가 가장 아름다운 여자여야 사랑이 존재할 수가 있고, 그렇지 않으면 사랑이 오랫동안 지속되지 못한다는 법은 없으니까요. 잠깐만요. 너무 그럴 필요는 없어요.'

왜 평범한 여자를 사랑하지 않습니까? 평범하고 소박하고 수수하다는 것이 뭐가 잘못입니까? 왜 꿈을 창조해야만 합니까? 우리가 만일 꿈들을 만들어놓는다면 꿈이란 현실이 될 수가 없으므로 언젠가는 산산조각으로 무너지게 마련입니다. 꿈들은 좌절할 것입니다.

그러면 그 꿈과 거짓된 약속과 말에 그냥 매달린다는 것은 우리에게 너무 벅찬 부담이 될 것입니다. 그러면 똑같은 여자가 우리 목에 걸린 가시처럼 여겨질 것입니다. 그래서는 안 됩니다. 왜 자연스러워지지 않습니까?

왜 그냥 '나는 당신을 사랑한다'고 말하지 않습니까? 언젠가는 취소해야만 할 최상급 단어들을 늘어놓는 것이 무슨 소용이 있습니까? 우리가 그런 단어들을 취소할 때는 모든 것이 무너지고 궁전이 몽땅 붕괴될 것입니다. 거짓의 기초 위에다 그 궁전을 지어놓았기 때문입니다.

성자의 마음 어느 종교 축제일에 한 랍비가 젊은이 곁을 지나치게 되었습니다. 젊은이는 담배를 피우고 있었습니다. 그날에는 흡연이 금지되어 있었습니다. 그래서 랍비가 그에게 물었습니다. "젊은이, 그대는 오늘이 담배를 피워서는 안 되는 종교적 축제일이라는 것을 모르는가?"

그 젊은이가 대답했습니다. "예, 알고 있습니다." 그러면서 그는 여전히 담배를 피웠습니다. 뿐만 아니라 그는 랍비의 얼굴에 연기를 뿜어대었습니다. 랍비가 재차 물었습니다. "오늘은 흡연이 금지되어 있다는 사실을 모르는가?" 그러나 젊은이는 거만하게 대답했습니다. "예, 알고 있습니다." 그러고는 계속 담배를 피웠습니다.

랍비는 하늘을 올려다보며 말했습니다. "주여. 이 젊은이는 아름답습니다. 그는 계율을 깨뜨렸을지는 모르지만, 아무도 그에게 거짓말을 하도록 강요할 수는 없습니다. 그는 참으로 진실한 사람입니다. 그는 말했습니다. '예, 나는 오늘이 종교일이라는 사실을 알고 있습니다.' 주여, 심판의 날에 이 청년에게 거짓말을 강요할 수 없다는 것을 기억하십시오."

이 얼마나 아름다운 랍비입니까. 이것이 곧 성자의 마음입니다. 그는 잘못된 것을 볼 수가 없습니다. 그는 항상 옳은 쪽으로만 봅니다. 그는 청년이 특정한 날에 담배를 피움으로써 계율을 깬 것보다, 흔히 하는 식으로 알고 있으면서도 '몰랐습니다. 죄송합니다.' 혹은 '잠깐 깜빡했습니다.' 하고 거짓말로 그 순간을 모면하려 하지 않은 사실을 더 중요하게 본 것입니다.

붓다와 아내 야쇼다라의 대화 끝으로 옛날에 고타마 붓다가 그의 아내 야쇼다라와 나눈 진지한 얘기를 음미해보고자 합니다. 붓다는 무지 속에서 왕국을 포기했습니다. 붓다로서가 아니었습니다. 그도 우리처럼 무지했었습니다. 그는 빛을 찾고 있었습니다. 그는 어둠과

의혹 속에 있었습니다. 그는 어둠 속에서 왕국을 포기하는 것이, 모든 안락함과 호사스러움을 포기하는 것이 진리를 발견하는 데 도움이 되리라고 생각했습니다.

그가 깨닫게 되었을 때, 그는 어떤 면에서 배신했던 늙은 아버지와 처자를 만나기 위해 궁전으로 돌아왔습니다. 그는 12년이 지나 늙은 아버지와 아내 그리고 이제 열두 살이 된 아들에게 용서를 구하는 것이 도리라는 생각이 들었습니다. 아들이 태어나던 날 밤에 붓다는 궁전에서 도망쳤지요.

그는 아기의 얼굴을 보러 갔었습니다. 그 아기는 엄마 품에 안겨 있었습니다. 그리고 그들은 담요를 덮고 있었습니다. 그는 아내가 깰까봐 두려웠지요. 그녀가 화를 내며 그가 세상을 포기하는 것을 방해할지도 몰랐기 때문입니다. 그래서 그는 아기의 얼굴을 보지 못한 채 문을 나서야 했습니다.

그는 아내를 만나기 위해 궁전으로 들어갔습니다. 물론 그녀는 화를 냈습니다. 그러나 그녀 역시 큰 왕국의 딸이었습니다. 그녀는 훨씬 더 큰 왕국의 딸이었지요. 위대한 전사의 딸인 그녀는 십여 년 동안 묵묵히 기다려 왔습니다.

뿐만 아니라 그녀는 무척 놀랄 만한 말을 했습니다. "저는 당신이 왕국을 포기한 것 때문에 화내고 있는 게 아니에요. 저는 당신이 말도 없이 떠난 게 화가 나요. 제가 당신을 막기라도 할 것 같았나요? 저 역시 위대한 전사의 딸이에요." 붓다는 매우 당황스러웠습니다. 그는 그렇게 생각해 본 적이 없었습니다.

그녀가 화를 낸 것은 그가 왕국을 포기했기 때문이 아니고 그의 도리에 관한 것이었습니다. 그것은 그가 그녀를 그리고 그녀의 사랑을 믿지 않았기 때문이었습니다. 붓다는 그녀를 믿지 않았습니다. 그는 그녀가 그의 출가를 방해하리라고 생각했습니다. 그녀는 평범한 타입의 여성이 아니었습니다. 그녀는 그가 왕국을 포기한 것을 기뻐했을지도 모릅니다. 붓다는 용서를 구해야 했습니다.

그녀가 말했습니다. "12년 동안 저는 당신에게 꼭 한 가지를 묻고 싶었어요. 당신이 성취한 것이 무엇이든, 확실히 당신은 어떤 것을 성취했어요. 저는 당신의 눈에서, 당신의 얼굴에서, 당신의 우아한 모습에서 그것을 볼 수 있어요. 제가 묻고자 하는 것은 당신이 얻은 것이 무엇이든 궁전에서 그것을 성취할 수는 없었는지, 궁전을 꼭 포기해야만 했는지 하는 것이에요."

붓다가 말했습니다. "그때 나는 그렇게 생각했소. 왜냐하면 수세기 동안 세상을 포기하지 않는 한 궁극의 진리는 발견할 수 없다고 말해져 왔기 때문이오. 그러나 이제 나는 절대적으로 확실하게 말할 수 있소. 나에게 일어난 것이 무엇이든 궁전에서도 일어날 수 있었소. 다른 곳으로 갈 필요가 없었소."

4

당신의 좌우명은 무엇인가

子貢問曰 有一言而可以終身行之者乎
자 공 문 왈 유 일 언 이 가 이 종 신 행 지 자 호

子曰 其恕乎 己所不欲 勿施於人
자 왈 그 서 호 기 소 불 욕 물 시 어 인

자공이 물었다. "몸을 마칠 때까지 한 평생 좌우명으로 삼고
행할 수 있는 것을 한 마디로 말씀해 주신다면 무엇이 있겠습
니까?"
공자가 말하였다. "그것은 서恕라 할 것이다. 자기가 하고 싶지
않은 것은 남에게도 하지 말 것이다."

주해

子貢 공자의 제자 | **一言** 한 마디 말 | **可** 할 수 있다, 할 만하다 | **以** 으로써 |
終身 몸을 마치도록, 한 평생 | **行之** 그것을 행하다 | **者** ~하는 것, 앞 구절의
수식을 받으며, 有의 주어가 된다 | **乎** 의문을 나타내는 형식적인 말 | **恕** 헤
아려 동정하다, 용서하다, '같음'을 의미하는 如여란 한자와 '마음'을 의미하
는 心심이란 한자가 결합해서 다른 사람의 마음도 내 마음과 같을 것이라는
사실을 나타낸다. | **乎** 여기서는 감탄을 나타내는 형식적인 말로 쓰였다. 이
렇게 한 한자가 여러 경우에 여러 의미로 쓰이기도 한다. | **己** 자기 | **所** ~하
는 바, ~하는 것 | **欲** 하고자 하다 | **所不欲** 하고자 하지 않는 것 | **勿** 하지 말
라 | **施** 베풀다 | **於** ~에게 | **人** 타인

동양에서나 서양에서나 황금은 상징적입니다. 수세기 동안 연금술사들은 황금에 대해 이야기해 왔는데 그들은 대단히 많은 오해를 받아왔습니다. 왜냐하면 사람들은 그들이 진짜 황금에 대해 이야기하고 있다고 생각했기 때문이지요. 그들은 단지 상징으로서의 황금을 말했을 뿐입니다.

대부분 인간은 지휘자 없이 제각기 솔로로 연주하고 있는 오케스트라와 같습니다. 오케스트라라고는 하나 모두들 다른 사람을 전혀 고려하지 않고 자신의 생각에 따라서 혼자 연주하고 있습니다. 그들은 하모니를 이루기 위해서 어떠한 노력도 하지 않습니다.

그리하여 소음만 만들어 내고 내면은 광기로 가득 차있습니다. 인류 전체가 대부분 미쳐 있습니다. 물론 사람마다 어느 정도 차이가 있습니다. 어떤 사람들은 좀 더 미쳐 있고, 어떤 사람들은 조금 덜 미쳐 있습니다. 그러나 그것은 큰 차이가 아닙니다.

오직 극소수의 사람들, 이따금 나타나는 붓다 노자 예수 같은 사람들만이 자신의 귀중한 모든 힘들의 지휘자가 될 수 있고, 솔로가 아니라 오케스트라를 연주할 수 있습니다. 자신의 존재 속에 어떤 조화를 가져올 수 있는 이러한 극소수의 사람들은 궁극적인 진리를 알고 있습니다. 황금이 의미하는 것은 바로 이것입니다. 황금은 가장 귀중한 금속입니다. 그래서 그것을 상징으로 사용한 것입니다.

항상 원인을 살펴보라 어떤 일이 일어나건 그것은 우리가 선택한 것입니다. 우리 스스로 그런 방식을 택한 것입니다. 우리는 자신이 어떻게 그런 선택을 내렸는지 전혀 의식하지 못할 수도 있습니다. 간혹 우리는 자신이 원하는 것과 다른 선택을 합니다. 이것이 문제를 일으킵니다.

예를 들어 그대는 사람들을 지배하려고 합니다. 이것은 그대의 선택입니다. 하지만 그대가 지배하려고 할 때 사람들은 맞서서 저항합니다. 왜냐하면 그들 역시 똑같은 것을 원하기 때문입니다. 그들은 그대를 지배하려 할 것이고 그대는 그것을 좋아하지 않습니다.

그런 와중에 투쟁과 갈등이 생깁니다. 사방에 지옥 같은 상황이 벌어지게 되지요. 그리고 그대는 '나는 이런 상황을 원하지 않았다'고 생각합니다. 하지만 그대는 사람들을 지배하기를 원했습니다. 그것이 씨앗이었지요.

항상 원인을 찾으십시오. 결과가 있다면 틀림없이 원인이 있기 마련입니다. 애초에 그대가 원인이 되는 일을 선택하지 않았다면 결과가 있을 리 만무합니다. 사람들은 결과를 문제 삼을 뿐 원인을 바꾸려 하지 않습니다. 이것이 흔히 보는 마음의 어리석음입니다.

지성적인 마음은 전혀 다른 특성을 갖습니다. 어떤 결과를 원하지 않으면 깊이 파고 들어가 원인 자체를 없애 버립니다. 그러면 아무 문제도 일어나지 않습니다. 그대는 사람들에게 사랑받기를 원하면서도 툭하면 화를 내고 증오심을 드러냅니다. 사람들에게 온갖 못된 짓을 하면서 그들이 사랑해 주기를 바랍니다.

그리고 사람들 또한 화가 나서 그대를 미워하게 되면, 그대는 이런 상황은 내가 원한 것이 아니라고 말합니다. 그러나 그대가 스스로 선택한 것입니다. 그대는 다른 것을 원했을지 모르지만 선택이 잘못되었습니다. 항상 원인을 살펴보십시오.

공자의 이 대답은 인류 전체를 위한 보편적 금언이라기보다 특정인을 위한 말하자면 맞춤형 대답인 듯합니다. 스승이 제자의 질문에 답하는 자세에 대하여 생각해보고 싶습니다.

그렇습니다. 이 대답은 결코 모든 사람을 향해 한 것이 아닙니다. 그는 오직 질문한 사람에게 대답하고 있을 뿐입니다. 진정한 스승의 관심은 언제나 질문한 사람 자신입니다. 서恕의 도리는 자공에게 특히 중요한 것이었습니다.

그는 공문 제자 중 사업적으로 성공해 실업계의 거물이 되었을 뿐만 아니라, 정치 방면에서도 뛰어난 인물로 성장하였습니다. 크게 성공한 사람은 그렇지 못한 사람을 용서하거나 이해할 줄 모르는 잘못을 범하기 쉽지요.

그러므로 공자가 자공에게 이 말을 한 데는 절실한 뜻이 숨어 있습니다. 자공은 많이 배웠지만 그 가르침이 자신을 성숙하게 하지는 못했다는 것을 실감했지요. 그래서 그는 뜨거운 가슴으로 이런 질문을 하지 않을 수 없었습니다.

그는 훌륭한 탐구자였음에 틀림없습니다. 그는 이제 이론에 관심을 두기보다 참되게 살기를 원합니다. 이제 그는 먹을 수 있는 음식을 원하므로 자양분을 흡수할 수 있습니다. 더 이상 어떤 요리책도 원하지 않습니다. 그는 진짜 음식을 원합니다.

진정한 스승은 제자의 질문을 통해 제자 자신이 뚜렷하게 드러남을 항상 명심합니다. 그는 제자의 질문이 어떤 단어들로 구성되어 있으며, 어떤 형식을 취하고 있는가에 대해서는 그다지 관심이 없습니다. 그는 제자의 질문 속에서 제자를 찾습니다. 그리고 만일 그가 제자를 발견하지 못한다면, 그는 제자의 질문에 답할 수 없습니다. 왜냐하면 그러한 대답은 아무런 가치도 없는 공허한 말장난에 불과하기 때문입니다.

지금 여기 있는 그대에게 라즈니쉬는 이렇게 말했습니다. "나는 지금 여기에 있는 그대에게 이야기를 하고 있다. 만일 이곳에 그대가 없고 다른 사람이 있다면 나는 똑같은 이야기를 할 수가 없다. 왜냐하면 나는 똑같은 이야기를 하고 싶은 마음이 없기 때문이다. 나는 그저 그대에게 호응하고 있는데 지나지 않는다. 그대가 상황을 만들어낸다.

만일 다른 사람이 있다면 또 다른 상황을 만들어낼 것이다. 내가무슨 말을 하면 나에게 책임이 있는 것과 똑같은 정도로 그대 역시그것에 책임이 있다. 왜냐하면 그것은 그대가 끌어낸 것이므로. 그대와 나, 이것은 틀림없이 두 대극이다. 지금 우리 사이에 무엇인가가 일어나고 있다. 의존은 거짓이다. 독립도 거짓이다. 상호의존만이 진실이다."

예수 또한 다이아몬드와 같습니다. 그의 모든 것이 전체에 빛을 줍니다. 그는 슬퍼하는 자에게는 위로를 가져다주고, 진리를 구하는 자에게는 진리를 가져다주며, 가난한 자에게는 하늘나라의 영광을, 부유한 자에게는 영혼의 가난함을, 그리고 강한 자에게는 겸손을 가져다주고, 약한 자에게는 힘과 용기를 가져다줍니다.

그는 모든 것입니다. 그는 그를 찾아오는 각각의 사람들에게 각각달리 나타납니다. 그는 많은 얼굴을 가지고 있습니다. 그리고 그것은 그렇게 되어야만 합니다. 부처의 경우도 마찬가지입니다. 깨달은사람은 누구나 다 그렇습니다. 그들은 감응합니다.

그들이 그대에게 말할 때 그들은 바로 그대에게 이야기합니다. 그들은 그대가 취할 수 있는 것 이상을 주지 않습니다. 그들은 그대가준비하고 있지 않은 것을 주지 않습니다. 그들은 오직 그대가 묻고자한 것, 알고자 한 것만을 줄 뿐입니다.

그러므로 예수가 그대에게 어떻게 보이느냐 하는 것은 그대에게

달린 문제입니다. 그는 일종의 거울입니다. 그는 그대를 있는 그대로 반영합니다. 이것 때문에 많은 문제가 일어났으며 또 지금도 일어나고 있습니다. 많은 사람이 예수에 대해서 각각 다른 것을 이야기합니다. 그들은 모두가 다 옳습니다. 그러나 어느 누구도 전적으로 옳지는 않습니다. 그들은 모두 자신에게 나타난 예수의 일부만을 이야기합니다. 그렇기 때문에 서로 다른 이야기가 그렇게 많이 나오는 것입니다.

부처가 세상을 떠나자 그를 따르던 사람들 사이에 거대한 혼란이 일어났습니다. 승단은 많은 분파로 갈라졌습니다. 공동체는 하나로 남아 있을 수 없었습니다. 왜냐하면 그들은 마치 부처가 한 사람이 아니라 여러 사람인 것처럼 서로 다른 부처를 알고 있었기 때문입니다.

그러나 그는 하나일 뿐입니다. 완전히 하나입니다. 그렇지만 그가 그 많은 사람들에게 각각 다르게 감응하였기 때문에 그들은 그를 각각 다르게 알고 있었습니다. 그들은 서로 다른 것을 말했습니다. 서로 다를 뿐만 아니라 완전히 모순적인 것을 말하기도 했습니다. 따라서 그 공동체는 분열될 수밖에 없었습니다.

의식과 기억 이런 자세는 스승이 제자의 얘기를 듣는 경우에도 마찬가지입니다. 어떤 선사가 제자에게 특정한 질문 한 가지를 했습니다. 그 질문에 꼭 맞는 정확한 답이 나왔습니다. 그 다음 날 선사는 제자에게 똑같은 질문을 했습니다. "저는 어제 이 질문에 답을 했습니다" 제자가 말했습니다.

선사가 말했습니다. "이제 다시 너에게 묻고 있다" 제자는 같은 답변을 반복했습니다. 선사가 말했습니다. "너는 모르고 있다" 제자가 물었습니다. "하지만 어제 제가 같은 식으로 답했을 때 스승님은 고개를 끄덕이셨습니다. 지금은 왜 마음을 바꾸셨습니까?"

스승이 답하기를 "무엇이든 반복될 수 있는 것은 너에게서 나오는 것이 아니다. 그 답은 너의 기억에서 나오는 것이지 너의 의식에서 나오는 것이 아니다. 만약 네가 진정으로 알았다면 그 답은 달랐을 것이다. 왜냐하면 너무도 많은 것이 변했기 때문이다.

나는 어제 너에게 질문한 사람과 같은 사람이 아니다. 모든 상황이 다르다. 너 역시 다른데 답은 같다. 나는 다만 네가 그 답을 반복하는지 안 하는지를 보기 위해서 다시 그 질문을 할 수밖에 없었다."

반복될 수 있는 것은 아무것도 없습니다. 우리가 생생하게 살아 있으면 있을수록 점점 덜 반복적이 됩니다. 오직 죽은 사람만이 일관적일 수 있습니다. 산다는 것은 비일관적이고, 삶은 자유입니다. 자유는 일관적일 수가 없습니다.

깨달은 사람은 오직 그의 의식 속에서만 일관적입니다. 그는 결코 그의 과거와는 일관적이지 않습니다. 그는 전체적으로 행위 속에 있습니다. 아무것도 뒤에 남겨져 있지 않으며, 빠진 것은 아무것도 없습니다. 그 행위가 끝나는 다음 순간 그의 의식은 다시 새롭습니다.

의식은 어떤 상황이든 그 상황이 일어날 때마다 거기에 있을 것입니다. 그리고 각각의 행위는 마치 이 사람이 이 특정한 상황에 처음 존재하는 것처럼 완전한 자유 속에서 이루어질 것입니다.

나는 나 자신일 뿐 어느 날 아침에 어떤 사람이 라즈니쉬를 보러 왔습니다. 그가 말했습니다. "당신은 신이십니다" 라즈니쉬가 대답했습니다. "맞소이다" 그리고 그는 라즈니쉬 옆에 앉았습니다. 잠시 후 다른 사람이 찾아왔습니다. 그는 라즈니쉬를 굉장히 싫어하는 사람이었습니다.

그가 말했습니다. "당신은 악마입니다." 라즈니쉬가 대답했습니다. "맞소이다" 그러자 먼저 온 사람이 이해가 가지 않는다는 표정이었습니다. "아니 무슨 말씀입니까? 어떻게 신이라는 말에도 맞다고 하고, 악마라는 말에도 맞다고 할 수 있습니까?"

라즈니쉬가 말했습니다. "단지 두 사람만 맞는 게 아니라 수백만의 사람이 나에 대해 하는 말들이 모두 맞소. 왜냐하면 그들이 나에 대해 하는 말은 그들 자신에 대해 하는 말이기 때문이오. 그들이 어떻게 나를 알 수 있단 말이오? 그들은 자신에 대해서도 모르는데 어떻게 나를 알겠소? 그들이 말하는 건 전부 자기 식대로 해석한 것에 불과하오."

그가 다시 물었습니다. "그렇다면 당신은 누구입니까? 당신이 신이라는 게 저의 해석이고 당신이 악마라는 게 저 사람의 해석이라면, 당신은 진정 누구입니까?" 라즈니쉬가 말했습니다. "나는 나 자신일 뿐이오. 나는 나 자신을 해석하지 않소. 그럴 필요가 없어요. 나는 나의 존재에 기뻐하오. 나는 나 자신에 행복하오. 그뿐이오."

'다른 사람이 그대에게 행하기 원치 않는 것을 다른 사람에게 행하지 말라'는 가르침의 금언으로서의 가치에 대하여 생각해 보고 싶습니다.

'다른 사람이 그대에게 행하기 원치 않는 것을 다른 사람에게 행하지 말라' 는 것은 부정적인 메시지입니다. 이 메시지를 다음과 같이 똑같은 내용의 긍정적인 메시지로 바꿀 수 있습니다. '다른 사람들이 그대에게 행해주기 원하는 것을 다른 사람들에게 행하라.' 부정적인 계율에 따라 움직일 때 우리는 많이 나아갈 수 없습니다.

부정적인 계율은 죽음과 같습니다. 어떻게 죽음에 대해 명상할 수 있습니까? 삶에 대해서는 명상할 수 있습니다. 삶에는 명상할 것이 너무도 많지요. 꽃, 새, 강, 별, 사랑, 삶의 노래, 삶의 아름다움 등 끝도 없습니다. 삶에 대해서는 무한히 명상할 수 있고, 몸이 경직되는 일도 결코 없습니다.

삶은 광대하고 무한하여 전체의 우주가 곧 삶이기 때문입니다. 삶에 대해 명상할 때, 어느 날 갑자기 우리는 죽음도 만나게 될 것입니다. 죽음도 삶의 일부이기 때문입니다. 사랑, 출생, 기쁨, 슬픔, 행복이 삶의 일부이듯이 죽음도 역시 삶의 일부입니다. 죽음은 결코 삶에 반대되는 것이 아닙니다.

죽음은 삶을 초월한 것이 아닙니다.죽음은 삶 속에서 일어나는 삶의 본질적인 한 부분입니다. 그러므로 삶에 대해 명상한다면 죽음도 알게 될 것입니다. 그러나 만일 죽음에 대해 명상한다면 아무런 일도 일어나지 않을 것입니다. 단지 캄캄한 어둠만을 느끼고 온 몸이 경직될 것입니다.

명상은 긍정적인 것에 대해 행해져야 합니다. 우리는 긍정적인 것에 올라 탈 수 있고, 그리하여 존재의 원천으로 나아갈 수 있습니다. 그렇게 하기 위해서는 긍정적인 것을 가지고, 긍정적인 것 속에서 살아야 합니다. 그리고 물론 우리가 긍정적인 것과 함께 어울린다면 우리는 어느 날 부정적인 것도 만나게 될 것입니다. 긍정적인 것의 연장선에서 우리는 부정적인 것도 알게 될 것입니다.

음은 양의 그림자입니다. 양이 실체이고, 음은 그 그림자입니다. 우리가 달리면 그림자도 뒤따라 달릴 것입니다. 그리고 우리가 멈추면 그림자도 멈출 것입니다. 그러나 그림자에 너무 빠지지는 마십시오. 그렇게 될 경우 우리는 경직되고 말 것입니다. 만일 우리가 그림자를 달리게 하고 그 그림자의 뒤를 쫓으려고 한다면, 그것은 불가능한 일입니다.

십계명은 모두 부정적으로 이루어졌습니다. 그래서 유대교는 전혀 성장하지 못했습니다. 유대교는 모세의 것에 아무 것도 더하지 못했습니다. 부정적인 것은 우리에게 많은 발전을 허용하지 않을 것이기 때문입니다. 우리가 언제나 긍정적인 마음으로 생각하고 즐거운 마음으로 살아야 하는 이유입니다.

깨어있는 이들만이 하나의 공통된 세계를 갖는다 상대방이 그대에게 해주기를 바라는 것을 상대방에게 베풀어주라는 말은 고대 불교의 격언입니다. 그런데 기독교인들은 그것을 매우 자랑스럽게 떠들어대고 있습니다. 이 말이 불교의 격언이냐 기독교의 격언이냐 하는 문제는 중요하지 않습니다.

그것은 보편적 진리는 못 됩니다. '상대방이 그대에게 해주기를 바라는 것을 상대방에게 베풀어주라.' 만약 모든 사람이 동등하고 똑같은 욕구를 가지고 있다면, 이 경구는 옳은 말일 것입니다. 그러나 모든 사람은 각각 서로 다릅니다.

그대의 취향은 나와 같지 않습니다. 모든 사람은 독특한 개성을 지니고 있습니다. 그러므로 내가 좋아하는 것을 베풀어도 그대는 그것을 받아들이지 않을 수도 있습니다. 그대의 취향과 개성은 나와 다르기 때문입니다.

예를 들어, 학대당하기를 좋아하는 매조키스트masochist가 있다고 합시다. 학대당하는 것이 그의 최대의 즐거움입니다. 그가 '상대방이 그대에게 해주기를 바라는 것을 상대방에게 베풀어주라'는 경구를 접했다면 과연 어떤 일이 벌어지겠습니까? 그는 그대가 그 자신을 학대해주기를 바라면서 그대를 학대하기 시작할 것입니다. 세상에서 최상의 커플, 가장 완벽한 커플은 한쪽은 새디스트이고 다른 쪽은 매조키스트일 경우라고 합니다.

그들은 서로 잘 맞습니다. 그러나 한쪽은 학대당하기를 좋아하고 다른 한쪽은 학대하기를 좋아하는, 이런 완벽한 커플을 발견하기란 쉬운 일이 아닙니다. 그러므로 이 경구는 아름답게 들릴지는 모르지만, 심리학적인 근거가 결여되어 있습니다. 이 경구는 인간의 심중을 깊이 꿰뚫지 못하고 있습니다. 사람들의 취향은 저마다 다릅니다.

그대의 독특함을 기억하십시오. 그리고 그대 자신을 사랑하고 그대 자신을 존중하십시오. 그대 자신의 소리를 존중하면서 자신의 소리에 귀를 기울이고 그것을 따라가십시오. 다른 사람의 소리를 따라 천국으로 가는 것보다 그대 자신의 소리를 따라 지옥으로 가는 것이 더 낫습니다. 그렇지 않으면 그대는 결국 천국에 대해서 아무것도 알지 못한 채 단지 눈먼 추종자가 될 것이기 때문입니다.

그대 자신을 존중하고 다른 사람도 역시 존중하십시오. 그대 자신을 사랑하고 다른 사람도 또한 사랑하십시오. 그러면 이런 단순한 변화만으로도 근본적인 혁명이 일어날 수 있습니다. 그것은 그대 존재 전체를 변형시킬 수 있습니다.

깨어있는 자는 하나의 공통된 세계를 갖지만, 잠자는 자는 각각 다른 자신만의 세계를 갖습니다. 꿈은 개인적입니다. 어떤 사람이 꿈을 꾸고 있을 때 다른 사람은 그 꿈속에 들어올 수 없습니다. 꿈은 사랑하는 연인과도 나누어 가질 수 없습니다. 남편과 아내는 같은 침대에서 자지만 꿈은 각각 따로 꿉니다.

꿈은 나누어 가질 수 없습니다. 꿈이란 아무것도 아니기 때문입니다. 어떻게 아무것도 아닌 것을 나누어 가질 수 있습니까? 꿈은 마치 거품과 같아서 완전히 비존재적인 것입니다. 그러므로 그것을 나누어 가질 수 없습니다. 꿈은 혼자서 꾸게 되어 있습니다. 잠을 자는 사람들이 그렇게 많기 때문에 존재하고 있는 세상도 그렇게 많이 있는 것입니다.

모든 사람이 각자 자신의 세계를 가지고 있습니다. 잠 속에 있을 때 자기 자신의 생각과 욕망과 꿈과 개념 속에 갇혀 살게 됩니다. 깨어 있는 사람들은 모두가 하나의 공통된 세계를 갖습니다. 그 공통된 세계란 곧 존재를 말합니다. 그리고 자고 있는 사람들, 꿈을 꾸고 있는 사람들은 각각 자기 자신의 세계를 갖고 있습니다.

그런 개인적인 세계는 떨쳐버려야 합니다. 불교에서 포기하라고 할 때 오직 그것만을 요구할 뿐입니다. 아내를 버리고 직업을 버리라는 것이 아닙니다. 돈이나 그 밖의 다른 것을 버리라는 것도 아닙니다. 단지 그대의 개인적인 꿈의 세계를 버리라고 말하는 것입니다. 구도자란 바로 그런 사람을 의미합니다.

'받기를 원하거든 주라'는 말이 있고, 주는 것이 받는 것보다 훌륭한 일이라고 간주하는 것이 보통입니다. 그러나 반드시 그런 것은 아닐 것이라는 생각이 들기도 합니다.

'받는 것보다 주는 것이 더 낫다'는 말에 대부분의 사람들은 동의할 것입니다. 하지만 이해력이 깊은 사람은 이 말에 동의하지 않습니다. 왜 주는 것이 더 낫습니까? 그것은 그대의 에고를 만족시켜 주기 때문입니다. 그대는 더 높은 위치, 주는 위치에 있습니다. 왜 주는 것이 좋은 일입니까? 그대는 타인의 존엄을 깎아내리고 그를 거지로 전락시키고 있습니다.

그대는 진정 베풀고 있는 것이 아닙니다. 그대는 그대 자신의 에고가 점점 더 크게 불어나는 것을 즐기고 있습니다. 그대가 더 많이 베풀면 베풀수록 그만큼 그대는 더 큰 에고, 더 큰 명예, 더 큰 존엄을 얻게 됩니다. 베푸는 것이 무엇이 좋단 말입니까? 그것은 죄입니다. 그것은 그대의 에고를 더욱 강화시키기 때문입니다.

받는 것이 무엇이 나쁘단 말입니까? 사실 받는 자는 그대에게 감사할 필요가 없습니다. 그는 그대의 짐을 덜어주고 있는 것입니다. 그러니 오히려 그대가 그에게 감사해야 합니다. 그것이 진정한 영성입니다. 그대는 받는 사람의 발을 만지며, 그대의 선물을 거절하지 않고 받아준 것에 대해 감사해야 합니다. 그는 그것을 거절할 수도 있었을 것입니다. 그러면 그대는 모욕감을 느꼈을지도 모를 일입니다. 그러나 그는 그것을 받아들였습니다.

예리한 지성의 눈으로 더 자세히 들여다보면 매우 그럴듯하게 보이는 이런 종류의 금언은 당장 끝장날 것입니다. 만약 받는 것보다 주는 것이 더 낫다면 과연 누가 받으려 하겠습니까? 모든 사람들이 주려고만 할 것입니다. 그러면 누구에게 줄 것입니까? 모두가 그것을 거절할 것입니다. 받는 것보다 주는 것이 더 낫기 때문입니다.

"당신은 왜 나를 모욕하고 있는 거요?" 모두가 그대에게 따질 것입니다. "당신은 몇 개의 동전을 나에게 줌으로써 나를 모욕하고 나의 수치심을 자극하는 거요? 그 동전을 강에 던지고 꺼져 버리시오."

붓다는 매우 옳았습니다. 그는 그의 제자들과 평신도들에게 그 사실을 분명히 해두었습니다. 제자들이 하루에 한 번 평신도들에게 음식을 구걸할 것이므로, 그는 평신도들에게 그것을 분명히 인식시켰습니다. "그대가 주는 입장이라고 해서 그대 자신이 대단하다고 생각하지 말라. 받는 사람의 비참함을 생각하라. 그러니 먼저 음식을 주고 그 음식을 받는 사람의 발을 만져라. 그리고 그대는 감사의 선물을 동시에 주어야 한다."

그대는 명상가의 헌 옷을 기념으로 간직할 수도 있습니다. 그가 명상한 흔적이 그 옷에 배어있기 때문이지요. 그대가 장미 정원을 지나갈 때 그 장미를 건드리지 않더라도 장미의 향기는 그대의 옷에 배어 듭니다. 만약 어떤 사람이 명상을 계속 해왔다면 그의 옷을 그대의 집에 두기만 해도 그대의 집은 성스러운 사원이 됩니다.

그의 옷에는 다른 차원의, 다른 진동의 빛이 끊임없이 배어 들어와 있습니다. 그러니 그의 옷이 심하게 헤어져 있으면 옷 한 벌을 그에게 주십시오. 그것은 그대의 축복이 될 것입니다. 그러니 붓다의 주장은 이렇습니다. "주는 것보다 받는 게 낫다." 주는 자는 불쌍한 사람입니다. 그는 돈 이외에 가진 것이라곤 아무것도 없습니다.

우리는 다른 사람에게 사랑을 받기 원하므로 다른 사람을 사랑해야 할 것입니다. 그러나 문제는 이런 당위성은 다 알면서도 실제로 다른 사람을 사랑할 수 없다는 것입니다. 다른 사람을 사랑할 수 있는 근본적인 방도에 대해서 생각해보고 싶습니다.

우리는 흔히 자신에 대해서는 무심한 채 단지 다른 사람만 사랑하면 되는 것으로 생각합니다. 그러나 그렇지 않습니다. 먼저 자신을 사랑할 줄 알아야 합니다. 자신을 사랑하는 사람은 자기 안에 에고가 없다는 것을 깨닫습니다. 자신을 사랑하지도 않으면서 타인을 사랑하면, 아니 사랑하려고 노력하면 에고가 생깁니다.

선교사나 사회봉사를 하는 사람들은 세상에서 가장 큰 에고를 갖고 있습니다. 그들은 자신을 우월한 인간이라 생각하기 때문입니다.

그들은 평범한 사람들이 할 수 없는 것을 하지요. 평범한 사람들은 자신을 사랑하지만, 그들은 타인을 사랑하고 숭고한 이념을 사랑하고 신을 사랑합니다. 그러나 그들의 사랑은 모두 가짜입니다. 그 사랑에는 뿌리가 없습니다.

자기자신을 사랑하는 것으로 사람들은 진정한 사랑을 향해 첫 걸음을 내딛습니다. 조약돌 하나가 호수에 던져졌습니다. 첫 물결은 조약돌이 떨어진 곳에 가장 가깝게 둥근 원을 만듭니다. 그리고 그 물결은 퍼져나가 먼 기슭에 가 닿습니다. 조약돌 주변에 일어난 잔물결이 없으면 큰 물결은 일어나지 않습니다. 먼 기슭에 가 닿는 물결이 저절로 만들어질 수는 없습니다.

마찬가지로 자신을 사랑하지 않으면 사랑하는 능력을 잃어버리게 되고, 그들이 실천하는 다른 사람에 대한 사랑은 사기에 지나지 않습니다. 그것은 의무이지 사랑이 아닙니다. 의무는 추합니다. 부모는 아이들을 향해 의무를 다하고, 아이들은 부모를 향해 의무를 다합니다. 아내는 남편에게, 남편은 아내에게 의무를 다합니다.

사랑은 어디로 가버렸습니까? 사랑은 의무와 아무 상관없습니다. 의무는 짐이며 형식입니다. 사랑은 형식이 필요 없습니다. 사랑은 기쁨이며 나눔입니다. 사랑하는 사람은 충분하다고 느끼지 않습니다. 언제나 더 많이 주려고 합니다. 사랑하는 사람은 결코 은혜를 베풀었다고 생각하지 않습니다.

오히려 이렇게 생각합니다. '내 사랑이 받아들여졌으므로 나는 은혜를 입었다. 거절하지 않고 내 선물을 받아주었으므로 그 사람은 나에게 은혜를 베풀었다.' 그러나 의무감에 사로잡힌 사람은 이렇게 생각합니다. '나는 우월하고 영적이며 비범하다. 내가 사람들에게 봉사하는 것을 보라.' 이런 사람은 가식적인 사람입니다.

우리는 근본적으로 한 가지 법칙 아래 살아간다 여러 세기 동안 사랑의 근원은 뿌리가 잘렸고 오염되었습니다. 자기자신을 사랑하는 것은 진실한 사랑을 향한 첫걸음이며 첫 경험입니다. 자기를 사랑하는 사람은 자기자신을 존경합니다.

자기자신을 존경하고 사랑하는 사람은 다른 이들 역시 사랑하고 존경합니다. 내가 나 자신이듯 다른 사람도 그 자신인 것을, 내가 사랑과 존경과 자비를 즐기듯 남들도 그러한 것을 압니다. 근본적으로 우리는 다르지 않습니다. 우리는 하나입니다.

붓다는 우리가 영원한 한 가지 법칙 아래 살아간다고 말합니다. 세부적으로 우리는 조금씩 다를 수 있습니다. 따라서 우리는 다양하지만 그래서 아름답습니다. 하지만 근본적으로 우리는 자연이라는 전체의 일부분입니다.

자기자신을 사랑하는 사람은 진정으로 사랑을 즐길 줄 압니다. 자신을 사랑하는 사람은 지복을 누리고 사랑은 흘러 넘쳐 다른 이들에게까지 퍼져 나갑니다. 사랑 속에 살다보면 사랑을 나눌 수밖에 없습니다. 사람은 자기 자신만을 사랑할 수는 없습니다.

자신을 포함하여 많은 사람을 사랑하는 것이 최고의 기쁨이며 아름다움이라는 사실을 분명히 깨닫기 때문입니다. 우리도 사랑을 나누면 나눌수록 더욱 기쁨이 커져간다는 사실을 알지 않습니까?

멀고 먼 곳으로 물결은 서서히 퍼져나가기 시작합니다. 다른 사람을 사랑하기 시작하고, 동물과 새, 나무, 바위까지 사랑하게 됩니다. 온 우주를 사랑으로 채울 수 있게 됩니다. 단지 한 사람만으로도 우주 전체를 사랑으로 채우기에 충분합니다.

예수의 사랑이나 붓다의 자비가 그런 것처럼 말입니다. 작은 조약돌 하나로도 호수 전체에 물결을 일으킬 수 있는 것입니다. 그래서 붓다는 자신을 사랑하라고 가르칩니다. 자신을 사랑하는 게 허락되지 않는 인간의 영혼과 정신은 매일 조금씩 나약해집니다. 몸은 자라겠지만, 내면은 자라지 않습니다. 자양분이 전혀 없기 때문입니다.

인간의 영혼은 사라지고, 오직 영혼의 잠재적 가능성만이 몸에 남습니다. 영혼은 그저 씨앗으로 남습니다. 사랑이라는 최적의 토양을 찾지 못하면 영혼은 그저 씨앗으로 남을 수밖에 없습니다. 먼저 자신을 사랑해야 합니다. 자기 자신에 대한 사랑은 에고와는 전혀 다릅니다. 반대로 에고의 어둠을 몰아내는 빛입니다.

타인만을 사랑하면, 사랑의 초점이 타인에게 맞추어져 있으면, 어둠 속에서 살게 됩니다. 우선 자신을 향해 빛을 비추고 자기 안에서 불을 밝혀야 합니다. 그럼으로써 나약함이라는 내면의 어둠을 몰아내야 합니다. 사랑은 엄청나게 강한 영적인 힘을 발휘합니다. 영혼의 힘을 얻으면 그것은 사라지지 않습니다.

사랑은 우리에게 영원을 처음으로 맛보게 합니다. 사랑은 무한한 시간을 경험할 수 있는 오직 하나의 방법입니다. 그 때문에 연인들은 죽음을 두려워하지 않습니다. 사랑은 죽음을 모릅니다. 사랑은 순간이지만 영원을 뛰어넘습니다.

그러면 자신을 사랑하려면 어떻게 해야 하겠습니까? 먼저 자기 비난과 자기 비하를 완전히 떨쳐버리고 자신의 존재가 귀하고 사랑 받을 가치가 있다는 것을 이해해야 합니다. 그러나 사람들은 아무도 자신을 가치 있다고 생각하지 않으며, 자신을 신의 아름다운 피조물로 여기지 않습니다.

자신을 사랑하게 되면 비로소 신이 인간을 하나의 매개체로 선택했음을 깨닫게 됩니다. 신은 인간을 사랑하고 존중했기에 매개체로 선택했습니다. 신은 인간을 우연히 만들지 않았습니다. 신은 인간에게 특정한 운명과 잠재력 그리고 이루어야 할 영광을 부여했습니다. 신은 자신의 형상으로 인간을 창조했습니다. 인간은 신이 되어야만 합니다. 인간이 신이 되기 전까지는 진정한 성취나 진정한 만족은 있을 수 없습니다.

다른 사람이 나에게 잘못하기를 원하지 않으니 나도 다른 사람에게 잘못된 행동을 하지 않아야 하는 것 또한 당연한 일이지만, 실제로 어떻게 그렇게 할 수 있는지요? 그렇게 할 수 있는 근본적인 방법은 무엇입니까?

다른 사람에게 선한 행동을 하기 위해서는 먼저 선한 사람이 되어야 하고, 선한 사람이 되기 위해서는 종교적으로 되어야 한다는 것이 논리적인 생각일 듯합니다. 그러나 이는 단지 논리적인 생각일 뿐입니다. 삶은 논리적이 아닙니다. 불행하게도 이제까지 종교는 모두 실패했습니다. 인류는 전혀 종교적으로 되지 못했습니다. 수천 년의 가르침에도 불구하고 아무 것도 일어나지 않았지요.

근본적으로 잘못되었습니다. 그들은 사람들에게 말해 왔습니다. "선한 사람이 되라. 덕을 쌓으라. 도덕적이 되라. 그때 그대는 지복을 보답 받게 될 것이다." 그러나 그렇지 않습니다. 오히려 그 반대입니다. 지복에 차면 우리는 선해질 것입니다. 지복에 찬 사람은 누구에게도 해를 입히지 못합니다. 그는 잘못 될 수가 없습니다. 그것은 불가능합니다.

존재는 행위에 우선한다 모든 사람이 자신들의 아이들을 도와주고 싶어합니다. 그들의 의도는 선하지만, 그 결과는 선하지 않습니다. 선생님들은 학생들을 도와주기를 원하고 대학은 더 좋은 시민들을 만들어 내기 위해 존재하지만, 아무것도 일어나지 않습니다. 교회, 성직자, 사원, 모두가 삶을 더욱 아름답게 만들려고 애쓰고 있지만, 갈수록 삶은 더욱 더 추해지고 있습니다.

물론 그들의 의도는 매우 훌륭하지만, 매우 비과학적입니다. 그들은 우리가 잘 살기를 바라면서 우리에게 계속 독약을 주고 있습니다. 어떻게 이런 모순된 현상이 일어나는지 이해해야 할 것입니다. 그들은 불행합니다. 그리하여 그들이 하는 것은 무엇이든지 다른 사람에게 불행을 초래합니다.

우리는 우리가 이미 가지고 있는 것만을 다른 사람에게 줄 수 있습니다. 가지고 있지 않은 것을 준다는 것은 불가능합니다. 그대가 빛으로 가득 찰 때, 그대의 존재가 지복으로 가득 찰 때, 당연히 그대가 하는 것은 무엇이든지 다른 사람들에게 기쁨을 가져다줍니다.

그리고 지복은 고상한 존재가 되는 것에 의해 얻어지는 것이 아닙니다. 명상을 통해서 이루어집니다. 명상은 지복을 가져다주고, 지복은 고결함을 가져다줍니다. 이것이 근본적인 법칙입니다. 선행보다 의식이 더 중요합니다. 존재는 행위에 우선한다는 아름다운 말이 있지요. 행위를 바꾸려 해서는 안 됩니다.

우리가 할 일은 자기 존재를 찾는 것입니다. 그러면 행위는 저절로 따라옵니다. 행위는 부차적입니다. 존재가 우선입니다. 행위는 그대가 하는 일이며, 존재는 그대 자신입니다. 행위는 그대에게서 나오지만 하나하나의 조각에 불과합니다. 게다가 행위를 모두 모아 놓아도 그 모음은 존재가 되지 못합니다. 행위는 모두 과거에 속해 있기 때문입니다.

그 안에는 미래가 없습니다. 그러나 존재에는 과거뿐 아니라 현재와 미래가 담겨 있습니다. 존재에는 영원이 담겨 있습니다. 과거는 한정되어 있으나 미래는 한정될 수 없습니다. 그러므로 이제까지 죄인이었던 사람이 다음 순간에는 성자가 될 수도 있습니다. 사람은 그의 행위로 심판 받을 수 없습니다. 죄인도 성자가 될 수 있으며, 성자도 죄인이 될 수 있기 때문입니다.

그래서 모든 성자들은 과거를 지니고 있고, 모든 죄인은 미래를 지니고 있습니다. 사람을 그의 행위로 판단해서는 안 됩니다. 그러나 우리는 다른 방식을 알지 못합니다. 우리 자신의 존재조차 알지 못하는데 어떻게 다른 사람의 존재에 대해 알겠습니까? 우리가 자신의 존재를 깨닫고 그 언어를 익힌다면 그 경험이 다른 사람의 존재를 볼 수 있는 단서가 될 것입니다.

그대는 자신을 보는 만큼 다른 사람을 봅니다. 만일 그대가 자신의 내면 깊은 곳을 볼 수 있다면 그대는 다른 이의 내면 깊은 곳도 볼 수 있겠지요. 붓다는 종교의 세계에 이전에 없었던 가장 큰 혁명을 가져 왔습니다. 그 혁명이란 그가 양심이 아니라 의식을 강조했다는 사실입니다.

물론 양심은 자동적으로 형성되지만, 그림자로 나타날 것입니다. 그대는 그것을 짊어지고 다니지 않을 것이고 그때는 그것이 짐이 아닐 것입니다. 그것을 지켜본 적이 있습니까? 그대의 그림자가 계속 그대를 따라옵니다. 그렇지만 그것은 짐이 되지 않고 그대는 그것에 대해 신경 쓸 필요도 없습니다. 생각할 필요도 없습니다.

설령 그대가 그것을 까마득히 잊을지라도 그것은 거기에 있을 것입니다. 그래서 언제나 자연스럽게 모든 사람을 진실의 빛을 통해 볼 것이고, 모든 사람에게 공감하고 연민할 수 있을 것입니다. 이것은 그대가 의식이 있기 때문입니다.

강요된 도덕은 전체적일 수가 없다 우리의 삶은 외부의 어떠한 규율에 얽매이거나 지배를 받아서도 안 되며 우리 내면의 샘에서 솟아나야 합니다. 우리 자신의 도덕성을 일깨우면 외부의 규율은 자연스럽게 따라올 것입니다. 마치 그림자가 우리를 따르듯이. 강요된 도덕은 언제나 전체적일 수가 없습니다. 다른 한 쪽은 억눌려 솟아날 준비를 하고 있습니다.

그래서 도덕적인 사람은 휴일이 필요합니다. 그것은 피곤한 일일 테니까요. 그것은 투쟁에 기초하고 있습니다. 그의 존재의 한 부분이 어떤 것을 말하면 도덕성은 그 외의 어떤 것을 말합니다. 그는 분열되고 쪼개집니다. 이 분열 때문에 온 인류가 다 약간씩 정신분열증 환자가 됩니다.

한 쪽 부분은 남쪽으로 가려 하고 다른 한 쪽 부분은 북쪽으로 가려 합니다. 그는 항상 우유부단하고 결정을 못 내리며 흔들립니다. 어디로 가야 하나? 어떻게 하나? 그의 본능은 이것을 하라고 하는데, 세뇌된 그는 저것을 하라고 합니다. 그는 자신에게 어떤 것을 강요할 수 있지만, 그것은 진정 그의 부분이 되지 못할 것입니다. 그래서 혼란스럽습니다.

에고이스트가 겸허해야 한다는 도덕의 말을 듣고 겸허해지려고 노력할 수는 있지만, 에고이스트는 에고이스트입니다. 이제 겸손은 그의 에고를 숨기게 됩니다. 보통 종교인들은 말하지요. "인격을 길러라." 붓다는 말합니다. "의식을 길러라."

보통 종교인들은 말합니다. "선행을 하라." 붓다는 말합니다. "명상을 하라. 그러면 선행이 일어날 것이다." 선은 그림자가 따르듯 따라옵니다. 그리고 그가 명상을 하지 않고서는 선을 행할 수 있는 길은 없습니다.

부자들이 가난한 사람을 배려하기 위해서 역지사지易地思之하기는 참으로 어려울 듯합니다. 이들을 위해 나눔의 미덕에 대해서 생각해보고 싶습니다.

돈이 너무 많으면 죄의식을 느끼게 되는 것이 정상적인 인간입니다. 그가 돈을 너무 많이 갖고 있을 때 다른 누군가는 그로 인해 더 가난해졌음을 그는 압니다. 그가 돈을 너무 많이 갖고 있을 때, 다른 어디에선 기아로 죽어 가는데 그의 통장은 자꾸만 불어나고 있음을 그는 알고 있습니다. 어떤 어린이들은 약을 구하지 못해 죽어갈 것이고, 어떤 가난한 이들은 양식이 없어 죽어갈 것입니다.

자선은 그의 죄책감을 덜어줍니다. 자선은 미덕이 아니라 단지 그의 정신을 온전하게 유지시켜 주는 무엇일 뿐입니다. 그렇지 않으면 그는 미칠 것입니다. 자선한다고 선행을 한 것이 아닙니다. 그것은 그가 돈을 축적하기 위해 저지른 모든 악행에 대한 참회일 뿐입니다. 백만 원을 벌면 천 원을 자선합니다. 그리고는 '나는 착취만 한 것이 아니라 가난한 사람들을 도왔다'고 자위하지요.

자선은 가난한 사람이 아닌 부자를 돕기 위한 술책입니다. 자선으로 가난한 사람이 도움을 받았다면 그것은 결과였고 부산물이었지 그 목적은 아니었습니다. 서로 나누십시오. 나눔으로써 타인을 돕는 것이 아니라, 나눔으로써 우리는 성장할 것입니다. 나누면 나눌수록 우리는 더 성장할 것입니다.

그것은 돈만의 문제가 아닙니다. 만일 우리가 지식을 갖고 있으면 지식을 나누십시오. 만일 우리가 사랑을 가지고 있다면 또 그 사랑을 나누십시오. 우리가 가지고 있는 것, 그것이 무엇이든 그것을 나누십시오. 그것을 모든 곳에 뿌리십시오. 바람에 날리는 꽃의 향기처럼 그것이 퍼지게 하십시오.

그것은 특별히 가난한 사람들에게만 해당되는 것이 아닙니다. 나눌 수 있다면 누구하고든지 함께 나누십시오. 그것이 미덕이고 그것으로 인하여 우리가 천국에 가리라고 기대하지는 말 것입니다. 우리가 가진 것을 나눌 때 우리는 지금 여기에서 더욱 행복해집니다.

축적만 하는 사람은 결코 행복하지 않습니다. 축적하는 사람은 바로 변비에 걸려 있는 사람입니다. 자기가 번 것을 죄다 축적만 하고 있습니다. 그는 결코 그것을 즐기지 못합니다. 그것을 즐기기 위해선 최소한 나누어야 합니다. 나눌 때 비로소 즐길 수 있기 때문입니다.

기쁨은 항상 나눔 속에 있습니다. 기쁨은 홀로 존재하지 않습니다. 산에서 혼자 사는 사람들조차도 역시 존재계와 나누고 있습니다. 그들은 별과 산과 새와 나무들과 나눕니다. 마하비라는 12년 동안 혼자 정글에서 살았지만 혼자가 아니었습니다. 그의 주변에는 새들이 찾아와 노닐었고, 동물들이 곁에 앉았다 가곤 하였으며, 꽃나무들은 그에게 무수한 꽃송이를 피워 주었습니다.

나눔과 자선의 차이 자선이란 좋은 말이 아닙니다. 거기에는 추한 면이 있지요. 그것은 우리가 다른 사람보다 더 우월한 것처럼 보입니다. 마치 다른 사람이 거지라서 우리의 도움이 꼭 필요한 것처럼 보입니다. 그것은 비인간적입니다. 진정한 나눔은 전적으로 다른 시각입니다. 그것은 남이 가졌는지 아닌지의 문제가 아닙니다.

핵심은 우리가 너무 많이 가져서 그것을 나누어야 한다는 데 있습니다. 자선을 할 때는 남이 우리에게 감사해 주길 기대합니다. 나눔은 오히려 우리의 과도한 에너지를 나누게 해준 그들에게 우리가 고마워합니다. 나눔은 충만함으로부터 나오고, 자선은 타인들의 빈곤에서 비롯됩니다. 거기에 질적인 차이가 있습니다.

부자들이 체험할 수 있는 가장 위대한 것은 무엇일까요? 그것은 크나큰 경멸의 시간입니다. 자신의 무지에 대한 경멸, 자신의 욕심과 질투에 대한 경멸, 자신 안의 동물적인 본능과 세속적인 삶에 대한 경멸. 한 마디로 말하면 그들이 경험할 수 있는 가장 훌륭한 체험은 그들 자신의 비루함에 대한 경멸입니다.

그들의 모든 것은 부패했습니다. 삶과 삶의 방법이 부패했습니다. 그들의 삶은 이 우주를 더 아름답게 하는 아무 것도 창조해내지 못했습니다. 그들의 존재는 지구 위에 던져진 짐일 뿐이지요. 그들은 쓸데없이 공간을 차지한 채 창조적인 사람들을 방해합니다.

거기에 위대한 것이라곤 아무 것도 없습니다. 그들은 자신의 행복이 무엇으로 이루어져 있는지 생각하지 않습니다. 그들에겐 좋은 음식이 행복이고 화려한 가구가 행복이고, 돈을 모으는 것이 행복이고, 명예나 권력이 행복입니다. 그들의 행복은 너무 세속적이고 일상적입니다.

남을 진정으로 배려하고 존중하는 사람은 남에게 고통을 주지 않을 뿐만 아니라 남의 고통을 덜어주는 데도 무심하지 않을까요?

그대가 다른 누군가의 고통과 불행을 흡수할 때마다 그대는 변합니다. 자연적인 성향은 그것을 피하는 것이며 고통으로부터 그대 자신을 보호하는 것입니다. 동정하고 공감하는 것이 아니라, 냉정함을 유지하는 것입니다. 사람들이 동정할 때 그들은 단지 형식적으로만 동정합니다. 말로만 동정합니다.

정말로 동정한다면 다른 사람을 도울 수 있을 것입니다. 그들은 그의 고통을 흡수할 수 있을 것이고, 그의 고통을 들이마실 수 있을 것입니다. 그리고 그것은 때때로 일어나고, 그대는 그것을 압니다. 고통을 당하는 사람들이 있고, 그대가 그들을 만난다면, 그대는 짐을 내려놓을 듯함을 느낍니다. 그리고 그들이 도움을 받고 가면 그대는 가벼워짐을 느끼고 솟아남을 느끼고 더 활기참을 느끼고 더 살아 있음을 느낍니다.

그들이 그대의 머리에서 혹은 그대의 가슴에서 큰 짐을 가져간 것처럼, 그들이 그대의 존재 안에 어떤 꿀을 쏟아 부은 것처럼, 그들이 떠났을 때 그대는 그대 마음 안에 남겨진 춤을 느낍니다. 그대는 그들이 그대를 계속 찾아오기를 기다립니다. 그대는 그들의 존재에 의해 영양분을 공급받기 때문에 그들을 찾고 그것을 즐깁니다.

그 반대의 사람들도 존재합니다. 그들이 그대를 만난다면, 그들은 그대에게 많은 짐을 지울 것입니다. 그들은 그대를 절망과 혐오감 속으로 몰아넣습니다. 그대는 그대가 흡수됨을 느끼고 에너지가 더 낮아짐을 느끼지요. 이것은 평소 우리가 흔히 경험하는 것입니다.

한편 사람들이 그대를 피한다면 그대는 그들의 에너지를 거부하는 무언가를 하고 있음에 틀림없습니다. 사람들이 그대를 찾는다면 그리고 곧 친근해지고 그들과 친화성을 느낀다면, 낯선 이들조차 그대 가까이에 와서 앉고 싶어할 것입니다. 이것은 그대가 알게 모르게 그들을 돕고 있음에 틀림없다는 것을 의미합니다. 모든 사람은 커다란 불행의 짐을 지고 있고, 모든 사람은 커다란 고통 속에 존재합니다. 모든 사람의 마음은 상처를 입고 있습니다.

우리는 우리가 가진 것만을 나눌 수 있다 깨달은 이들은 그대가 다른 사람과 친화성을 느끼기 전에 우선 그대 자신과 함께 시작해야 할 것이라고 말합니다. 이것은 내면의 성장의 근본적인 비법 중 하나입니다. 그대는 첫 번째 장소에서 그대 자신과 함께 하지 않았던 것을 다른 이들과 함께 할 수 없습니다. 그대가 자신을 다치게 하면 그대는 다른 사람들을 다치게 할 수 있고, 다른 사람들에게 싫은 사람이 될 것입니다.

자기자신에게 싫은 사람이라면 다른 사람에게도 싫은 사람이 될 것이고, 자기 자신에게 축복이라면 다른 사람에게도 축복이 될 수 있습니다. 그대가 다른 이들과 함께 할 수 있는 것은 무엇이든 전에 그대 자신에게 했던 것이기 때문이지요. 그대는 그대가 가진 것만을 나눌 수 있습니다. 그대는 그대가 가지지 않은 것은 나눌 수 없습니다.

다른 사람에 대한 배려가 지극해서 우리에게 귀감이 될 만한 예를 하나 소개해 주시겠습니까?

라즈니쉬가 학생일 때 비하리다스 박사라고 아주 나이가 많은 교수가 있었습니다. 그는 혼자 살고 있었습니다. 그는 자신에게 너무나 만족하며 즐기고 있었으므로 누군가를 필요로 하지 않았기 때문입니다. 그는 학과장의 자격으로 커다란 방갈로에서 혼자 살고 있었습니다. 그런데 그들이 친해지면서, 그는 아버지처럼 아주 깊은 애정으로 라즈니쉬를 대하게 되었습니다.

하루는 그 교수가 말했습니다. "자네는 기숙사에서 살 필요가 없네. 내게 와서 같이 살아도 되네. 나는 평생을 혼자 살아왔거든." 그는 시타르(기타와 비슷하게 생긴 인도 전통 현악기)를 연주하곤 했습니다. 그것은 라즈니쉬가 들었던 그 어떤 연주보다도 훌륭했습니다. 그러나 그 교수는 결코 사람들을 즐겁게 하기 위한 목적으로는 연주하지 않았습니다. 오직 자신이 즐거워서 연주할 뿐이었습니다.

그런데 그는 그 누구도 결코 생각하지 못할 그런 시간을 연주 시간으로 잡았습니다. 매일 새벽 3시 정각에 그는 시타르를 연주하곤 했습니다. 70년 동안 그는 한결같이 이런 식의 연주를 해 오고 있었습니다. 그래서 그들의 동거는 첫날부터 곤란한 점이 생겼습니다. 왜냐하면 라즈니쉬는 3시까지 책을 보다가 잠에 드는 버릇이 있었기 때문이지요. 그 시간은 바로 그 교수가 일어나는 시간이었습니다.

이것은 두 사람 모두에게 방해가 되었습니다. 게다가 라즈니쉬는 자신이 좋아하는 책들을 묵독하는 것이 아니라 소리 내어 크게 읽는 것을 좋아했기 때문입니다. 우리가 그저 눈으로만 책을 읽을 때는 부분적인 연결만 이루어집니다.

그러나 시를 소리 내어 읽을 때는 거기에 빠져 버리게 됩니다. 그 순간만큼은 우리가 시인이 되는 것입니다. 우리는 그것이 다른 누군가의 시라는 것을 잊습니다. 그것은 우리의 피와 뼈와 골수의 일부가 되기 시작합니다.

당연히 교수는 잠자는 것이 어렵게 되었습니다. 그리고 라즈니쉬가 3시에 잠자리에 들 때면 이번에는 라즈니쉬가 잠자는 것이 어려웠습니다. 바로 옆방에서 교수가 시타르를 연주하고 있었으니까요. 이틀이 안 되어 그들은 둘 다 지쳐 버렸지요.

교수가 그에게 말했습니다. "자네가 이 집에서 살게. 나는 떠나겠네." 라즈니쉬가 말했습니다. "선생님은 떠날 필요가 없습니다. 어디로 가신단 말씀입니까? 저는 적어도 기숙사에 방을 하나 가지고 있습니다. 제가 떠나겠습니다."

교수가 말했습니다. "나는 자네에게 떠나라고 말할 수 없네. 나는 자네를 사랑하네. 나는 자네가 여기 있는 게 너무 좋다네. 그러나 우리의 습관은 서로에게 방해가 되네. 나는 그 누구도 방해한 적이 없어. 나는 내가 방해가 되는 사람과 있어 본 적이 없네. 그리고 나는 자네를 안다네. 자네는 나를 방해하지 않을 것이네.

그러나 이대로 간다면 우리 둘 다 죽고 말 것이네. 자네는 '당신의 시간을 바꾸십시오'라고 말하지 않을 것이네. 나는 자네더러 이 집을 떠나라고 말할 수 없네. 그게 바로 내가 떠나겠다고 말한 이유일세. 자네가 이 집에서 살게."

라즈니쉬가 그를 설득했습니다. "저는 이 집에서 살 수 없습니다. 일단 교수님이 떠나시면, 대학은 내가 이곳에 살도록 허락하지 않을 것입니다. 이 집은 교수님을 위한 것입니다. 저는 저의 기숙사로 가겠습니다." 눈에 눈물을 머금고 그는 라즈니쉬를 기숙사로 데려다 주게 되었습니다.

지극히 감수성이 풍부하여 라즈니쉬가 언제까지나 그를 기억하는 것은, 그 평생에 그렇게 감수성이 풍부한 사람을 본 적이 결코 한 번도 없었기 때문입니다. 비록 실수로 의자를 쳤어도 그는 사과를 하는 사람입니다. 그 의자에 말입니다. 라즈니쉬가 그에게 말했습니다. "비하리다스 박사님, 이건 너무 지나치십니다."

그가 말했습니다. "그것은 나의 느낌이네. 나는 저 불쌍한 의자를 쳤어. 그녀는 말을 할 수가 없다네. 그렇지 않았다면 그녀는 화를 냈을 것이네. 그리고 그녀는 이 우주 전체의 한 부분일세. 그리고 그녀는 나를 섬겼다네. 그런데 나는 지금껏 그녀에게 친절하게 대해 주지 않았네. 나는 그녀를 쳤어. 나는 사과를 해야만 하네."

사람들은 그가 미쳤다고 생각했습니다. 이 세상에서 의자에 용서를 구하는 사람을 제 정신이라고 생각할 수는 없습니다. 라즈니쉬는 그를 가까이서 지켜보았지만, 그는 가장 건강한 정신의 소유자들 중의 한 사람임을 확신할 수 있었습니다. 그러나 그의 책임감은 엄청난 것이었습니다. 그래서 그는 라즈니쉬에게 말할 수가 없었습니다. 그것이 그의 집이었는데도 말입니다.

그는 라즈니쉬에게 말할 수도 있었을 것입니다. "자네, 좀 조용히 읽을 수도 있지 않은가?" 또는 "자네, 다른 때 읽을 수도 있지 않은가?" 혹은 "자네, 내가 연주할 때 읽을 수도 있지 않은가?" 그러나 그는 결코 그런 말을 하려고 하지 않았습니다.

그것은 쉬운 일이었을 것입니다. 그것은 세상 사람들이 다 하고 있는 일입니다. 그러나 다른 사람에 대한 그의 감수성과 깊은 경외의 마음은 물론, 심지어 사물에 대한 그의 경외심조차도 정말 나무랄 데 없는 것이었습니다.

사람들은 그의 행동을 보며 생각했습니다. '그는 정신 상태가 정상이 아니야.' 그러나 올바른 정신 상태가 사람을 책임감 있게 만들며, 책임감이 너무 큰 나머지 그가 사람들에게 미친 것처럼 보인다는 사실을 이해하는 사람은 아무도 없었습니다.

평생을 통해서 실천할 만한 한 마디 말이란 금언 중의 금언으로 구도적인 삶을 지향하는 사람이 좌우명으로 삼고 싶은 것일 듯합니다. 깨달은 이들이 이런 사람의 삶을 위해 역설하는 금언 중 하나를 예를 들어 주시고, 이것을 그의 삶과 관련하여 말씀해 주시겠습니까?

도를 구하는 사람은 손을 뻗쳐 어떤 문이라도 잡으려 합니다. 어떤 방향이든 한 방향에서 문으로 다가갑니다. 사랑으로 다가가든 자비로 다가가든 그것은 문제가 아닙니다. 도의 사원으로 향한 많은 문들이 있습니다. 그러나 어떤 문이든 우리는 하나의 열쇠로 열 수 있습니다. 그 만능열쇠란 다름 아닌 명상이며 자각입니다.

예수와 붓다와 노자와 자라투스트라는 모두 중심에서 만납니다. 그들의 문은 서로 다릅니다. 그러나 내면으로 들어가면 갑자기 모든 문들이 옳다는 것을 알게 되며, 기적 중의 기적은 그들이 모두 같은 열쇠를 사용하고 있다는 것입니다. 문들은 서로 다르며, 자물쇠의 모양도 제각기 다릅니다. 하지만 그들은 모두 같은 열쇠를 사용하고 있지요.

예수는 그의 제자들에게 되풀이해서 말합니다. '주의하라' Beware! 이것은 'Be aware' 즉 인식하라는 의미입니다. 붓다는 그의 제자들에게 낮이나 밤이나 42년 동안 끊임없이 단 한마디를 가르쳤습니다. '바른 마음正心' 다른 말로 자각입니다. 구제프는 이것을 '자기 기억하기'라고 부르곤 했습니다.

까비르는 이것을 단순히 스므라티기억하기라고 불렀습니다. 우리가 기억의 상태에 있다면 그것은 당연히 자기의 중심에 있기 때문에 구태여 그것을 자기 기억이라고 부를 필요는 없습니다. 이것들은 다른 말이지만 같은 열쇠로 사용됩니다.

붓다의 가르침에는 이상도 미래도 내세도 없습니다. 붓다는 지금 여기에서 피어나는 꽃을 가르칩니다. 그 무엇도 바랄 필요가 없습니다. 모든 것은 이미 주어졌습니다. 좀 더 깨어서 좀 더 밝게 보기만 하면 됩니다. 좀 더 깨어서 좀 더 밝게 듣기만 하면 됩니다. 그럴 때 우리는 좀 더 밝게 존재할 수 있습니다.

우리는 깨어 있는 만큼 존재합니다. 좀 더 밝게 존재하고 싶다면 좀 더 깨어있어야 합니다. 깨어있음 속에서 존재가 나옵니다. 깨어 있지 못한 만큼 우리의 존재는 사라집니다. 우리가 만취했을 때 거기에 우리의 존재는 없습니다. 잠잘 때도 우리는 거기 없습니다.

이를 지켜본 적이 있습니까? 깨어있을 때 우리는 변합니다. 우리는 존재의 중심에 뿌리를 내립니다. 그리고 자신의 존재가 확실하게 느껴집니다. 거의 만져질 듯이 느껴집니다. 무의식 속에서 잠을 자거나 깨어있지 못하면 존재의 느낌은 줄어듭니다. 즉 존재의 느낌은 깨어있는 정도와 비례하는 것입니다.

붓다의 가르침은 한 마디로 말하면 깨어있으라는 것입니다. 다른 목적을 염두에 두고 깨어있는 것이 아니라 그냥 깨어있는 것입니다. 깨어있음 속에서 존재가 태어나고 내가 태어납니다. 깨어있음 속에서 상상도 할 수 없는 또 다른 내가 태어납니다. '나'가 사라진 우리, 에고라는 관념이 존재하지 않는 우리, 이 우리는 어떤 말로도 표현할 수 없는 순수한 공空이요 무한입니다.

이 세상에는 오직 하나의 죄만 존재한다 인간은 깨어있는 동안에도 잠을 자고 있습니다. 이것이 인간이 가지고 있는 가장 심각한 문제입니다. 사람들은 겉으로는 깨어있는 듯이 보입니다. 그러나 겉으로만 그럴 뿐입니다. 내면 깊숙한 곳에서는 잠이 계속되고 있습니다.

지금 이 순간에도 우리는 내면에서 꿈을 꾸고 있습니다. 수많은 꿈이 마음을 스쳐 지나가고 있습니다. 우리는 무슨 일이 일어나고 있는지 의식하지 못하고 있습니다. 우리가 진정으로 누구이고 또 무슨 일을 하고 있는지 모르고 있습니다. 마치 잠 속에 빠진 사람과 같습니다.

몽유병자들은 잠을 자고 있는 동안에도 여기저기 돌아다니다가 다시 잠에 빠져 듭니다. 대문을 찾아내고 부엌으로 들어가서 무엇인가를 먹습니다. 그리고 다시 침대로 돌아와 잠을 잡니다. 아침에 일어났을 때 물어보면 그들은 자기가 밤중에 한 일을 하나도 모른다고 합니다. 기껏 기억해 낸다면 자기가 일어나서 부엌에 가 무엇인가를 먹는 꿈을 꾼 일이 있다고 합니다.

많은 사람들이 범죄를 저지릅니다. 그리고는 법정에서 이렇게 말합니다. "전혀 모르겠습니다. 그런 일을 저지른 기억이 없습니다." 법정을 속이는 거짓이 아닙니다. 그것은 정신분석학자들이 증명해 주고 있습니다. 그들은 살인을 저질렀지만 잠을 자고 있는 상태에서 그런 일을 한 것입니다.

그러한 잠은 보통 말하는 잠보다 더 깊습니다. 이는 마치 술에 취한 상태와 같습니다. 몸을 움직여서 무엇인가를 약간 할 수는 있지만 취해 있습니다. 조금은 깨어 있어도 무슨 일이 일어나고 있는지 정확하게 알지 못합니다.

자각이란 어느 한 순간이든 항상 그때 일어나고 있는 일을 완전히 의식하면서 지켜보는 것입니다. 그때 우리는 거기에 현존합니다. 그렇게 현존하고 있을 때는 분노가 찾아왔다가도 다시 사라져 버립니다. 분노는 우리가 깨어있지 못할 때만 일어나기 때문입니다.

우리가 현존할 때 우리 존재 속에서 즉각적인 변형이 시작됩니다. 그래서 우리가 현존할 때 많은 일들이 간단히 일어날 수 없습니다. 그리고 죄라고 불리는 모든 것들은 우리가 자각하고 있을 때는 일어나지 않습니다. 이 세상에는 오직 하나의 죄만 존재합니다. 그것은 자각하지 못하는 것입니다. 그리고 완전히 깨어있는 상태에서 행동할 때 그것이 유일한 덕입니다. 이 이상 아무것도 필요치 않습니다.

죄란 자각하는 동안에 일어나지 못하는 것이다 우리는 내면에서 많은 것을 변화시키려고 노력합니다. 그래서 성공했습니까? 다시는 화를 내지 말자고 얼마나 많이 다짐했습니까? 그러나 그렇게 결심하고 나서는 또 어떤 일이 일어났습니까? 어떤 순간이 다가오면 우리는 다시 똑같은 올가미에 걸려들어 화를 내고 맙니다.

그리고 그 화가 사그라지면 다시 후회합니다. 이것은 악순환입니다. 후회하고 있는 동안에도 우리는 거기에 존재하지 않습니다. 그렇기 때문에 아무런 변화도 일어나지 않는 것입니다. 계속 결심하고 맹세를 하고 노력하여도 결국 변하는 것은 아무것도 없습니다. 그리고 우리는 태어났을 때와 아주 똑같이 그대로 남습니다.

단 하나의 변화도 일어나지 않습니다. 이것은 변화하려고 노력하지 않았다는 말이 아닙니다. 그 노력이 충분치 못했다고 말하는 것도 아닙니다. 노력은 많이 했지만 언제나 실패합니다. 그것은 노력의 문제가 아니기 때문입니다. 노력은 아무런 도움이 되지 않습니다. 이는 자각의 문제이지 노력의 문제가 아닙니다.

주의하고 깨어 있을 때 많은 것이 떨어져 나갑니다. 어떤 일들은 자각하는 가운데서 일어나지 못합니다. 죄와 덕의 정의는 이렇게 내릴 수 있습니다. 죄란 자각하는 동안에 일어나지 못하는 것이며, 덕이란 자각하는 동안에 일어나는 것입니다.

사람들은 깨어있을 때 사랑에 빠지지 못합니다. 사랑에 빠지는 것 fall in love은 죄지요. 그때 사랑할 수는 있습니다. 그러나 그 사랑은 넘어지는 것fall이 아니라 일어서는 것rise 같은 것입니다. 왜 우리는 사랑에 빠진다고 합니까? 그것은 넘어지는 것을 의미합니다. 우리는 넘어지고 있는 것이지 일어서고 있는 것이 아닙니다.

그러나 깨어있을 때는 넘어지지 않습니다. 깨어있을 때는 사랑에 빠지는 것이 아니라 사랑 속에서 일어서는 것입니다. 사랑 속에서 일어선다는 것은 사랑에 빠지는 것과는 전혀 다른 현상입니다. 사랑에 빠져 있다는 것은 꿈꾸는 상태와도 같습니다. 사랑에 빠진 사람들의 눈은 다른 사람들보다 더 졸린 듯이, 아직 깨어있지 않은 듯이 보입니다. 마치 무엇엔가 취한 상태에서 꿈을 꾸고 있는 듯이 보입니다.

그러나 사랑 속에서 일어서는 사람은 완전히 다릅니다. 그는 더 이상 꿈속에 있지 않습니다. 그는 실재와 직면하면서 그 실재를 통해서 성장하고 있습니다. 우리는 사랑 속에 빠질 때 어린아이로 남게 되고 사랑 속에서 일어설 때 성숙하게 됩니다. 그리고 차츰 사랑은 다른 사람과의 관계가 아니라 나 자신의 존재가 됩니다.

그때는 어느 것은 사랑하고 어느 것은 사랑하지 않는 일이 없습니다. 우리는 단지 사랑일 뿐입니다. 누가 다가오든지 그들과 함께 사랑을 나눕니다. 바위를 만질 때도 사랑하는 연인의 몸을 만지는 것같이 만지고, 나무를 바라볼 때도 마치 사랑하는 연인의 얼굴을 바라보듯이 합니다. 사랑이 곧 존재의 상태가 되는 것입니다. 우리가 사랑 속에 있는 것이 아니라 우리가 곧 사랑이 되는 것이지요. 이것이 곧 일어서는 것입니다.

사랑을 통해서 일어서게 될 때 그 사랑은 아름답습니다. 그리고 사랑을 통해서 넘어지게 될 때 그 사랑은 추하고 더러워집니다. 조만간 우리는 추한 사랑은 독임을 알게 되고 그것은 속박이 됩니다. 우리는 그러한 사랑에 붙잡혀 날개가 잘리고 자유를 잃게 됩니다.

사랑에 빠질 때 우리는 소유물이 됩니다. 우리가 누군가를 소유하고 다른 사람이 우리를 소유하도록 허용합니다. 결국 하나의 물건이 되고 마는 것이지요. 그리고 우리도 자기와 사랑에 빠진 사람을 물건으로 바꾸어 놓으려고 노력합니다.

5

가장 큰 용기는 개인으로 존재하는 것이다

子曰 衆惡之 必察焉 衆好之 必察焉
자 왈 중 오 지 필 찰 언 중 호 지 필 찰 언

공자가 말하였다. "많은 사람들이 어떤 사람을 미워하더라도 반드시 내 눈으로 직접 살펴보아야 하고, 많은 사람들이 어떤 사람을 좋아하더라도 반드시 내 눈으로 직접 살펴보아야 한다."

주해

衆 무리 | 惡 미워하다, 이때 음은 [오]이고 '악하다' 혹은 '모질다'는 뜻일 때의 음은 [악]이다. | 之 막연히 어떤 사람이나 사물을 가리키는 대명사로 타동사의 목적어가 된다. | 必 반드시 | 察 살피다 | 焉 문장이 끝남을 나타내는 형식적인 말 | 好 좋아하다

군중이라는 개념에 기초하여 생각하지 마십시오. 사실을 있는 그대로 보십시오. 오직 그대라는 고유한 존재의 입장에서 생각하십시오. 군중에 대한 생각은 떨쳐버리십시오. 군중으로부터 벗어나겠다고 발버둥 칠수록 그대는 군중으로부터 벗어날 수 없습니다. 군중으로부터 해방되겠다는 생각을 아무리 해도 소용없습니다.

그저 그 생각을 던져 버리십시오. 문제가 되는 쪽은 군중이 아닙니다. 바로 그대가 문제입니다. 그대를 잡아끄는 것은 군중이 아닙니다. 그대가 이끌릴 뿐입니다. 누가 그대를 끄는 것이 아닙니다. 그대의 깨어있지 못한 의식이 이런 작용을 하는 것입니다.

항상 명심하십시오. 다른 사람에게 책임을 전가하지 마십시오. 책임을 전가하면 절대 자유를 얻을 수 없습니다. 깊은 내면에서는 모든 것이 그대의 책임입니다. 군중에게 책임을 돌리고 적대시할 필요가 없습니다. 군중도 불쌍한 존재들입니다. 그러므로 너무 적대감을 갖지 마십시오.

사회는 그대가 다른 사람들과 비슷하게 행동하기를 기대합니다. 다르게 행동하는 순간 그대는 낯선 사람이 됩니다. 사람들이 두려워하는 타인이 됩니다. 사람들은 계속해서 어떤 무리 속에 끼기를 원합니다. 사회는 단체에서 빠져나오는 사람을 용납하지 않습니다. 다수가 함께 있으면 사람들은 기분이 좋아집니다.

많은 숫자는 사람들에게 옳다는 생각을 심어줍니다. 수백만 명의 사람들이 같이 있으면 잘못될 일은 없을 것이라고 안심합니다. 그러나 홀로 떨어져 있게 되면 의심이 솟아납니다. 내 주위에는 아무도 없습니다. 그럴 때 내가 옳다는 것을 어떻게 증명할 것입니까? 이것이 수의 정치학입니다.

가장 큰 용기는 개인으로 존재하는 것입니다. "온 세계가 나에게 등을 돌려도 상관없어. 문제는 내 경험의 근거가 확실한 것이지. 나는 숫자에는 관심이 없어. 얼마나 많은 사람들이 내 주위에 있는지 아예 살펴보지도 않아. 내가 주의 깊게 보는 것은 내 행동이 타당한지 타당하지 않은지 하는 거야. 내가 다른 사람들의 말을 그저 앵무새처럼 되풀이하고 있는지, 아니면 내 말이 진짜 나만의 경험에서 나왔는지 지켜볼 뿐이지.

그것이 내 경험에서 나오면, 내 피와 뼈와 골수에서 나오면, 세상은 나에게서 등을 돌리고 그들끼리 한 패가 되지. 그렇지만 여전히 나는 옳고 그들은 글러. 다른 사람의 의견에 따라 좌지우지되는 사람만이 다른 사람의 지지를 필요로 해." 이렇게 말할 수 있는 개인이 되어야 합니다.

그러나 사회는 다른 이의 지지를 원하는 사람들로 가득 차 있습니다. 이런 방식으로 사회는 기능을 수행하며 이런 이유로 그대를 다수 속에 가두어 놓습니다. 다른 사람이 슬프면 그대도 같이 슬퍼해야 하고, 다른 사람이 불행하면 같이 불행해야 합니다. 그들이 어떻게 되건 그대도 그렇게 되어야 합니다.

차이는 용납되지 않습니다. 차이를 보인다는 것은 결국 개인이라는 독특한 존재로 되어가고 있다는 뜻입니다. 사회는 이런 존재를 두려워합니다. 개인이 된다는 것은 무리에서 벗어나 독립적인 존재가 된다는 뜻입니다. 이런 사람은 무리의 움직임에 전혀 신경 쓰지 않습니다.

그 사람에겐 어떤 조직이나 사회 또는 교회 등 이 모든 것이 무의미할 뿐입니다. 이제 그는 무리에서 벗어나 자신의 존재를 찾았습니다. 사는 것, 죽는 것, 축하하고 노래하고 춤추는 것에 대해 자신만의 방식을 찾았습니다. 그는 제 집으로 돌아온 것입니다. 무리와 함께 있으면 누구도 집에 이를 수 없습니다. 집에 갈 때는 홀로 가야 합니다.

오늘날 다수의 의견으로 운영되는 민주주의 체제에서 많은 사람들이 공유하는 의견을 따르지 말라는 것은 우리를 당황스럽게 합니다. 이렇게 말하는 근거는 무엇입니까?

그대는 항상 그대와 함께 그대의 주위에 있는 군중을 느낄 수가 있습니다. 그리고 군중과 더불어 길을 갈 때는 군중이 목적지를 알고 있으리라고 생각하기 때문에 그대는 단순히 그들을 따라가기만 하면 됩니다. 그러나 모든 사람이 똑같은 입장이어서 누구나 다 그렇게 생각합니다.

'이렇게 많은 사람이 가고 있으니까 분명히 그들은 어디론가 가는 중일 거야. 그렇지 않다면 이렇게 많은 사람들이 왜 이 길로 가겠는가? 틀림없이 그들은 어디론가 바로 가고 있으리라.' 모두가 이런 식으로 생각하면서 군중에 묻혀서 별 의심 없이 걸어갑니다.

사실상 군중은 어디로도 가고 있지 않습니다. 어떤 군중도 어떤 목표에 도달한 적이 없습니다. 군중은 계속해서 움직이고 또 움직일 따름입니다. 그대는 태어나서 군중의 일부가 됩니다. 그런데 군중은 그대가 태어나기 전부터 움직이고 있었습니다. 그러다가 어느 날 그대는 죽어가지만, 항상 새로운 사람들이 태어나게 마련이므로 군중은 계속해서 움직입니다.

그러나 군중은 결코 어디에도 다다르지 못합니다. 그것이 안도감을 주기는 합니다. 그대보다 훨씬 현명하고 훨씬 나이가 많고 경험도 많은 사람들에게 둘러싸여 있어서, 그대는 그들이 어디로 가고 있는

지 알 것이라 믿고 안정감을 느끼며 마음이 놓입니다.

그러나 많은 사람들이 옳을 수는 없습니다. 진리는 소수에게 속하는 것입니다. 다수가 진리를 소유할 수는 없습니다. 깨달은 사람들의 한결같은 논지는 이렇습니다. 많은 사람이 동의하는 일이면 그것은 틀릴 확률이 높습니다. 그래서 자라투스트라는 개인을 사랑하고 군중을 미워합니다.

우리는 개체성에 대해 완전히 잊었다 그는 모든 종류의 군중 심리에 반대합니다. 인간의 의식에 관한 한 군중은 가장 낮은 단계이기 때문이지요. 군중은 자기의 개체성을 희생시킨 자를 지도자로 섬기며 존경합니다. 그대도 자신의 개체성을 주장해서는 안 됩니다. 그것은 언제나 군중이 미워하는 것이니까요.

고독은 자신의 고유한 의식 세계를 느끼려는 사람이면 누구에게나 필요한 가장 기본적인 요소입니다. 군중 속에서 그대는 집단적인 의식을 느낄 수 있을 뿐, 그대 고유의 의식을 느낄 수 없습니다. 군중은 그대가 고독의 아름다움을 배우도록 가만 놔두지 않습니다. 집단의식은 무리지어서 전체적으로 작용합니다.

그것은 각각의 개인이 스스로 결정하도록 허락하지 않습니다. 하지만 과학자들은 동물이나 식물조차도 자신의 영역을 갖는다는 사실을 발견했습니다. 사자는 숲 속의 모든 동물들에게 자신의 영역을 알리기 위해 특정 지역에 계속 오줌을 눕니다. 사자의 오줌 냄새는 다른 동물이 그 지역에 들어오지 못하도록 만듭니다.

만일 그대가 사자의 영역 밖에 가만히 서 있다면, 사자는 그대를 공격하지 않을 것입니다. 사자는 그대를 지켜보며 편안히 휴식을 취할 것입니다. 그러나 단 한 발자국이라도 그의 영역 안으로 들여놓으면 사자는 벌떡 일어납니다. 그대는 그의 영토를 침범한 것입니다.

나무도 자신의 영역을 갖습니다. 아프리카의 나무들은 매우 높이 자랍니다. 그 이유는 그들이 충분한 공간을 확보할 수 없기 때문입니다. 숲이 너무 빽빽해서 그들이 자유로운 공간을 확보할 수 있는 것은 하늘 높이 자랐을 때뿐입니다. 만일 똑같은 종류의 나무들이 여기에서 자란다면 그렇게까지 높이 자라지는 않을 것입니다. 그럴 필요가 없기 때문이지요.

인간은 개체성에 대해 완전히 잊었습니다. 인간이 갖는 긴장의 대부분은 아마 군중 때문일 것입니다. 정신적인 면에서 보면 고독은 꼭 필요한 영양소입니다. 그러나 군중은 날이 갈수록 비대해집니다. 어디에 있건 항상 그대는 군중 속에 있습니다. 서서히 그대는 고독이 꼭 필요한 것이라는 사실을 잊게 됩니다.

그대는 피그미가 되어 자신의 영혼을 성장시키지 못합니다. 그대는 군중들에게 '아니오'라고 말하는 법을 배워야 합니다. 그대는 모든 것을 스스로 결정해야 합니다. 그리고 아무도 그대에 대해서 간여하거나 결정할 수 없음을 모든 사람에게 당당하게 밝혀야 합니다.

진리는 다수결에 의해 결정될 수 없다 일출日出 일몰日沒이라는 말은 어느 언어에나 존재합니다. 갈릴레오가 지구 공전을 발견한 이후에도 '해가 뜨고 해가 진다'고 말하고 있습니다. 그가 간 지도 벌써 3백 년이 지났습니다. 이제 현대과학은 해가 뜨고 해가 지는 게 아니라는 사실을 입증하고 있습니다.

해는 한 곳에 정지해 있고 지구가 그 주위를 돌 뿐이라는 과학적인 진리를 확립해 놓고 있는 실정입니다. 하지만 아직도 우리는 일출 일몰이라는 말을 쓰고 있습니다. 아마 영원히 그렇게 쓸 것입니다. 언어의 보수성을 간과한 채 우리는 관습적으로 혹은 무의식적으로 말합니다.

늙은 갈릴레오가 교황이 주재하는 종교 재판소에 끌려 왔습니다. 교황이 갈릴레오에게 말했습니다. "관용을 빌라. 그렇지 않으면 교수형에 처할 것이다. 도대체 성경이 틀릴 수 있다고 보는가? 성경에는 해가 뜨고 해가 진다고 되어 있다. 그대는 자신이 하나님보다 낫다고 생각하는가?" 갈릴레오는 참 지성적이고 지혜로운 사람이었습니다.

그는 말했습니다. "폐하께서 그렇게 말씀하시니 관용을 빌겠습니다. 지구가 태양 주위를 도는 것이 아니라 태양이 지구 주위를 돈다고 고쳐서 발표하겠습니다. 하지만 진리는 제가 어떻게 말하는가와는 아무런 상관이 없습니다. 제가 바꾸어 말한다고 해도 태양은 공전하지 않습니다.

하지만 저는 고쳐 발표함으로써 제 생명을 구하는 쪽을 택하겠습니다. 여기에서 성경에 반대되는 이야기를 하는 것은 아무 의미가 없음을 잘 압니다. 공전하는 것은 지구라는 사실을 발표하지는 않겠지만, 이 자리에서만큼은 공전하는 것은 태양이 아니라 지구라고 말하고 싶습니다."

설령 갈릴레오가 성경에 나오는 대로 태양 공전을 재차 확인해 주고 온 세상 사람들이 이를 믿는다고 하더라도 진리를 바꿀 수는 없는 노릇입니다. 진리는 다수결에 의해 결정할 수 있는 성질의 것이 아니기 때문입니다. 다수결의 원칙은 진리에는 적용될 수 없습니다.

군중이 예수를 사지死地**로 몰아넣었다** 예수가 십자가에 못 박히기 전에 빌라도가 사람들에게 의견을 물었습니다. 그 당시에는 특별한 경축일에 죄인 한 사람을 사면하는 것이 전통이었기 때문입니다. 그 날에는 십자가에 못 박혀야 할 사람이 네 명 있었습니다. 도둑 세 명과 예수, 이들이 십자가에 못 박혀 죽기로 되어 있었습니다.

빌라도는 사람들이 예수를 사면해 줄 것을 요구하기를 바라고 있었습니다. 그는 예수의 눈을 통해서 천진무구한 아름다움을 보았기 때문입니다. 그가 예수에게 "진리가 무엇인가?" 하고 물었을 때 예수는 단 한 마디도 하지 않았습니다. 그는 단지 조용히 침묵만 지키고 있을 뿐이었지요. 그것이 대답이었습니다.

그러나 빌라도는 그것을 이해할 수 없었습니다. 진리는 말해질 수 없고 단지 보여질 수만 있다는 사실을 이해할 수 없었습니다. 그러나 그는 예수의 현존을 조금은 느낄 수 있을 듯했습니다. 예수는 어린아이와 같이 순진무구하고 말로 표현할 수 없을 정도로 아름다웠습니다. 빌라도는 이렇게 아름다운 사람을 십자가에 못 박는다는 사실에 양심의 가책을 느꼈습니다.

그런데 군중들은 그를 죽이기를 강력하게 요구하고 있었습니다. 군중들은 예수의 피에 굶주려 있었습니다. 그래도 빌라도는 사람들을 설득해서 예수를 사면할 수 있게 되기를 바라고 있었습니다. 빌라도가 마지막으로 군중의 의견을 묻자 사람들은 모두 이렇게 소리쳤습니다. "도둑 세 사람 중의 한 명을 사면해 주십시오. 그러나 예수는 안 됩니다. 그는 반드시 십자가에 못 박아야 합니다."

예수가 무슨 잘못을 저질렀단 말입니까? 그가 잘못한 것이 무엇이 있습니까? 그러나 군중의 의견을 따를 수밖에 없었습니다. 그래서 도둑 세 사람 중의 한 명이 풀려나고 예수는 죽임을 당하였습니다. 예수의 죄목이 무엇이었는지 아십니까? 그의 죄는 참으로 어처구니 없는 것이었습니다.

그는 환희가 무엇인지 모르는 군중들 가운데서 환희에 차 있었으며, 불신 속에 사는 사람들 가운데서 신뢰의 삶을 살았고, 눈이 먼 사람들 중에서 눈을 뜨고 있었으며, 교활한 사람들 가운데서 순진무구하였습니다. 그 눈먼 사람들은 기분이 몹시 상하였습니다. 눈먼 사람들은 항상 기분이 상할 수밖에 없습니다.

사람들은 피타고라스 때문에도 기분이 상하였습니다. 그 이유는 예수나 피타고라스 같은 사람이 군중 가운데 걸어가면 그의 높이가 그들을 피그미족처럼 작게 느끼게 하고 그의 깊이가 그들을 너무도 얕게 느끼게 만들어 그를 용서할 수 없기 때문입니다.

그들은 이런 사람을 없애야만 합니다. 마치 이 사람이 그들의 기분을 상하게 하고 그들을 해치는 것처럼 느껴집니다. '이 사람이 그 같은 환희에 도달할 수 있다면 왜 우리는 그렇게 하지 못하는가? 만일 그가 신의 왕국에서 살 수 있다면, 왜 우리는 그렇게 하지 못하는가?' 극심한 질투가 일어납니다.

> 민주주의의 중요한 한 특성은 다수결 원칙입니다. 그러나 다수의 의견이 그렇게 좋은 것이 아니라면 그 가치에도 문제가 있을 듯합니다.

먼저 우리가 잘 알고 있는 조삼모사朝三暮四라는 고사성어의 의미를 새로운 각도에서 살펴보는 것이 도움이 될 듯합니다. 여기에는 매우 깊은 뜻밖의 사실이 숨겨져 있기 때문입니다. 특히 모든 것이 다수결로 결정되는 오늘날 이 사자성어는 되씹어볼 만한 충분한 가치가 있습니다.

조련사가 원숭이들에게 먹이를 주는 방식에 대해 말했습니다. '아침에 셋, 저녁에 넷.' 그러나 원숭이들은 고집했습니다. '아침에 넷, 저녁에 셋.' 원숭이들은 저녁에 우울해질 것입니다. 저녁은 행복의 절정이어야 하며 불행을 느끼게 되어서는 안 됩니다.

그러나 원숭이들은 현명한 배열을 선택하지 못했습니다. 현자는 결코 선택하지 않습니다. 그는 선택 없이 삽니다. 왜냐하면 그는 무엇이 일어나든지 그 전체는 똑같은 것이 되리라는 사실을 알고 있기 때문입니다. 그러나 만일 그가 어떤 객관적인 조건 때문에 선택을 해야만 한다면, 그는 아침에 세 개, 저녁에 네 개의 배열을 선택할 것입니다.

그러나 원숭이들은 말합니다. "아니다. 우리는 아침에 네 개, 저녁에 세 개인 경우를 선택할 것이다." 조련사는 객관적인 조건에 맞추려고 기꺼이 동의했습니다. 그는 그것으로 아무것도 잃지 않았습니다. 그러나 원숭이들은 무엇인가를 잃었습니다. 현자와 같이 있을 때 우리는 그에게 선택하도록 해야 합니다.

우리 자신을 고집해서는 안 됩니다. 원숭이의 마음은 단지 즉각적이고 순간적인 행복만을 찾습니다. 원숭이는 나중에 무엇이 일어날까에 대해서는 걱정하지 않습니다. 동양에서는 현자가 결정했고 서양에는 민주주의가 있습니다. 원숭이들이 표를 던지고 선택하는 것입니다.

그리고 이제 그들이 동양을 모두 민주주의로 바꿔 놓았습니다. 민주주의란 원숭이들이 표를 던지고 선택하는 것을 의미합니다. 귀족정치는 현자가 그 배열을 선택하고, 원숭이들은 양보하며 따르는 것을 의미합니다. 만일 귀족정치가 적절하게 잘 운영된다면 어떤 것도 그것을 따를 수 없습니다.

민주주의는 반드시 혼란스럽게 되고 맙니다. 원숭이들은 자신들이 배열을 선택하고 있기 때문에 행복해 합니다. 그러나 현자에 의해서 선택이 행해졌을 때가 세계는 더 행복했습니다. 옛날에 동양의 왕들은 언제나 중대사에 대한 마지막 결정을 내리기 위해 현자에게 자문을 구하러 가곤 했습니다. 현자는 왕이 아니었습니다. 그는 그런 것으로 해서 번민할 수 없기 때문입니다. 그는 숲 속에서 초목과 더불어 사는 거지였습니다.

문제가 있을 때 왕은 백성들에게 묻기 위해 선거구로 달려가지 않았습니다. 왕은 모든 것을 포기한 그래서 모든 것을 초월한 사람에게 묻기 위해 숲으로 달려갔습니다. 그는 전체에 대한 전망을 갖고 있으며, 그 자신의 선택에 대해서는 어떤 집착도 강박관념도 아무것도 갖고 있지 않았기 때문입니다. 그는 어떤 이해관계도 어떤 편견도 없으며 오직 전체를 보고 결정하였습니다.

민주주의는 단지 추상적인 개념일 뿐이다 우리가 기억해야 할 것은 흔히 말하는 민주주의, 평등, 자유와 같은 말에 속지 말라는 것입니다. 그런 것들은 존재하지 않습니다. 말만 그럴듯할 뿐입니다. 사람들은 여전히 수세기 전과 똑같은 야만적인 마음으로 살고 있습니다. 단지 집들이 나아졌고 도로가 좋아졌고 기술이 발달하였을 뿐입니다.

그러나 인간은 결코 오늘날만큼 형편없었던 적이 없습니다. 원시적이고 야만적인 인간들이 아무리 폭력적이었다 해도, 그들은 미사일이나 핵무기, 원자폭탄 같은 것은 가지고 있지 않았습니다. 인간은 여전히 똑같은 야만인입니다. 현대적인 옷을 걸치고 있지만, 마음은 상상할 수 있는 가장 야만적인 모습을 하고 있습니다.

그리고 이 야만적인 침팬지의 손에는 지구의 모든 생명체들을, 이

지구 자체를 해칠 수 있는 온갖 종류의 문명의 이기들이 쥐어져 있습니다. 야만적인 인간 침팬지는 이제 자살을 저지르게 될 마지막 지점에까지 온 것입니다. 이런 위험 속에서도 이들은 상호 갈등 속에서 서로 위협하고 있습니다.

민주주의는 단지 말장난에 불과합니다. 아주 고상한 말에 지나지 않습니다. 인간은 고상한 말을 만드는 데 매우 유능합니다. 우리는 이제까지 민주주의라는 것을 보지 못했습니다. 민주주의는 하나의 추상적 개념에 불과합니다. 그러나 이 세상에는 민주주의를 외치는 많은 사람들이 있습니다.

그들은 민주주의라는 말을 통해서 매우 미묘한 연막을 치고 있지요. 진정으로 국민을 위한, 국민에 의한, 국민의 정치를 언제 한 번이나 본 적이 있습니까? 그러면서 때때로 필요에 따라서는 민주주의를 수호하기 위해서 혹은 국가라는 대의명분 아래 많은 사람들을 희생시켰습니다. 실재가 추상의 제단에서 희생되고 있습니다. 이것이 우리의 정치적 현실입니다.

우리는 추상적인 것을 반대하고 진정으로 실재하는 것을 옹호합니다. 이것은 또한 모든 붓다들이 말한 길이었습니다. 그러나 아직까지도 이것은 행해지지 않고 있습니다. 정치가들은 모든 수단을 다 써보았지만 아직도 아무런 성공을 거두지 못하고 실패만 거듭하고 있습니다.

그러나 붓다들이 말한 길은 아무도 해보지 않았습니다. 우리는 그들의 말에 귀를 기울이고 그들을 숭배해왔지만 그 길을 시도해보지는 않았습니다. 그것을 해볼 기회조차도 만들어보지 못했습니다. 이제는 붓다들이 말한 길이 시행되지 않으면 더 이상 인류의 미래가 존재하지 않게 될 지경에 이르렀습니다.

정치가들의 위대함이란 영혼의 특성이 아니다 이 세상에서 자기 자신의 마음을 갖는 것은 가능한 가장 부유한 것입니다. 하지만 사회는 그것을 허락하지 않습니다. 모든 사회는 우리의 가난을 유지시킵니다. 많은 사람을 위한다는 명목으로 사회는 특히 권력을 쥐고 있는 이들은 사람들이 그들 자신의 마음을 갖는 것을 원치 않습니다. 그것은 그들의 통치에 걸림돌이 되기 때문입니다.

그들이 원하는 것은 사람들이 아니라 양들이지요. 개인들이 아니라 군중입니다. 그들은 항상 무엇을 해야 하며 무엇을 하지 말아야 하는지를 지시 받는 것이 필요합니다. 그들은 자신들의 마음을, 자신들의 통찰을, 자신들의 의식을 가지고 있지 않습니다. 항상 의존적입니다.

그리고 이들을 앞에서 이끄는 사회나 국가의 지도자들은 소위 보다 높은 자들입니다. 그들은 진정으로 보다 높은 자가 아니라 소위 보다 높은 자입니다. 그들은 군중에 의해 선택되었지만, 군중은 무엇이 진짜이고 무엇이 가짜인지 알지 못합니다.

군중은 눈 뜬 장님입니다. 군중은 그저 자기들을 속이는 사기꾼을 믿고 따를 뿐입니다. 군중들에게 그럴듯한 약속을 제시할 수 있는 사람은 누구나 위인이 될 수 있습니다. 우리는 매일 위인이 사라져 가는 것을 봅니다. 그들의 권력이 사라짐과 동시에 그들의 위대성 또한 사라집니다.

그들의 위대함이란 영혼의 특성이 아니었습니다. 그것은 그들의 의식에서 발현된 것이 아니었습니다. 그들의 위대함은 다만 권력의 의자에 있었습니다. 그 의자가 그들에게 위대함을 부여하고 있었던 것입니다. 어떤 대통령은 폭력적인 수단으로 군중을 협박하여 대통령의 자리를 지켰습니다. 그들을 대통령으로 인정한 것은 군중의 두려움 때문이었습니다.

그들에게 쏟아진 존경은 군중의 무지와 두려움에서 비롯된 것이었습니다. 진정한 위대함은 결코 두려움에 의존하지 않습니다. 위대함은 자석과 같은 힘입니다. 그 힘은 폭력이 아니라 사랑으로 우리를 끌어당깁니다. 진정한 위대함이란 칼 대신 형언할 수 없는 향기를 내뿜음으로써 자신을 증명합니다.

사회나 문명의 관점에서는 개인보다 크고 작은 여러 집단이 중요한 단위가 되는데 반해서, 위대한 스승들은 군중보다 개인에 더 큰 가치를 두고 있습니다. 집단과 개인의 본질적 속성에 대해서 알고 싶습니다.

이 사회는 군중 즉 떼거리 집단입니다. 이는 대다수 우둔한 사람들로 이루어졌으며, 이들을 이끄는 집단 또한 크게 다를 바 없습니다. 그들은 결코 현명한 사람들이 아니나 모든 것을 다스리고 지배합니다. 우리는 이런 사회에 순응하면서 아주 비지성적인 삶을 살고 있습니다.

이런 사회를 따른다는 것은 우리 자신을 우둔하게 하는 것입니다. 그러나 이는 우리가 세속적인 삶에서 성공하거나 편히 살기 위해서는 부득이한 것입니다. 만일 우리가 이성적으로 처신하려 한다면 그때 우리는 사회와 원만한 관계를 유지할 가능성에 대한 기대를 접어야 합니다.

깨달은 사람들은 완전히 다른 차원에서 삽니다. 우리도 그들처럼 날개를 가진 새로서 하늘 전체를 자유롭게 날아다녀야 하는데, 우리는 작은 새장에 갇혀 있습니다. 이런 구속된 삶속에서 우리는 날개가 꺾이고 하늘을 빼앗겼습니다. 그러면서도 이런 비참한 모습조차 알아차리지 못합니다.

이성적인 사람은 제대로 살고자 하며 즐겁게 살고자 하며 위대하게 살고자 합니다. 그러나 이런 사람은 사회에서 용납되지 않습니다. 존경 받기보다는 무례하고 비협조적인 인간으로 낙인찍힐 것입니다. 그는 환영받지 못하는 정도가 아니라 위험한 상황에 처할지도 모릅니다. 사회는 지성과는 거리가 먼 상태에 있기 때문입니다.

사회는 아직 진실한 사람만이 존경받을 만큼 진보하지 않았습니다. 만약에 소크라테스가 살아 있다면 그는 또다시 독살될 것이며, 만약에 예수가 부활한다면 그는 또다시 십자가에 못 박힐 것입니다. 그때나 지금이나 별다른 차이가 없습니다. 사회는 지금도 여전히 비문명적인 모습을 벗어나지 못하고 있습니다.

사회는 아직 진실한 사람들이 존경받을 수 있을 만큼 진보하지 못했습니다. 진실한 사람이 존경받는 사회가 문명적인 사회이며 이성적인 사회일 것입니다. 목적지는 너무 멀리 떨어져 있는 것처럼 보입니다. 그것은 아득한 유토피아처럼 느껴집니다. 만일 그날이 온다면 소크라테스 같은 사람은 가장 큰 숭배의 대상이 될 것입니다.

소크라테스를 어떤 사람들이 죽였는지 아십니까? 그들은 그 당시 사회에서 존경할 만한 사람들이었으며 도덕의 파수꾼들이었습니다. 그들은 사회의 지도자들이었으며 정치 지도자들이었고 성직자들이었습니다. 그들이 어디로 가버렸는지 아는 사람은 없습니다. 그러나 소크라테스는 기억되고 있습니다.

이 떼거리 적대적인 마음을 갖고 있었던 자들은 법정에서 소크라테스를 불리하게 몰아붙였습니다. 그들은 소크라테스가 젊은이들을 타락시킨다고 하면서 그것이 그가 저지른 죄라고 강변했습니다. 그러나 그것은 그들의 사악한 술수이며 모함이었습니다. 집단은 건강하지 않으며 군중심리는 광적이 되기 쉽습니다. 군중이 더 클수록 영혼은 더 작아집니다. 영혼의 핵심을 이루는 것은 책임 의식입니다.

내가 누군가의 가슴을 칼로 찌르려 하면 나의 양심이 나를 꾸짖으며 이렇게 말할 것입니다. '너 지금 무엇을 하고 있는 거야?' 그러나 내가 군중 속에서 혹은 전쟁 통에 군대에서 사람들을 분별없이 죽이고 그들의 재산을 불태우고 있다 해도 나의 영혼은 혼란스럽지 않습니다. 그때 그런 행동을 한 것은 내가 아니라 이 사람들이고 나는 단지 그들과 같이 있었을 뿐이며, 나는 결코 개인적으로 그것에 대한 책임을 느끼지 않을 것입니다.

군인들에게 군번을 부여하는 것은 교활한 술책입니다. 번호는 다른 것으로 대치될 수 있는 기계적인 존재를 의미합니다. 그러나 그 사람은 어느 누구도 대신할 수 없는 고유한 존재인 것입니다. 군중 속에서 우리는 번호가 되어 자신의 고유한 독자성을 상실합니다. 그리고 다른 사람을 모방하고 그들과 똑같은 일을 하기 시작합니다.

군중의 일부가 되는 것은 추악한 일입니다. 군중의 일원이 되는 것은 우리의 존엄성과 명예와 긍지를 상실하는 것입니다. 진선미 그 어느 것이든 그것은 나 자신만의 것이 되어야 합니다. 그것은 나의 존재 자체에 뿌리를 내려야 합니다. 그렇지 않으면 나는 군중의 한 부분으로 남을 것입니다.

오직 자유로운 개인들만이 진정한 사회를 만듭니다. 진정한 사회는 개인들의 상호 관계, 개인들의 협동의 다른 이름입니다. 그러나 개인은 그 자체로서 존중되어야 하고, 그는 사회의 기본 단위가 되어야 합니다. 자유로운 개인이 또 다른 자유로운 개인과 관련될 때, 진정한 사회가 형성될 것입니다.

그러므로 감옥 안에는 사회가 있을 수 없습니다. 감옥은 단지 얼굴 없는 개인들의 집단일 뿐이지요. 이런 시각에서 오늘날 이 세상은 감옥만이 감옥이 아니라는 생각을 떨쳐버릴 수가 없지요. 우리가 얼마나 진정한 사회에서 살고 있는지 돌아보게 됩니다.

개인만이 영혼을 가질 수 있다 모든 문화는 나름대로 자부심을 갖고 있습니다. 그러나 문화라는 것은 군중들이 발달시켜온 특정한 삶의 형태일 뿐입니다. 모든 문화는 개인을 파괴합니다. 그것은 모든 사람에게 다른 사람들과 비슷해질 것을 강요합니다. 문화는 사람들에게 똑같은 신념 체계와 똑같은 언어와 똑같은 도덕 똑같은 에티켓과 매너를 요구합니다.

그래서 문화는 개인의 독자성을 감소시킵니다. 문화는 인간을 톱니바퀴 속의 톱니처럼 미미한 존재로 만듭니다. 문화가 하는 일은 궁극적으로 개인을 죽이는 것입니다. 모든 문화는 개인을 죽이는 여러 가지 다른 방식일 뿐입니다. 그것은 전혀 자랑할 만한 것이 못 됩니다.

개인을 파괴하는 것이 아니라 개인의 독자성을 키워 주는 세계는 자라투스트라에 따르면 초인의 세계입니다. 초인은 군중의 일부가 아닙니다. 그는 타협하지 않고 자신의 절대적인 본성 안에 머무릅니다. 그는 다른 사람을 존경하지만 다른 사람이 자신을 모욕하도록 허용하지는 않습니다.

현명한 사람들은 기본적으로 개인주의자입니다. 오직 개인만이 영혼을 가질 수 있기 때문입니다. 어떠한 집단이나 군중도 영혼을 가질 수 없습니다. 그들은 모두 죽은 기계 부품들입니다. 오직 개인만이 자신의 내면에 들어가 실체를 발견하고 의식의 아름다움을 경험할 수 있습니다.

그리고 이런 경험에 대해서 알고 있는 사람들은 모두가 군중에 대해 실망할 수밖에 없습니다. 군중들이 살아가는 것은 자살할 용기가 없기 때문이며, 그들이 계속해서 숨 쉬는 것은 마음대로 숨을 멈출 수 없기 때문입니다. 그들은 지구 위에 놓인 부담스런 짐에 불과합니다.

군중은 의식의 성장에 공헌한 바가 없습니다. 그들은 영혼의 성장에 기여하지 않습니다. 비록 수많은 교회와 사원을 세웠다 해도 그들은 지구 위에 진정한 신의 사원을 건설하는 데 아무 것도 공헌한 바가 없습니다. 교회와 사원은 외양만 찬란할 뿐 신성함을 느낄 수 없습니다.

그들은 그 건물들을 기쁨이 가득한 진정한 도량으로 만들지 못합니다. 그들은 종교를 조직화함으로써 진정한 종교를 말살했습니다. 종교는 개인 안에만 존재할 뿐 집단 안에서는 존재할 수 없기 때문입니다. 우리가 사랑을 조직화할 수 있습니까? 진정한 종교는 사랑이 개인적인 것과 같이 개인적입니다.

종교는 진정한 나 자신으로 존재하는 법을 배우는 것입니다. 진정으로 자신으로 존재하는 경험 속에 삶의 보물이 숨겨져 있습니다. 그 경험 속에서 그대는 처음으로 황제가 됩니다. 그렇지 않으면 군중 속에서 걸인으로 남을 뿐입니다. '개인'이라는 의미의 영어 individual은 의미심장합니다.

이 단어는 나누어질 수 없는 것을 의미합니다. 개인은 나누어질 수 없는 하나의 통합된 존재입니다. 분열로 고통 받지 않는 존재, 둘이나 다수로 분할될 수 없는 존재, 절대적인 하나로 존재하는 것이 개인입니다. 개인은 에고와 무관합니다. 오히려 에고는 개인을 가로막는 장애물입니다. 에고는 항상 분열되어 있기 때문입니다.

사람들에게 "당신은 행복합니까?"하고 물으면 그들은 어깨를 으쓱하지요. 불행하냐고 물어도 어깨를 으쓱할 뿐입니다. 이처럼 그들은 자신의 마음이 어떤 상태에 있는지 명확하게 알지 못합니다. 그들의 마음속에는 여러 가지 복잡한 상황이 한데 얽혀 있기 때문입니다. 그들은 모든 질문에 대해 '예'와 '아니오'를 동시에 말하고 싶어합니다.

군중은 양떼에 불과하다 군중의 무리는 비록 그 수가 아무리 많다 할지라도 진실한 한 개인보다 훨씬 허약합니다. 군중은 자기 자신을 인간이 아닌 양떼로 믿습니다. 그러나 개체성을 지닌 인간은 자신의 존엄성과 긍지를 선언합니다. 그는 인류라는 기계의 부품이 되기를 원치 않습니다.

그는 세상에 아름다움과 기쁨을 가져다주는 데 공헌하기를 원합니다. 자라투스트라는 가축을 지키는 목자나 개가 되지 않을 것이라고 말했습니다. 예수보다 오백 년 앞서서 자라투스트라는 이미 더 위대한 통찰력을 지니고 있었습니다.

예수는 이렇게 말했습니다. "나는 목자요, 너희들은 나의 양이다." 이것은 모욕적인 발언입니다. 이 말은 예수의 입에 어울리는 말이 아닙니다. 그러나 예수는 이 말을 끊임없이 반복했습니다. 그의 추종자들 가운데 아무도 이렇게 말하지 않았습니다. '당신 자신을 목자로 부르면서 우리 인간을 양으로 전락시키는 것이 옳은 일입니까?'

그러나 어떤 면에서 보면 예수의 말은 맞는 말입니다. 군중은 양떼에 불과합니다. 하지만 사자는 홀로 움직입니다. 까비르의 말이 있습니다. "사자와 성자는 떼거리로 몰려다니지 않나니, 그들은 자기 자신만으로도 충분하도다." 이들은 홀로 있어도 외로워하거나 두려워하지 않습니다.

겁에 질려 있고 홀로 있는 것을 두려워하는 양만이 떼거리 속에서 살아갑니다. 그들은 서로 간에 조그만 공간도 남겨 두지 않습니다. 그들은 서로 밀착해서 몸을 비비지요. 그러면 따뜻하고 편안하게 느껴지면서 어떤 보호막을 형성해 줍니다. 모든 양들은 저마다 이렇게 생각합니다. '나는 혼자가 아니다. 수천 마리의 다른 양들이 나와 함께 있다.'

사람들은 편안함을 사랑합니다. 그들은 진리냐 거짓이냐 하는 것은 문제 삼지 않습니다. 모든 안락함을 버리고 진리를 아는 것에 관심을 갖는 사람은 극소수에 불과합니다. 그러나 편안함은 지복이 아닙니다. 안락함은 절정의 기쁨이 아닙니다. 요람에서 무덤까지 자신을 질질 끌고 가는 것은 삶이라 할 수 없습니다. 그러나 사람들은 이런 사실을 간과하고 있습니다.

군중심리에 휩쓸리지 않고 객관적으로 사실을 꿰뚫어보려면 여간 날카로운 통찰력이 필요하지 않을 듯합니다. 그러나 대부분의 사람들은 이런 통찰력을 발휘하지 못합니다. 왜 그러하며 어떻게 하면 이를 극복할 수 있는지요?

기본적으로 세상에는 두 부류의 사람이 있습니다. 줏대 없이 군중을 따라가는 수많은 의존적인 사람들이 있는가 하면, 독립심이 강하여 좀처럼 군중심리에 휩쓸리지 않고 자신의 빛에 따라 사는 사람들도 간혹 있습니다. 의존적인 사람은 속에 자신의 빛과 같은 것은 아무것도 없이 캄캄한 가운데 지푸라기 같은 것만이 가득 차 있을 뿐입니다. 안에 의식이 없고 빛이 없기 때문에 그는 계속 밖에서 방황합니다.

그러나 독립적인 사람은 확신과 자신감에 차 있습니다. 그는 진정으로 믿을 사람은 자기 자신밖에 없음을 압니다. 특히 중요한 일과 관련해서는 의지할 데는 그 자신밖에 없음을 확신합니다. 삶을 생생하게 체험함으로써 삶의 에센스를 뽑아낼 수 있는 자는 바로 자신이기 때문입니다.

그래서 그는 언제나 다른 사람보다는 자신을 더 신뢰합니다. 자기 자신을 신뢰하는 사람은 어디에도 의존하지 않고 자기만의 방식에 따라 독자적으로 움직입니다. 그때 신이 함께할 것을 기대합니다. 신은 우리 내면의 소리입니다. 어떤 성직자도 필요치 않습니다.

우리는 자신의 삶에 대하여 누군가로부터 어떤 가르침도 받을 필요가 없습니다. 그러나 꼭 해야 할 것이 한 가지 있지요. 나지막이 속삭이는 신의 소리를 듣기 위해 우리는 내면으로 들어가야 합니다. 일단 그것을 듣게 되면 우리의 삶 전체가 변합니다. 그때 우리가 하는 것은 무엇이든지 옳습니다.

소크라테스는 앎이 선善이라고 말합니다. 그가 말하는 앎이란 지식을 뜻하지 않습니다. 직관적인 통찰력을 통하여 아는 것을 의미합니다. 직관적으로 아는 것이 선입니다. 직관적으로 아는 사람, 그 자신의 가장 깊은 중심의 소리를 들을 수 있는 사람은 선할 수밖에 없기 때문입니다.

그는 잘못할 수가 없습니다. 일단 내면의 소리를 듣게 되면 그것을 반대할 수 없습니다. 누구도 그 정도로 어리석을 수는 없기 때문입니다. 내면의 소리를 거스르는 것은 상상할 수도 없습니다. 중요한 것은 자신에 대한 확고한 신뢰입니다. 이것이 가장 기본입니다. 그리고 가장 기본적인 것이 먼저 그대 안에서 일어나야 합니다.

그런 연후에야 다른 사람들도 신뢰할 수 있습니다. 그러나 사회는 이런 신뢰의 뿌리 자체를 파괴합니다. 사회는 그대가 자신을 신뢰하는 것을 허용하지 않습니다. 사회는 그 대신 다른 온갖 것을 믿으라고 가르칩니다. 부모를 믿고 교회를 믿고 국가를 믿고 신을 믿고 … 이렇게 한없이 계속되지만, 정작 모든 신뢰의 뿌리가 되는 그대 자신에 대한 믿음은 철저하게 반대합니다.

그대 자신에 대한 신뢰가 없다면 다른 모든 믿음은 가짜입니다. 그럴 수밖에 없습니다. 이때 다른 모든 믿음은 플라스틱으로 만든 조화와 같습니다. 그대에게 꽃이 피어날 뿌리가 없기 때문이지요. 사회가 이렇게 그대 자신에 대한 신뢰를 파괴하는 것은 다분히 의도적입니다. 자기 자신을 신뢰하는 사람은 사회에 위험한 존재이기 때문입니다. 사회는 보이지 않는 노예제도에 의존합니다.

사회는 온갖 맹목적인 믿음에 의존합니다. 사회구조 전체가 자기 최면적인 방식에 토대를 두고 있습니다. 사회는 인간이 아닌 로봇을 만드는 데 중점을 둡니다. 사회는 의존적인 인간을 필요로 합니다. 너무나 심약해서 끊임없이 누군가에게 종속되고 지배당하게 되는 사람들을 원합니다.

지배욕에 불타는 소수 계층이 인류 전체를 이런 어중이떠중이 군중으로 전락시켰습니다. 그래서 온갖 난센스와 타협해야만 살아남는 것이 허용됩니다. 자신에 대한 신뢰감을 파괴하면 그의 영혼을 거세한 것이나 다름없습니다. 그의 모든 힘을 말살시킨 것입니다.

이제 그 사람은 무능한 존재가 되어 항상 자신을 지배하고 명령을 내려 주는 누군가를 필요로 하게 됩니다. 이제 그는 충성스런 군인, 모범적인 시민, 애국심 투철한 국민, 신앙심 깊은 종교인이 될 것입니다. 그러나 이제 그는 진정으로 살아 있는 한 개인은 아닙니다.

그에게는 뿌리가 없으며, 평생 동안 그렇게 뿌리 뽑힌 삶을 살 것입니다. 뿌리가 없는 삶은 비참합니다. 그것은 지옥 같은 삶입니다. 나무가 땅에 뿌리를 박아야 살 수 있듯이 인간은 의식의 바다에 뿌리를 내려야 합니다. 그렇지 않으면 아주 비지성적인 삶을 살 것입니다.

아이에게 복종을 가르치지 말아야 한다 자신에 대한 신뢰심은 어려서부터 키워주어야 합니다. 그래서 아이들을 키우는 사람은 그들을 의존적으로 만들지 않기 위해서 매우 주의 깊고 인내심이 있어야 합니다. 아이들의 자신에 대한 신뢰심이 싹틀 가능성에 방해가 되는 어떤 행동도 하지 않도록 조심해야 합니다.

그들을 기독교인, 불교인 등 어떤 특정 종교인으로 만들려고 해서는 안 됩니다. 그러면 어느 날엔가 아이 스스로 탐구하기 시작할 것입니다. 그럴 때에도 기성의 해답을 제공하지 말 것입니다. 그런 답은 아무 도움이 안 됩니다. 이미 완성된 해답은 우둔하고 어리석은 것입니다.

아이가 좀 더 지성적인 존재가 되도록 도와주어야 합니다. 그에게 답을 안겨 주기보다는 스스로 지성을 연마하여 더 깊이 파고들 수 있는 환경을 조성해 주는 것이 좋습니다. 그의 의문이 존재의 핵심까지 뚫고 들어가도록, 그의 의문이 생사의 문제처럼 깊어지도록 그런 환경을 만들어 주도록 노력할 것입니다.

그러나 그런 환경은 좀처럼 허용되지 않습니다. 우선 부모와 사회가 그것을 두려워하고 기피합니다. 아이에게 자유가 주어지면 그는 양처럼 순하게 앉아서 부모의 소유물이 되는 것을 거부할지도 모릅니다. 교회와 절에 가는 것을 거부할지도 모릅니다. 그는 그들의 통제권을 벗어날 것입니다.

그래서 사회는 모든 인간의 영혼을 소유하고 통제하기 위해 점점 더 교묘한 술수를 씁니다. 사회가 제일 먼저 하는 일은 아이로 하여금 자기 자신에 대한 신뢰와 자신감을 갖지 못하도록 하는 것이지요. 아이를 소심하고 겁 많은 인간으로 만들어야 하는 것입니다. 그래서 일단 그가 겁을 먹기 시작하면 그때부터는 그를 통제하기가 쉬워집니다.

이런 사람들은 무의식 속에서 삽니다. 그들은 자신이 무슨 말을 하는지, 무슨 짓을 하는지 의식하지 못합니다. 그들은 주시하지 않습니다. 통찰력은 주시를 통해서만 얻어집니다. 주시할 수 있으면 눈을 감고도 볼 수 있습니다. 주시하지 못하면 눈을 뜨고도 아무것도 볼 수 없습니다. 추측하고 추리하고 억지를 부리고 투사할 뿐입니다.

자신감에 넘치는 아이는 통제하기 어렵습니다. 자신감에 넘치는 아이는 당당하게 자신의 주장을 펼칠 것이고, 무슨 일을 하건 자신의 의지에 따라 실천할 것입니다. 그는 다른 사람들의 요구대로 움직이지 않을 것입니다.

그는 자기만의 독자적인 길을 갈 것이고, 다른 사람들의 기대에 맞추어 행동하지 않을 것입니다. 그는 맹목적으로 남을 흉내 내는 사람이 되지 않을 것입니다. 그는 넘치는 생명력으로 삶과 함께 움직일 것입니다. 아무도 그를 통제할 수 없을 것입니다.

그의 의식이 어떤 것을 옳다고 느낄 때 복종이 뒤따릅니다. 그러나 만약 그의 의식이 어떤 것을 옳지 않다고 자각하면 불복종이 뒤따릅니다. 현명한 부모는 아이들에게 복종이나 불복종을 가르치지 않습니다. 그는 그들에게 단순히 스스로 볼 수 있는 명료한 통찰력 즉 의식을 가지라고 가르칩니다.

깨달은 이는 우리가 복종과 불복종의 양면성을 벗어나서 판단할 수 있기를 바랍니다. 우리는 객관적인 눈으로 상황 전체를 관망할 수 있어야 합니다. 우리는 우리의 각성과 의식, 명상에 따라 반응해야 합니다. 그 반응이 복종이나 불복종으로 나타나는 것은 그리 중요한 문제가 아닙니다.

중요한 것은 우리 마음의 상태가 어떤가 하는 것입니다. 우리의 마음이 전체적일 때만 전체를 볼 수 있습니다. 우리가 부분들로 나뉘어 있다면 우리 속에 전체가 반영될 수 없지요. 진정한 통찰은 더 이상 나뉘지 않는 마음을, 모든 부분들이 사라진 마음을 지니고 있을 때 가능한 것입니다.

그 마음은 나뉘어져 있지 않고 전체이며 하나입니다. 이 하나인 마음은 매사를 그 끝까지 깊이 봅니다. 그것은 마지막으로부터 처음까지를 봅니다. 탄생으로부터 죽음까지를 봅니다. 양극단이 그 앞에 있습니다. 그리고 이렇게 보는 것으로부터, 이 통찰하는 시각으로부터 올바른 행동이 생겨납니다.

원의 둘레가 아니라 중심을 보아야 한다 그릇보다 그 내용물이 더 중요합니다. 이를 이해하기 위해서는 먼저 삶이 정화되어야 하고 의식은 텅 비어야만 합니다. 삶의 정화는 오직 텅 빈 의식을 위한 토대일 따름입니다. 의식이 텅 비게 될 때, 그 텅 비어있음이 우리에게 존재계의 감추어진 비밀을 볼 수 있는 능력을 줍니다.

그러면 우리는 나뭇잎을 나뭇잎으로 보지 않고, 나뭇잎 안에 담긴 생명을 볼 수 있게 됩니다. 대양의 물결 속에서 물결을 보는 것이 아니라 물결을 만드는 그 무엇을 보기 시작합니다. 사람들의 육체를 보는 게 아니라 그 안에서 고동치는 생명을 느낄 수 있게 됩니다.

그러나 대부분의 사람들은 겉모습에만 현혹될 뿐 깊이 들어가지 못합니다. 찔레꽃은 조그마한 꽃입니다. 겉보기에 그것은 전혀 아름답지 않습니다. 그 꽃의 외관은 매우 평범합니다. 그러나 겉모습에 속지 마십시오.

만약 우리가 찔레꽃 옆을 우연히 지나간다면 우리는 두 번 다시 쳐다볼 필요 없는 매우 평범한 꽃을 보게 될 것입니다. 그러나 그것은 가장 귀중한 꽃입니다. 찔레꽃에는 더할 나위 없이 훌륭한 향기가 들어 있습니다. 단 한 송이의 찔레꽃만으로도 온 집안을 향기로 가득 채우기에 충분합니다. 단 한 그루만 정원에 있어도 정원 전체가 향기로울 것입니다.

그러므로 항상 명심하십시오. 삶에서 겉모습은 참으로 중요한 요소가 아닙니다. 그릇보다 그 내용물이 더 중요합니다. 평범하고 수수해 보이는 육체 속에 어쩌면 상상을 초월하는 놀라운 영혼이 들어 있을지도 모릅니다. 또한 육체는 아름답지만 전혀 영혼을 가지고 있지 않을 수도 있습니다.

이런 일들이 우리의 삶 속에서 종종 발생합니다. 우리는 전혀 영혼을 가지고 있지 않은 아름다운 사람들과 마주치곤 합니다. 그리고 매우 평범하게 생겼지만 굉장한 본질을 가지고 있는 사람과도 만날 가능성을 결코 배제할 수 없을 것입니다.

절대로 외관에 현혹되지 마십시오. 항상 더 깊이 보고 더 깊이 탐구하십시오. 원의 둘레가 아니라 중심을 볼 수 있어야 합니다.

통찰력은 지식과는 다를 듯한데 정확하게는 잘 모르겠습니다. 혹시 지식은 별로 없는 사람이 뛰어난 통찰력을 발휘한 예를 하나 소개해 주신다면 좀 더 분명히 이해하는 데 도움이 될 것입니다.

한 영주가 방에서 높은 좌석에 앉아 책을 읽고 있었습니다. 목수인 변씨는 마차를 만들고 있다가 그 소리를 듣고는 망치와 못을 바닥에 놓고는 걸음을 옮겼습니다. 그리고 그는 영주에게 말했습니다. "영주께서 읽고 계신 것은 무엇입니까?" 영주가 말했습니다. "성인들의 말씀이네." "그 성인들이 살아있는가요?" "그들은 죽었네."

"그렇다면 영주께서 읽고 계신 것은 그저 쓰레기일 뿐이며 늙은이들의 앙금일 뿐입니다." "어떻게 그대 목수가 내가 읽고 있는 책에 대해서 그렇게 말할 수 있는가? 만일 그대가 정당한 근거를 밝힌다면 무사할 것이나, 그렇지 못하다면 그대는 죽음을 면할 수 없을 것이네."

그는 매우 화가 나 있었습니다. 그것은 매우 주제넘은 짓이었습니다. 목수가 말했습니다. "저는 제 행위의 핵심적인 관점으로 사물을 바라봅니다. 바퀴를 만들면서 저는 어떻게 깎아야 꼭 맞을지 말로써 그 방법을 밝힐 수 없습니다. 좀 더 부드럽게 깎으라고 하면 좀 모자라고, 좀 더 억세게 깎으라고 하면 지나쳐 중도에 도달하는 방법을 표현할 길이 없습니다.

거기에 비결은 있습니다만 저는 그것을 말로 표현할 수 없습니다. 저는 그것을 알지만 제 자식에게도 그것을 가르쳐 줄 수 없습니다. 제 자식조차도 그것을 저에게서 배울 수 없습니다. 배움과 가르침은 외적인 것이며 핵심은 내적인 것입니다. 그것은 70평생 그렇게 존재해왔으며, 여전히 지금도 그것으로 바퀴를 만들고 있습니다.

그리고 옛 성인들도 마찬가지로 그 핵심은 말로 전할 수 없을 것입니다. 그러므로 영주께서 읽으시는 것도 그들의 쓰레기, 앙금일 뿐입니다." 그는 참으로 용감하고 진실한 사람임에 틀림없습니다.

그는 이렇게 말하고 있는 것입니다. '나는 살아있고 그 비결을 알지만 나는 그것을 말할 수 없다. 나는 내 지혜를 전할 수 없다. 나는 살아 있으며 알고 있을 뿐만 아니라 내 아들을 사랑하고 있다. 내 나이 벌써 70이지만 나는 아직도 그 일을 해야 한다. 만일 내가 내 아들을 가르칠 수 있었다면 나는 은퇴했을 것이다. 나는 살아 있으면서도 그것을 전할 수 없는데, 그 성인들은 오래 전에 죽었다. 그런데 그들이 어떻게 그것을 전할 수 있겠는가?'

그는 말합니다. "그것은 모두 허튼 수작입니다." 이 노인은 도의 사람입니다. 도인들은 그처럼 아름다운 우화를 갖고 있습니다. 평범한 사람, 천한 목수인 그에 대해서는 아무도 아는 바가 없습니다. 그러나 그는 통찰력을 가지고 있습니다. 도의 관점은 오직 경험만이 우리에게 그 실마리를 줄 수 있다는 것입니다.

의문들은 물을 수 있으며 대답이 주어질 수 있습니다. 그러나 그것들은 궁극적인 가치는 없습니다. 맛을 알기 위해서는 직접 먹어보아야 합니다. 무엇이 사랑인지 알기 위해서는 몸소 사랑해 보아야 합니다. 그것을 말로 설명할 길은 없습니다. 체험을 통한 이해만이 가치 있는 것입니다.

문제는 그 자신의 확실한 해답을 갖고 있다 라즈니쉬가 자신의 외할머니에 대하여 다음과 같이 회상한 것도 이런 예에 속할 것입니다. '나의 외할머니는 전혀 교육을 받은 사실이 없었다. 아마도 그래서 그녀는 그토록 깊은 통찰력을 갖고 있었을 것이다. 그녀는 내 안에서 그 당시 나로서는 알 수 없는 무엇인가를 보았던 것 같다. 그래서 그녀는 그토록 나를 사랑했던 것 같다.'

통찰력은 지식과는 무관합니다. 무관할 뿐만 아니라 도리어 그것은 방해가 되지요. 지식이 사라질 때 거기에 진정한 앎이 일어납니다. 그때 그대는 꿰뚫어볼 수 있습니다. 그대는 전혀 정보를 갖고 있지 않을 터이지만 그대의 통찰력은 훌륭합니다. 그대는 내면의 등불을 켜고 있으며 정신은 거울이 되어 진실을 비춥니다.

그리고 그것은 그대 것으로서의 경험입니다. 그러므로 그대는 그것을 그대의 정신 속으로 끌어들여 계속해서 보존할 필요가 없습니다. 그것은 그대의 통찰입니다. 내일 그리고 모래도 그대는 그와 같은 길에서 진실을 들여다보고 아마도 훨씬 더 심오하게 될 것입니다. 왜냐하면 시간은 그대에게 깊이를 줄 것이므로.

아는 자는 결코 어떠한 짐도 지지 않습니다. 그는 그의 앎에 의존할 수 있습니다. 우리는 우리의 앎에 의존할 수 없습니다. 그러므로 우리는 지식을 동원해야 합니다. 그렇지 않으면 우리는 늘 곤란에 처하게 됩니다. 어떤 문제가 일어나면 우리는 우리 자신을 신뢰할 수 없습니다.

만일 우리가 자신을 신뢰할 수 있다면 거기에 아무런 지식도 필요 없지요. 우리는 그 문제를 곧바로 들여다 볼 수 있고 그리하여 그 문제에서 해답이 나올 테니까요. 각각의 문제는 그 자신의 확실한 해답을 갖고 있기 때문입니다. 해답은 밖으로부터 가져와서는 안 되며, 그 문제 자체를 바로 올바르게 이해해야 합니다. 그러면 그 문제는 우리에게 해답을 줄 것입니다.

그러나 지식은 결코 통찰력을 주지 않습니다. 오히려 우리를 장님으로 만듭니다. 앎은 통찰이며 투명하고 순수합니다. 지식은 낡은 것이지만, 앎은 언제나 새롭고 젊습니다. 앎은 현재에 일어납니다. 지식은 오래된 것입니다. 그러나 우리는 오래된 것을 증명하려고 기를 쓰지요.

지식은 포도주와 같습니다. 포도주는 오래 된 것일수록 가치가 있지요. 지식은 취하게 합니다. 지식은 마취제입니다. 지식은 우리를 무디게 합니다. 지식은 우리를 무의식 상태로 만듭니다. 그러나 앎은 신선합니다. 아는 자는 매 순간마다 앎에 도달합니다. 아는 자는 결코 옛것을 지니지 않습니다. 그는 순간에 살며 예민하고 민감하며 빈틈없이 알아챕니다.

현명한 사람들이 발휘한 통찰력의 뛰어남은 과연 어느 정도인지, 그것이 사물을 꿰뚫어보는 깊이는 어느 정도인지 궁금합니다. 이런 예도 들려주실 수 있는지요?

아름다운 우화를 통해서 그 뜻을 음미해보는 것이 좋을 듯합니다. 진나라의 목공이 백악을 불러놓고 말했습니다. "당신은 이미 늙었으니 당신의 후계자가 있어야 하겠소. 혹시 당신의 가문에서 당신을 대신하여 좋은 말을 알아볼 만한 사람이 없겠소?" 옛날에는 말이 아주 중요한 수단이었습니다. 말은 오늘날의 비행기보다도 훨씬 더 중요한 것이었지요.

말은 그 당시에는 유일한 교통수단이었습니다. 그것이 우리가 지금도 마력馬力이란 단위를 사용하는 이유입니다. 그래서 그 시절에는 훌륭한 말을 알아볼 수 있는 사람이 곧 대가였으며 왕들은 그들을 붙들어 두고는 했습니다. 모든 것이 훌륭한 말에 달려 있었기 때문입니다.

백악은 좋은 말과 나쁜 말을 구분해 볼 줄 아는 전문가이며 대가였습니다. 그가 말했습니다. "보통 좋은 말이라면 그 생긴 모습이나 골격을 보고서 알아낼 수 있습니다. 그러나 천하의 뛰어난 준마는 보통 사람의 눈으로는 알 듯 모를 듯하고 있는지 없는지도 모릅니다. 그와 같은 말은 너무 빨리 달리므로 남긴 발자국조차 볼 수 없어서 무척 알기 어렵습니다.

제 아들 녀석들은 별로 재주가 없어서 보통 좋은 말은 알아볼 수 있지만, 천하의 뛰어난 말과 같은 것은 알아보지 못합니다. 그러나 저의 친구 가운데 땔나무를 하러 다니는 구방고라고 하는 사람이 있습니다. 이 사람이 말에 대해서는 저보다 훨씬 더 잘 압니다. 한 번 만나 보십시오."

보통 좋은 말이라면 그 생긴 모습이나 골격을 보고서 알아낼 수 있습니다. 좋은 말은 훈련된 말입니다. 훈련은 결코 내부 깊이 스며들지 못합니다. 그것은 외관상으로 나타날 뿐입니다. 도덕적인 이는 좋은 말과 같습니다. 그는 교화되고 잘 가르쳐져 올바르게 조정되어 있으며 올바른 가치를 가지고 있습니다. 그에게는 그릇된 가치는 억압되어 있고 올바른 가치가 덧붙여져 있습니다. 좋은 말은 좋은 사람과 같은 특징을 갖습니다. 그러나 그 말은 훌륭한 말이 아닙니다.

좋은 말과 훌륭한 말의 구분 그러면 훌륭한 말이란 어떤 것입니까? 훌륭한 말은 외부로부터 강요되지 않은 본래의 특성이 있는 말입니다. 훌륭한 말은 선천적인 잠재력이 있는 말입니다. 그 잠재력은 본연의 힘, 타고 난 힘이어서 이런 말은 훈련을 통해 만들어질 수 없습니다.

좋은 말은 보통 말보다 재주가 조금 더 있는 말이나 훌륭한 말은 가히 천재적입니다. 재주는 배우지 않으면 안 됩니다. 재주 있는 사람은 모방합니다. 그는 천재를 모방합니다. 그러나 천재성은 모방적이 아니라 독창적입니다. 좋은 말은 훌륭한 말처럼 보이기 위해 훈련된 말입니다. 그런 말은 훌륭한 말의 영혼을 갖고 있지 않으며 단지 그 외적 특성만을 갖습니다.

좋은 사람은 훌륭한 사람처럼 보이기 위해 교화된 사람입니다. 기독교의 성자들은 좋은 말이며 예수는 훌륭한 말입니다. 그들은 예수처럼 보이기 위해 그의 특성을 모방합니다. 말하자면 그들은 사본인 셈이지요. 승려들도 마찬가지입니다. 그들은 좋은 말입니다. 좋은 것은 비교적 좋은 것입니다.

범죄자보다는 성직자가 좋습니다. 그러나 어느 성직자도 성인이라는 존재와 비교될 수 없으며 붓다와 비교될 수 없습니다. 붓다는 어떤 사람도 모방하지 않았습니다. 그것은 그의 본래의 얼굴입니다. 그 차이는 자명합니다. 성직자는 평범한 상황에서는 꾸며 보일 수 있지만 특별한 상황에서는 꾸며 보일 수 없습니다.

평범한 상황에서 그는 붓다처럼 보이게 할 수 있을지 모르나 목숨이 경각에 달린 위급한 상황에 처할 때 그는 굴복할 것입니다. 그것이 좋은 말과 훌륭한 말의 차이입니다. 좋은 말은 자신이 훌륭한 말이라는 것을 나타내려 꾸며서 보일 것입니다. 그러나 어떤 위험이 닥쳐오면 그는 굴복할 것입니다.

목공은 그의 말대로 신하를 보내 구방고라는 사람을 만나보게 하고, 그로 하여금 말을 한 마리 구해 오게 했습니다. 구방고는 석달만에 돌아와서 임금께 보고했습니다. "한 마리를 발견했습니다. 그 말은 사구라는 곳에 있는데 제법 쓸 만합니다."

목공이 물었습니다. "어떤 말인가?" "암말인데 털이 누런빛입니다." 목공은 사람을 보내어 그 말을 보고 오라고 했습니다. 그런데 그가 직접 보고 와서 하는 말인즉슨 그 말은 암말이 아니요 수말이며, 털빛도 누런빛이 아니라 검은빛이라는 것이었습니다.

이렇게 어리석다니! 구방고는 전혀 말을 알아보지 못합니다. 그는 그 말이 수말인지 암말인지조차도 모릅니다. 게다가 그 말이 누런빛인지 검은빛인지도 모릅니다. 그는 눈이 먼 사람이며 말에 대해서 아무것도 알지 못합니다. 그 정도의 식별은 쉬운 일이고 누구라도 알 수 있을 텐데 말입니다.

당연히 목공은 화가 났습니다. 백악이 즉시 불려갔습니다. "그대의 말을 듣고 말을 구해 오라고 보냈던 그 사람이 말이 털빛이 누런지 검은지 구별할 줄도 모르고, 또 암놈인지 수놈인지도 모르니, 그런 사람이 도대체 말이 좋고 나쁜지 어떻게 알겠나?"

우리는 핵심을 이해해야 합니다. 이것이 사물에 대한 깊은 통찰의 자세입니다. 암말은 여성적인 것을 의미하고 음陰의 특성을 의미합니다. 목공은 이 사람을 이해할 수 없었습니다. 이 사람은 외면에 대해서 이야기하고 있는 것이 아니라, 영혼에 대해서 전체에 대해서 이야기하고 있는 것입니다.

암컷의 본질적 특성 말의 전체적인 특성은 음의 그것입니다. 수동적이고 잘 받아들이는 자궁과도 같습니다. 말의 전체적인 특성은 인내심이 강하고 모양이 좋으며 각이 없이 부드럽습니다. 그리고 비공격적이고 비폭력적이며 사랑스럽고 인정이 많은 것 또한 여성성의 본질적인 아름다움에 속하는 것입니다.

그는 전체에 대해 말하고 있습니다. 말의 전체는 여성적입니다. 그대도 그대의 말을 관찰해 본 적이 있습니까? 그대가 한 남자를 보는데 그가 매우 여성적으로 보입니다. 그대가 한 여자를 보는데 그가 매우 남성적으로 보입니다. 붓다는 너무나 여성적입니다. 붓다는 암말이지 수말이 아닙니다.

그것이 바로 니체가 그를 혹평했던 까닭입니다. 그는 붓다를 여자

같다고 했습니다. 그의 비난은 사실입니다. 붓다는 여성적인 것, 여성적인 기운을 세상에 흩뿌려 주었습니다. 그것이 바로 우리가 불상에서 콧수염을 볼 수 없는 이유입니다. 그에게 실제로 콧수염이 없었던 것이 아니라 훌륭한 말의 특성을 아는 사람은 그것이 붓다를 표현하기 위한 방법이라는 것을 압니다.

외면은 사실적으로 그려진 것이어서는 안 되며 가장 중요한 핵심이 표현되지 않으면 안 됩니다. 그 말이 암컷이었다고 말함으로써 구방고는 어떤 중요한 것을 말했던 것입니다. 현자들은 어떤 사람이 비공격적일 때 그는 정복될 수 없다고 말합니다. 그러나 공격적일 때 그는 정복될 수 있습니다. 공격적인 사람은 그 자신의 힘에 의존하기 때문입니다.

힘은 한정되어 있는데 그가 공격적일 때 그의 힘은 공격적으로 소모됩니다. 머지않아 그는 자신의 공격에 의해 굴복하게 될 것이며 패배할 것입니다. 붓다는 승리자로 죽었습니다. 그는 전혀 전쟁 없이 승리했습니다. 훌륭한 말은 비공격적인 특성을 갖습니다. 어느 누구도 그를 패배시킬 수 없습니다. 그것이 바로 암컷의 의미입니다.

누런빛의 본질적 특성 누런빛 또한 매우 상징적입니다. 그것은 몇 가지 사실을 암시하고 있습니다. 누런빛은 황금의 빛깔입니다. 황금은 언제나 가장 높은 가치로서 쓰이곤 합니다. 금은 연금술의 상징입니다. 다른 광물들을 황금으로 변화시키는 그것은 더 낮은 것을 더 높은 것으로, 악마를 신으로, 둔한 것을 예민한 것으로 변화시킨다는 것을 의미합니다.

그가 말이 누런빛이라고 말했을 때 그는 몸의 빛깔을 말하는 것이 아닙니다. 그것은 중요하지 않습니다. 빛깔이 어떤 차이를 만들 수 있습니까? 말이 검은 색이든 흰색이든 황색이든 몸의 빛깔은 아무런 차이도 만들 수 없습니다. 이는 그 이상의 어떤 본질적 특성과 관련이 있음을 간파해야 합니다.

황색은 태양의 상징입니다. 황색은 생명력, 찬란한 빛, 활기, 젊음의 상징입니다. 그러므로 그는 훌륭한 말은 태양처럼 황색이고 생기 넘치는 기상을 갖고 있다고 말하고 있는 것입니다. 또한 황색은 죽음의 빛깔이기도 합니다. 그것이 바로 붓다가 그의 법복을 위한 빛깔로서 황색을 선택했던 이유입니다.

그의 법복은 황색이었습니다. 왜? 황색이 왜 죽음의 빛깔입니까? 나뭇잎이 떨어지면 그것은 황색이 됩니다. 무엇인가가 죽으면 그것은 황색이 됩니다. 황색은 죽음과 밀접히 관련되어 있습니다. 황색은 죽음의 그림자입니다. 그런데 도대체 왜 그 말이 황색이라고 말해야 했을까요? 왜냐하면 만약에 누군가가 죽음을 받아들인다면 그는 완전히 두려움이 없어집니다.

승려는 언제라도 죽을 준비가 되어 있습니다. 그러므로 아무런 두려움도 없습니다. 완전히 죽음을 받아들이고 죽음과 더불어 어울리게 된다면 거기에 두려움이 있을 수 없습니다. 구방고는 말의 빛깔이 누런빛이라고 말합니다. 그는 말이 참으로 승려와 같다고 말하고 있는 것입니다. 말은 죽음을 겁내지 않습니다. 그러므로 그 말은 두려움이 없습니다.

우리는 가장 깊은 핵심을 들여다보아야 한다 백악은 목공의 말을 듣고 크게 놀라면서 말했습니다. "아! 이 사람이 그런 경지까지 도달했던가!" 그는 그것을 믿기 어려웠습니다. 그것은 놀랄 만한 일이었습니다. 그것은 도에 있어서 궁극적인 것을 의미하기 때문입니다. 그는 말이 암말인지 수말인지도 판단하지 못합니다. 그러한 구별은 단지 외형적일 뿐입니다. 그러나 그는 가장 깊은 핵심에 이르렀던 것입니다.

그대의 가장 깊은 핵은 남성일까요 아니면 여성일까요? 내가 그대를 단순히 남자로 본다면 나는 그대를 보지 못하는 것입니다. 내가 그대를 단순히 여자로 본다면 나는 그대를 보지 못하는 것입니다. 지금 나는 그대를 여자로도 보지 않으며 남자로도 보지 않습니다. 나는 그대의 가장 깊은 핵이 그대를 나에게 드러낼 때 그대를 봅니다.

"아, 이 사람이 그런 경지까지 도달했던가! 이것이 바로 저 같은 사람 백 명을 갖다 놓아도 그 자리에 이르지 못하는 이유입니다." 이것은 질적인 도약입니다. 아무리 많은 양도 그와 결코 비교될 수 없습니다. 처음에 백악은 구방고가 자신보다 훨씬 더 잘 안다고 말했으나 이제 그는 '나는 아무것도 아니다. 나는 전혀 그와 비교될 수 없다'고 말하는 것입니다.

그러면 그가 도달한 경지는 어디일까요? 그는 말이 검은 빛깔이라는 것을 보지 않고 말의 누런빛을 봅니다. 그는 말이 수말이라는 것을 보지 않고 그 속에 감추어져 있는 암말을 봅니다. 그는 겉으로 나타나지 않는 특성을 꿰뚫어 보고 있습니다.

백악이 말했습니다. "구방고와 같은 사람은 말의 형체나 골격 털빛에서 찾아볼 수 없는 말의 기상을 봅니다." 육체는 바로 외형, 겉으로 움직이고 있는 외형입니다. 우리가 호수를 바라볼 때 표면에서 일어나는 물결과 같습니다. 그러나 그 물결이 호수는 아니지요. 육체는 바로 외형입니다. 움직이고 있는, 변화하고 있는 외형입니다.

우리는 가장 깊은 핵, 변화하지 않고 항구적이며 움직이지 않는 그 핵을 들여다보아야 합니다. 그것이 바로 진리라는 것입니다. 구방고와 같은 사람은 말의 형체나 골격과 털빛에서 찾아볼 수 없는 말의 기상을 봅니다. 그는 날카로운 통찰력으로 사물의 깊이를 꿰뚫어봅니다.

그는 말의 정기를 보았고 그 형체를 잊어버렸으며, 말의 내면을 보았고 외면을 잊었으며, 말의 볼만한 점을 보았고 보지 않아도 괜찮은 것은 보지 않았으며, 살펴볼 만한 점을 보았고 살펴보지 않아도 괜찮은 것은 살펴보지 않았습니다. 원으로 비유하면 둘레보다 중심을 살펴본 것입니다.

그는 단지 말만을 알고 있는 것이 아니라 그 이상의 무엇인가를 알고 있습니다. 그는 도를 알고 있습니다. 그는 전체를 보는 통찰력을 갖고 있습니다. 그는 부분들에 관해서는 관심이 없습니다. 그는 말의 가장 깊은 핵심을 꿰뚫어 볼 수 있습니다. 이제 그는 육체, 빛깔, 남성, 여성에 대해서는 관심을 갖지 않습니다. 그는 오로지 본질적인 것만을 봅니다.

의미는 본질적인 것으로부터 오지만 우리는 언제나 비본질적인 것을 보고 있습니다. 이것을 기억하십시오. 우리가 사람을 보거나 나무를 보거나 바위를 본다 해도 항상 본질적인 것은 꼭 붙들고 가치 없는 것은 버려야 한다는 사실을. 현대 사회에서 우리는 본질을 잊어버리고 가치 없는 것을 보고 있습니다. 누군가가 돈을 많이 갖고 있거나 멋진 차를 갖고 있으면 우리는 눈을 휘둥그렇게 뜹니다.

우리는 본질적인 것을 잊고 있습니다. 우리는 도대체 눈을 갖고 있지 않습니다. 우리는 영혼을 갖고 있는 것을 진실로 믿지 않고 있습니다. 지금 우리의 삶이 너무나 답답하게 되어 있는 것은 놀라운 일이 아닙니다. 삶은 질질 끌려가는 것이 되어버렸습니다. 거기에 아무런 즐거움도 축복도 없습니다.

어떻게 영혼이 없이 축복이 있을 수 있습니까? 축복은 영혼, 정신적인 것, 본질적인 것으로부터 창조됩니다. 즐거움도 우리의 가장 깊은 핵심에서 창조됩니다. 구방고는 본질을 보고 그것을 꼭 붙들었으며 가치 없는 것은 버렸습니다. 그는 가장 깊은 곳의 위대한 기상을 들여다보았습니다. 말의 본질을 들여다보았으며 훈련된 그 어떤 것도 보지 않았습니다.

그는 살펴볼 만한 점을 보았고 살펴보지 않아도 괜찮은 것은 살펴보지 않았습니다. 우리는 살펴볼 만한 점을 보지 않습니다. 그리고 우리 앞에 나타나는 것이 무엇이든 그것을 봅니다. 우리는 깊이 들여다보지 않으며 어떤 잠재력도 탐구하지 않습니다. 우리는 그저 밖에 서 있습니다. 기껏해야 우리는 방관자일 뿐입니다.

구경꾼이 되지 말라 인생은 참여를 통해서만 알 수 있습니다. 구경꾼이 되지 마십시오. 우리는 모두가 구경꾼, 방관자입니다. 누군가 춤을 추는데 우리는 그것을 바라보고만 있습니다. 우리는 어떻게 해야 할 것입니까? 어떻게 해야 춤을 참으로 볼 수 있습니까? 춤은 느껴야 하며 춤추어야 합니다.

누군가 노래를 부르는데 우리는 바라보며 듣고만 있습니다. 노래와 노래의 아름다움을 알기 위해서는 우리가 노래를 부르며 참여해야 합니다. 그러나 우리는 모든 것을 단지 보고만 있습니다. TV 화면만 바라보고 있습니다.

모든 것이 잘못되어 있습니다. 본질적인 것을 찾으십시오. 본질적인 것을 찾으려 할 때 우리는 참여자가 됩니다. 그리고 비로소 알게 될 것입니다. 춤은 오로지 단 하나의 길, 춤을 춤으로써만이 알 수 있다는 것을.

구경꾼은 세상에서 가장 가난한 자입니다. 참여를 통해서 사랑이 오며 진리가 오며 아름다움이 오며 통찰이 옵니다. 구방고와 같은 사람은 말의 형상을 보는 대신 더 귀중한 무엇을 봅니다. 그는 한낱 외형만 보는 구경꾼이 아닙니다.

그렇습니다. 이 우화에서는 말은 거론되지 않고 있습니다. 말은 단지 무엇인가 더 중요하고 의미심장한 것을 말하기 위한 구실일 뿐입니다. 바로 그것에 대해서 명상하십시오. 그것을 그대 내부 깊숙이 젖어들게 하십시오. 이것이 그대에게 날카로운 통찰력을 줄 것입니다.

6

자신의 등불을 밝히라

子曰 人能弘道 非道弘人
자 왈 인 능 홍 도 비 도 홍 인

공자가 말하였다. "사람이 도를 넓힐 수 있는 것이지, 도가 사
람을 넓히는 것이 아니다."

주해 ―――――――――――――――――――――――――――――――

人 사람 | 能 할 수 있다 | 弘 넓히다 | 道 길, 진리의 길, 진리 | 非 아니다

예수는 말했습니다. '나는 길이요 진리요 문이다.' 기독교인들은 이 말을 마치 예수가 길인 것처럼 해석합니다. 그것은 예수를 완전히 왜곡하는 것입니다. '나는 길이다'라고 말할 때 예수는 '나는 길이라'고 말할 수 있는 사람은 누구든지 길이라고 말하는 것입니다. 그는 요셉의 아들에 대해 말하는 것이 아니라, 자성自性에 대해 말하는 것입니다.

우리는 명상과 침묵 속에서 자신의 본성과 마주칩니다. 이는 기독교인들이 예수를 믿지 않으면 천국으로 가는 길을 찾을 수 없다고 선전하는 것과 같은 뜻이 아닙니다. 붓다는 기독교인이 되지 않고도 길을 발견했습니다. 소크라테스도 노자도 각기 독자적으로 길을 발견했습니다.

우리 자신의 고유한 존재, 우리의 자성自性을 느낄 수 있다면 우리는 길을 발견할 것입니다. 진리로 나아가는 길을. 그리고 침묵이 깊어질수록 이 진리의 길은 점점 탄탄대로처럼 넓어지고 단단해질 것입니다. 이것이 구도자의 보람이며 바람입니다.

그러나 어리석은 자는 불가능합니다. 그는 계속해서 변함없는 욕망, 어리석은 생각, 똑같은 기억에 묻혀 살아갑니다. 상황이 이렇게 되는 것은 다른 사람의 책임이 아니라 바로 그 자신의 책임입니다. 결심만 굳다면 그는 지금 당장 먼지를 털어낼 수 있습니다. 그리고 온갖 사념의 먼지를 털어내는 순간, 그는 길 위에 있는 것입니다. 그가 곧 길입니다.

진지하게 자신의 길을 개척하려 하지 않고 안이하게 예수나 붓다의 길을 따른다면 기껏 모방자가 될 뿐입니다. 그들의 길은 과거에 존재했던 것을 의미하지만, 깨달음은 지금 이 순간에 일어나야 합니다. 그들의 길은 아주 오랜 옛날로 거슬러 올라갈 것입니다. 하지만 오래 되면 오래 될수록 그것은 더욱 죽음에 가깝습니다.

그것은 시간의 모래 위에 깨달은 사람들이 남긴 발자국에 불과합니다. 하지만 그 발자국이 곧 깨달음은 아닙니다. 우리는 지극히 경건한 마음으로 그 발자국을 따를 수 있습니다. 그러나 그 발자국은 우리를 궁극적인 곳으로 이끌지 못할 것입니다. 각각의 개인은 모두 독특한 존재이기 때문입니다.

만약 개인의 독특함을 이해한다면, 어느 누구를 따른다 해도 자기 자신에게 도움이 되지 못한다는 사실을 알게 될 것입니다. 정해진 길이란 있을 수 없기 때문입니다. 이것이 바로 과학과 종교의 차이입니다. 종교는 과학과는 다른 고유의 특성이 있음을 간과해서는 안 될 것입니다.

과학은 전통에 의존합니다. 뉴턴이 존재하지 않았다면, 아인슈타인의 존재는 불가능했을지도 모릅니다. 과학자는 특정한 전통을 필요로 합니다. 과학 세계의 거장들이 이루어놓은 전통에 의지하여 그는 일어설 수 있었습니다. 그는 전통에 의지하여 좀 더 멀리 볼 수 있었습니다. 과학 세계에서는 그런 사람이 꼭 필요합니다.

그러나 종교는 전통적이지 않습니다. 종교는 어디까지나 개인적인 체험일 뿐입니다. 과학의 세계에서는 일단 무언가가 알려지면 그것을 다시 발견할 필요가 없을뿐더러 다시 발견하는 것 자체가 어리석은 행위로 여겨집니다. 우리는 중력의 법칙을 발견할 필요가 없습니다. 뉴턴이 이미 그것을 발견했기 때문입니다.

하지만 종교에서는 되풀이하여 발견하지 않으면 안 됩니다. 종교에서는 어떠한 발견도 유산이 될 수 없습니다. 붓다가 발견했다고 해서 그것이 곧 우리가 단순히 붓다를 따르기만 하면 된다는 것을 의미하지 않습니다. 붓다는 독특한 인물이었고, 우리 역시 나름대로 각자 모두 독특합니다.

따라서 붓다가 진리로 들어간 길이 바로 우리의 길은 되지 못할 것입니다. 우리는 각각 다른 종류의 집입니다. 문이 다른 방향으로 열려 있을지도 모릅니다. 만일 우리가 붓다를 맹목적으로 따른다면 그것이 곧 우리를 잘못 이끄는 원인이 될 것입니다. 전통은 무조건 따를 수 있는 것이 아닙니다.

우리는 전통을 이해할 수 있고 그 이해가 큰 도움을 줄 수도 있습니다. 전통을 따르는 것과 이해하는 것은 천양지차지요. 그러나 진리는 전통이 아닙니다. 진리는 절대 나이를 먹지 않기 때문에 전통이 되기란 아예 불가능합니다. 진리는 영원히 새롭습니다. 마치 아침 이슬이나 밤하늘의 별처럼 항상 신선합니다. 전통에 집착하는 것은 근본적으로 진리에 반하는 것입니다.

전통이라는 단어의 어원은 트라데레tradere에 뿌리를 두고 있습니다. 그것은 '한 사람으로부터 다른 사람으로 옮김'을 의미합니다. 트라데레는 거래trade라는 단어의 어원이기도 합니다. 그렇지만 진리는 한 사람으로부터 다른 사람으로 옮겨질 수 없습니다.

진리는 사물이 아니기 때문에 이동시키는 일은 불가능합니다. 또한 진리는 거래될 수도 없습니다. 아무도 그것을 줄 수도 없고 받을 수도 없기 때문입니다. 진리는 각 개인의 고유한 존재 속에서 솟아나는 빛입니다. 진리는 각자의 가슴에서 활짝 피어나는 꽃입니다.

길을 넓힌다는 의미의 홍도弘道는 외부 세계의 길을 확장하는 도로공사와 같은 것일 리 만무하고 내면의 길과 관련된 것이라 생각됩니다. 내면의 무엇을 위해서 길을 개척하는 것이며 그 방법은 무엇인지요.

사람은 각자가 하나의 닫혀있는 경전입니다. 우리는 성경을 읽고 불경을 읽고 기타 경전들을 읽고 있지만, 한 번도 자신의 내적인 존재를 읽은 적은 없습니다. 그런데 이들 경전 속에 들어있는 것은 모두 우리 내면에 들어있는 것입니다. 그것은 절대적으로 순수한 상태로 우리 내면에 들어있습니다. 성경, 불경 등은 오염되었습니다.

그것은 어쩔 수 없습니다. 우리가 진리를 언어로 표현하는 순간 그것은 거짓이 됩니다. 진리는 오직 우리 내면의 깊은 침묵 속에 머물 때만 진리로 남아 있습니다. 오직 자신의 내면에서만 우리는 고요한 신의 소리를 들을 수 있습니다. 필요한 것은 단 한 가지, 고요해지는 것입니다. 우리에게 잡음이 없어야 합니다. 그때 우리는 그것을 들을 수 있습니다.

세상의 종교들은 어떤 믿음을 받아들이고 있습니다. 그러나 믿음이란 진리가 아닙니다. 우리는 결코 진리를 믿을 수 없습니다. 우리는 진리 그 자체가 되는 것입니다. 진리란 신앙이나 믿음의 문제가 아니고, 자신의 내면으로 자신의 의식 속으로 깊이 탐구해 들어가는 문제입니다.

한마디로 진리란 내면의 여행입니다. 궁극적인 진리 속으로 들어가기 위해 먼저 내면을 탐험해야 합니다. 그런데 우리는 모두 외부만을 탐험합니다. 시작부터 잘못되었습니다. 첫 단추가 잘못 끼워지면 모든 것이 잘못되지요. 우리는 먼저 우리의 내적인 빛의 근원을 발견해야 합니다.

우리는 외부의 소리에만 귀를 기울입니다. 그래서 계속 내면의 소리를 놓치고 있습니다. 내면의 소리는 우리의 가장 깊은 중심이 이야기하는 소리입니다. 우리는 표면에서 살고 있습니다. 마음에서 살고 있습니다. 그런데 마음은 너무나 시끄러워서 우리는 작고 고요한 내면의 소리를 들을 수 없습니다. 스승의 도움을 필요로 하는 이유입니다.

스승은 단지 하나의 방편일 뿐입니다. 우리는 외부의 소리만 들을 수 있기 때문입니다. 스승은 신이 내면에서 우리에게 말하려고 하는 것을 외부에서 말해주고 있습니다. 스승과 함께 있는 것은 단지 우리가 눈을 감고 내면을 들여다 볼 수 있도록, 우리 자신의 직관이 끊임없이 우리에게 말하고 있는 것을 우리가 들을 수 있게 내면으로 방향을 전환하도록 도와주는 것입니다.

진리는 획득해야 하는 것이 아닙니다. 그것은 이미 우리 안에 있습니다. 우리는 계속 여기저기로 진리를 찾아 헤매고 있으나, 자신이 아닌 다른 곳에서는 절대로 진리를 발견하지 못할 것입니다. 진리를 발견하는 유일한 길은 외부에서 찾는 것을 그만두고 고요히 내면을 바라보는 것입니다.

그것은 뭔가를 해야 하는 문제가 아니라. 오히려 아무것도 하지 않아야 하는 것입니다. 우리가 완전히 긴장을 풀고 비행위의 상태에 있을 때 그것이 일어납니다. 진리는 항상 여기 있지만 우리가 한 번도 여기 있지 않았습니다. 우리가 여기 우리 내면에 있을 때 비로소 진리와의 만남이 일어납니다.

누구나 자신의 존재 속에 하나의 진리가 있습니다. 그 진리는 만들어낼 필요가 없습니다. 발견하기만 하면 됩니다. 우리는 이미 진리를 가지고 있지만 그 사실을 완전히 잊어버리고 말았습니다. 우리는 깊은 잠에 빠져서 내가 누구인지 모릅니다. 우리는 좀 더 깨어있어야 합니다. 좀 더 의식적이 되어야 합니다.

우리는 꿈을 꾸고 있습니다. 자신이 거지라는 꿈을 꾸고 있지만 우리는 거지가 아닙니다. 일단 꿈을 깨면 우리는 얼마나 어리석은 꿈속을 헤매고 다녔는지 알게 됩니다. 가장 위대한 보물이 우리의 것입니다. 세상에서 이보다 값진 것은 없습니다. 진리는 다른 곳에서 찾아다니며 추구할 문제가 아닙니다.

전체적으로 귀담아 듣기 신은 우리 내면의 소리입니다. 어떤 성직자도 필요치 않습니다. 우리는 우리의 삶에 대하여 누군가로부터 어떤 가르침도 받을 필요가 없습니다. 그러나 꼭 해야 할 한 가지가 있습니다. 나지막이 속삭이는 신의 소리를 듣기 위해 우리는 내면으로 들어가야 합니다. 일단 그것을 듣게 되면 우리의 삶 전체가 변합니다. 그때 우리가 하는 것은 무엇이든지 옳지요.

그러나 이를 위해서는 우리가 가지고 있는 모든 것을 내던질 만큼 강렬한 용기가 있어야 합니다. 우리를 흔들리게 하는 일말의 의심도 일어나지 않을 정도로 치열한 구도의 열망에 불타야 합니다. 그 치열한 열망이 진리를 가져다줄 것입니다. 그것은 단 한 순간에 일어날 수도 있습니다. 다만 내면에서 활활 타오르는 강렬한 구도 정신이 있어야 합니다.

물론 이것은 험난한 길이 될 것입니다. 그러나 누구나 한번은 통과해야 되는 길입니다. 진리를 얻기 위해서는 그 대가를 치러야 하지요. 우리의 존재 전체를 제단에 바치는 것 외에 다른 길은 없습니다. 그것이 진리를 얻는 데 필요한 전부입니다. 스승들은 항상 이렇게 말해왔습니다. '내면의 소리를 들으라'

그러나 우리는 건성으로 듣기만 했습니다. 우리가 듣는 것은 매우 피상적입니다. 귀를 갖고 있는 사람은 누구나 들을 수 있습니다. 그것은 평범한 현상입니다. 우리가 주의해서 들을 때 그리고 우리의 영혼이 함께 할 때 그것이 진정으로 듣는 것입니다. 진리는 어떤 중

명도 필요로 하지 않습니다. 진리는 자명한 것입니다. 필요한 것은 귀담아 들을 수 있는 자세입니다.

주의해서 듣는다는 것은 우리의 육체와 영혼이 깊은 조화 속에서 함께 작용함을 의미합니다. 그때 우리의 육체 전체가 귀가 됩니다. 팔 다리 그리고 우리 몸의 모든 세포가 주의를 기울입니다. 그러면 무엇인가 매우 중요한 것이 우리에게 전해지고, 우리는 그것을 단 하나도 놓치지 않으려고 온 몸을 바칩니다.

그러나 우리의 마음이 어디 다른 곳을 방황하고 있다면 겉으로는 듣는 것처럼 보여도 듣지 못할 것입니다. 우리 안에서 수많은 생각들이 이리저리 움직여 거대한 혼란이 일어난다면, 우리는 단지 건성으로 듣고 있는 것입니다. 그 생각들이 내면의 소리를 받아들이지 못하게 하는 것이지요.

마음이 아무 생각도 갖고 있지 않을 때, 우리 내면에서 혼란이 그쳐 잡음이 더 이상 일어나지 않을 때, 그 침묵 속에서 우리는 듣게 됩니다. 그리고 이렇게 올바로 들을 때 우리는 이해하게 됩니다. 거기에 어떤 다른 노력은 필요치 않습니다. 진리를 위해 수행할 필요는 없습니다. 진리는 이미 존재하고 있기 때문입니다.

마하비라는 진리의 세계로 들어가는 데는 두 가지 길이 있다고 말했습니다. 하나는 올바로 듣는 것입니다. 그리고 올바로 듣는 데 실패하는 사람들에게는 또 다른 하나의 방법 즉 올바로 수행하는 길이 있습니다. 우리는 이 말에 놀랄 것입니다. 올바른 수행은 올바로 듣는 데 실패한 사람들에게 필요한 것입니다.

그렇지 않으면 자신의 가장 깊은 중심의 소리를 들을 수 있는 것만으로도 충분합니다. 그것은 불입니다. 그리고 그 소리를 들음으로써 우리는 불이 붙게 됩니다. 그때 신비한 무엇인가가 전달됩니다. 그러나 그렇게 되기 위해서는 전체적으로 귀담아 듣는 것이 필요합니다.

현대는 내면의 길을 통해 진리를 추구하는 일에 별로 관심이 없습니다. 여기에는 중대한 원인이 있을 것 같습니다.

현대는 지식이 고도로 발달한 사회지요. 사람들은 지식으로 무장되어 있으며, 이를 통해 진리를 정복할 수 있을 것처럼 생각합니다. 그러나 진리는 지적인 노력으로는 찾을 수 없는 것입니다. 진리는 논리가 아니기 때문입니다. 그것은 하나의 경험입니다. 진리를 알려면 그 속에서 살지 않으면 안 됩니다. 많은 사람들이 길을 찾지 못하고 헤매는 것도 이 때문입니다.

그것은 굶주린 사람이 계속 요리책을 읽으면서 눈요기를 하여도 배는 더욱 고파지는 것과 같습니다. 진리는 음식과 같습니다. 사람은 그것을 흡수해 소화시켜야 합니다. 그것을 피 속으로 순환시켜 심장이 고동치게 해야 합니다. 진리는 우리의 유기적인 개체 속에서 용해되어야 합니다.

진리의 길로 나아가는 것은 지식을 축적하는 것과는 전혀 다른 것이며, 다를 뿐만 아니라 오히려 상충되는 것입니다. 지식을 쌓으면 쌓을수록 우리의 참모습은 더욱 더 깊은 무의식 속으로 기어들어갑니다. 우리는 잔뜩 짐을 짊어지게 되고 마침내 가분수가 되지요.

우리의 머리는 우리가 아는 것을 갖고 외쳐댐으로써 온통 시끄럽게 되어 끝내 우리 가슴의 작고 고요한 소리는 들을 수 없게 됩니다. 그 침묵의 소리는 지식의 소음에 묻혀버립니다. 우리의 집 창문들은 죄다 우리가 쌓아온 지식들로 막혀 있습니다.

진리에 이른다 함은 배우는 것보다는 오히려 배운 것을 잊어버리는 일을 뜻합니다. 우리는 이제껏 알아온 것을 잊어야 합니다. 만일 모든 지식을 통째로 아무런 집착 없이 떨쳐버릴 수 있다면 우리는 순수해질 것입니다. 진리에 이른다 함은 무엇이 되는 것이 아니라 되는 것으로부터 벗어나는 것입니다.

진리는 이미 우리 속에 있습니다. 그것을 덮고 있는 휘장이 벗겨지기만 하면 됩니다. 진리는 새로운 무엇이 아닙니다. 진리는 바로 우리의 존재입니다. 더 많은 지식을 가질수록 우리는 더 많은 무지로 뒤덮이게 될 것입니다. 아는 것은 곧 모르는 것입니다. 아는 것으로 가득 찬 사람은 기억과 온갖 정보와 철학들의 어두운 구름에 뒤덮여 있습니다.

아이는 아무 것도 모르기 때문에 수용적입니다. 노인은 너무 많이 알기 때문에 수용적이지 못합니다. 그가 거듭나야 하는 이유입니다. 과거는 죽고 다시 어린아이가 되어야 합니다. 이는 육체를 말하는 것이 아닙니다. 의식이 항상 어린아이 같아야 한다는 것입니다.

그러나 유치해서는 안 될 것입니다. 어린아이와 같되 성장하고 성숙해져야 합니다. 그것이 우리 삶의 모든 순간 속에 선사된 진리를 배우고 매 순간 우리를 찾아와 문을 두드리는 손님을 알아보는 법입니다.

모든 아이는 선천적으로 진리를 향한 추구의 욕망을 가지고 태어납니다. 그것은 삶 속에서 나중에 배우거나 받아들이는 어떤 것이 아닙니다. 진리가 의미하는 것은 단순합니다. '나는 존재한다. 그러나 나는 내가 누군지 모른다. 나는 내 존재의 실체를 알아내야만 한다.' 이 의문은 자연스럽습니다. 이는 호기심이 아닙니다.

진리를 향한 추구란 진정으로 우리 존재의 실체를 향한 추구입니다. 일단 우리 각자가 자신의 존재의 중심으로 들어가면 그것은 전 존재 속으로 들어가는 것과 같습니다. 우리는 주변에서는 떨어져 있지만 중심에서는 만나기 때문입니다. 우리는 하나입니다.

원의 둘레에서 중심을 향해 수많은 선들을 그릴 수 있습니다. 원 둘레의 선들은 서로 어떤 거리를 갖습니다. 그러나 그 선들이 중심을 향해 가까이 다가갈 때 그 거리는 계속해서 줄어듭니다. 그리고 마침내 중심에 닿을 때 그 거리는 사라집니다. 이와 같이 중심에서 우리는 하나입니다.

사회가 진리의 길을 가로막는다 세상의 모든 존재는 세 가지 범주로 나눌 수 있습니다. 존재하긴 존재하되 자신들이 존재하는지를 모르는 사물들이 있습니다. 따라서 거기에는 어떠한 탐구에 대한 가능성도 열려 있지 않습니다. 그것들은 닫혀 있습니다. 그들의 존재에는 창문이 없습니다.

그런데 자신들이 존재하는 것을 아는 동물들이 있습니다. 그러나 그들은 자신들이 존재한다는 것이 무엇인지 탐구할 지성이 없습니다. 그들의 창문은 열려 있습니다. 그러나 그들의 지성은 창밖으로 고개를 내밀고 하늘을 바라볼 수 있을 정도로 충분치 못합니다. 그들의 창문은 열려 있든 닫혀 있든 별다른 차이가 없는 것입니다.

인간은 존재할 뿐만 아니라 자신이 존재한다는 것을 자각하고 있습니다. 그리고 태어나면서부터 자신이 누구인지 탐구할 수 있는 능력을 가지고 있지요. 그러므로 그것은 학습과 수련, 교육의 문제가 아닙니다. 우리는 우리 자신과 더불어 그 탐구심을 갖고 오는 것입니다.

그러나 사회는 우리를 파괴합니다. 사회는 우리의 존재로부터 그 질문을 제거하는 세련된 수단들을 가지고 있습니다. 그것은 자신이 누구인지 묻기도 전에 아이에게 그 답이 주어지는 것입니다. 그러나 질문이 일어나기 전에 주어진 어떤 답도 무익합니다. 그것은 단지 짐이 될 뿐입니다.

아이는 자신이 하나의 영혼이라는 말을, 자신이 육체가 아니라는 말을 듣고 이를 믿습니다. 그러나 믿음은 사람들의 진리 탐구를 가로막는 가장 큰 방해물입니다. 우리가 진리를 찾아 나서기도 전에 종교에 의해 답을 들으면 진리의 길을 걸을 수 없게 됩니다. 성직자들은 이렇게 말할 것입니다. '이 종교로 충분하니 더 이상 다른 것을 찾으려 애쓰지 말라. 예수가 혹은 붓다가 그대를 위해 이미 진리를 발견해 놓았다.'

하지만 붓다가 물을 마셨다고 해서 우리의 갈증이 해소되지는 않잖습니까? 예수가 포도주를 마셨다고 해서 우리가 취하지는 않잖습니까? 신앙은 예수, 하나님, 천국, 지옥 등 언제나 외적 대상을 향하고 있습니다. 그러나 진리는 우리의 내면에 있습니다. 신앙을 가지게 되면 우리는 바깥으로 멀리 나가게 됩니다. 그래서 우리는 우리 자신의 불성이나 신성을 볼 수 없습니다.

진리를 탐구하는 자의 유일한 덕목은 믿지 않는 것이며, 아는 것이 많아지는 것 대신 무지할 준비가 되어 있는 것입니다. 무지는 적어도 자연스럽고 단순하며 순수하기 때문입니다. 그리고 무지로부터 질문이 일어날 것이라는, 여행이 시작될 것이라는 한 가지 가능성이 생기는 것입니다.

소크라테스가 한 일은 빌려온 지식들을 제거하고, 제자들로 하여금 그들 자신이 되도록 하며, 그들 자신을 알도록 도와주는 과정이 전부였습니다. 만약 가장 진지하게 진리에 봉사한 사람이 있다면 그것은 소크라테스였습니다.

이 세상에서 사람들과 어울려 살면서도 도를 따라 진리를 추구할 수 있다면 이것이 바로 보통 사람의 홍도弘道가 될 법한데, 실제로 어떻게 하는 것인지 좀 더 구체적으로 알고 싶습니다.

이 세상은 진실한 모든 것에 대하여 가짜를 창조해 왔습니다. 그리하여 가짜를 거래하는 거대한 시장이 형성되었지만, 진리의 마당은 한산하기만 합니다. 진리와 진실한 삶을 위하여 자신의 모든 것을 내걸고 탐구에 매진하는 사람은 극소수에 불과합니다. 많은 사람들이 거짓된 삶과 거짓말 속에서 살고 있습니다.

물론 그 거짓말들은 아름답고 편안하고 편리합니다. 거짓말들은 어떤 위로를 줍니다. 그러나 결국 거짓말은 거짓말일 뿐입니다. 확실한 도움을 주지는 못합니다. 그것은 마치 아편과 같습니다. 고통을 잊어버리도록 도와줄 수 있고, 일시적인 진정제로 사용될 수는 있지만, 근본적으로 병을 낫게 해주지는 않습니다. 단지 증상들을 안 보이게 숨길 뿐입니다.

가령 어머니가 죽어서 아이가 흐느껴 울면 우리는 아이를 위로해야 합니다. 그래서 우리는 거짓말을 합니다. 어머니는 죽지 않았다고 속입니다. "엄마는 이웃집에 다니러 갔으니 돌아올 거야. 걱정하지 마라. 엄마는 곧 오실 거다." 아니면 "엄마는 먼 여행을 떠났단다. 며칠 있으면 돌아오신다." 또는 "엄마는 하느님이 불러서 갔다. 걱정할 것 없어. 엄마는 살아 있으니까." 혹은 "몸은 떠났더라도 영혼은 영원히 산단다."라고 말합니다.

성숙하다는 것은 주변에 허구를 만들지 않고 실재를 있는 그대로 받아들이는 것입니다. 그것은 달콤하게 하려 하거나 치장하려 하지 않습니다. 만약 그것이 희망을 깨부순다면 부수는 것입니다. 만약 그것이 충격을 준다면 충격을 주는 것입니다. 삶에서 고통을 느끼고 절망의 기회를 맞아보는 것이 꼭 나쁜 것만은 아닙니다.

붓다는 무자비합니다. 그 누구도 그가 했던 만큼 깊고 심원하게 실체의 문을 열었던 적이 없습니다. 그는 사람들에게 어떤 유아적인 희망도 허락하지 않았습니다. 그는 늘 이렇게 말했습니다. "더욱 깨어 있으라. 더욱 의식적이 되라. 그대 내면의 빛을 밝혀, 무엇이든지 사실대로 보라."

편견을 떨쳐 버리라 진리의 세계를 가로 막는 거짓말 가운데서 우리에게 너무 익숙하게 길들여져 거짓임을 깨닫기 어려운 것으로 편견이란 것이 있습니다. 세상에는 이런 편견이 도처에 깔려 있습니다. 사회적인 편견, 정치적인 편견, 종교적인 편견 또는 철학적인 편견 등 수많은 편견이 세상을 둘러싸고 있지요.

따라서 어떤 진리가 있다 해도 그것이 우리에게 전달된다는 것은 거의 불가능한 일입니다. 먼저 이 편견들을 떨쳐 버려야 합니다. 그리고 모든 것을 우리 자신이 주의해서 듣고 보고 통찰하도록 노력해야 할 것입니다. 통찰력이 모든 것을 해결합니다. 우리가 열려진 귀와 열려진 눈으로 듣고 볼 때, 진리는 바로 진리로서 이해되고 거짓은 바로 거짓으로서 이해됩니다.

그것은 생각할 필요도 없습니다. 무엇이 옳고 무엇이 그른지 심사숙고할 필요도 없습니다. 투명한 마음속에서 옳은 것은 옳은 것으로 이해되고 그른 것은 그른 것으로 이해됩니다. 투명한 마음은 모든 것을 즉시로 결정합니다. 그 결정은 어떤 논리적인 과정이 아닙니다.

그러나 우리는 계속해서 편견을 간직하고 다닙니다. 편견은 그것이 크고 작고는 문제가 되지 않습니다. 눈 속에 낀 작은 먼지가 이 아름다운 세상을 보지 못하게 방해합니다. 아니 눈을 뜨지도 못하게 합니다. 우리가 히말라야를 보고 있는데 갑자기 작은 먼지가 눈으로 들어오면 그때 히말라야는 사라지고 말지요.

그 지극히 작은 먼지가 거대한 히말라야를 사라지게 합니다. 그리고 우리의 눈은 작은 먼지로 가려 있는 것이 아니라 산더미 같은 편견으로 가득 차 있습니다. 모든 편견을 버리고 순수한 거울이 되십시오. 편견에 대하여 두 눈과 두 귀를 굳게 닫으십시오. 만일 지금까지 편견에 의해 살아온 거짓된 삶에 대해서 철저히 환멸을 느낀다면 사실상 거의 절반의 여행은 끝난 셈입니다.

만일 거짓된 것이 거짓임을 알 수 있게 된다면 우리는 이미 통찰력을 갖춘 셈이고, 이제 우리는 진실을 진실로서 알 준비가 갖추어졌습니다. 거짓을 거짓이라고 아는 것이 첫 단계입니다. 다음에는 진실을 진실이라고 아는 것이 자동적으로 가능해지는 두 번째 단계가 찾아옵니다.

진리는 직접 터득할 수 없습니다. 우선 진리가 아닌 것을 알아야 하는데, 그것은 그 상태에 우리가 처해 있기 때문입니다. 우리는 우리가 있는 곳으로부터 여행을 시작할 수밖에 없습니다. 그래서 우리는 먼저 더 이상 주위의 거짓과 편견들에 빠져들지 않도록 노력해야 할 것입니다.

다른 사람들의 선례를 두려워하라 다른 사람들을 보십시오. 그들은 수많은 경전과 철학 그리고 도그마의 편견으로 가득 차 있습니다. 그들을 지켜보고 두려워하십시오. 편견을 버리지 않으면 그대도 똑같이 될 것을 두려워하십시오. 밖에 나가 사람들을 지켜보십시오.

그들은 진실성도 기쁨도 없이 다만 발을 질질 끌며 걷고 있습니다.

그들의 발걸음에는 율동이 없고, 그들이 말하는 것엔 리듬이 없습니다. 그대도 그렇게 되고 싶습니까? 아니면 이들 무리에서 벗어나 춤과 노래로 기쁜 나날을 보내는 활기찬 사람이 되고 싶습니까?

다른 사람들을 지켜보십시오. 그것이 도움이 될 것입니다. 부모들을 보십시오. 그들이 어디에 도달해 있습니까? 아무 곳에도 도달해 있지 않습니다. 그런데 그들이 그대를 이끌어주고 있습니다. 눈먼 사람이 다른 눈먼 사람을 안내해주고 있습니다. 그대들의 지도자들을 보십시오. 그들이 어디에 도달해 있습니까? 잠자는 사람이 다른 잠자는 사람을 끌어주고 있습니다. 그들의 존재에는 한 줄기 빛도 찾아볼 수 없습니다.

사람들을 바라볼 때 조금만 더 주의해 보십시오. 즉시 이런 통찰이 일어날 것입니다. '나도 이와 같이 될 것인가? 그렇다면 삶은 아무런 의미도 없다.' 우리 주위의 사람들로부터 배울 수 있는 것이 있다면 한 가지는 확실합니다. 즉 진리의 길은 편견을 통해서 갈 수 없다는 것이지요.

진리를 향한 올바른 길은 침묵과 깨끗하고 명철한 마음뿐입니다. 편견이 없는 마음이 진정으로 깨끗한 마음입니다. 여기서 깨끗하다는 것은 어떤 도덕적인 것을 의미하지 않습니다. 우리는 깨끗하다는 말을 통해서 어떤 과학적인 것을 의미합니다.

이런 것을 생각해 봅시다. '이 물은 깨끗하다'고 할 때 이 말이 어떤 도덕적인 의미로 쓰였습니까? 여기에서 깨끗하다는 말은 단지 이런 뜻입니다. '이 물은 그 안에 불순물이 섞여 있지 않다. 이 물은 아무 것으로도 오염되지 않은 순수한 물 그 자체다.'

마음속에 아무런 편견도 없을 때 그것을 깨끗한 마음이라고 할 수 있습니다. 그때 마음은 마치 거울과 같습니다. 도덕주의자의 마음은 결코 깨끗하지 않습니다. 그에게는 무엇이 옳고 무엇이 그르다는 편견이 있기 때문이지요. 그의 거울에는 먼지가 많이 쌓여 있습니다.

그는 나쁜 일을 하지 않고 좋은 일만 하려고 합니다. 그는 악에 반대합니다. 사실 그는 악이 무엇인지도 모릅니다. 왜냐하면 그는 선이 무엇인지 모르기 때문입니다. 그는 단지 남에게서 배워왔을 뿐 스스로 경험해 보지는 않았습니다.

자신의 빛이 되라 항상 그대 자신을 생각하십시오. 소크라테스는 말합니다. "너 자신을 알라." 그대 자신을 알 수 있으려면 먼저 그대 자신을 생각해 보아야 합니다. 그러나 우리는 생각하는 권리를 다른 사람들에게 주어 버렸습니다. 생각하는 권리는 매우 기본적인 권리지요.

그러나 우리는 그것을 모두 다른 사람들에게 주어 버렸습니다. 그래서 다른 사람들이 그대를 위해서 생각해주고 있습니다. 그대의 부모가 무엇이 옳고 무엇이 그른지 판단해주며, 선생들이나 성직자들 또는 정치가들이 그대가 갈 길을 정해 줍니다.

그대의 생각하는 권리를 다른 사람에게 절대로 주지 마십시오. 진정한 스승은 그대의 권리를 절대로 빼앗지 않습니다. 실은 그는 그대가 그것을 다시 찾을 수 있도록 도와줍니다. 그는 그대가 그대 자신의 빛이 되도록 도와줍니다. 스승은 제자가 자신을 따르는 것을 원하지도 허용하지도 않습니다.

붓다가 제자들에게 한 마지막 말은 '그대 자신의 빛이 되라'는 것이었습니다. 피타고라스는 말합니다. '그대 스스로 생각하라.' 붓다가 한 말과 똑같은 말입니다. 무슨 일이 일어나는지 주의 깊게 보고 경험하십시오. 그러나 마지막 결정은 완전히 그대 자신의 것이어야 합니다.

이렇게 말하지 마십시오. "나는 부모님이 이렇게 해왔기 때문에 이렇게 하고 있다." 어리석은 일입니다. 그렇게 하는 것이 옳다고 느껴지고 옳다고 생각될 때 그리고 그것이 명상하는 중에 얻은 결론일 때 그렇게 하십시오. 그대 자신의 경험을 통한 결론일 때는 부모가 그렇게 했든 하지 않았든 상관하지 말고 모든 수단을 동원해서 그렇게 하십시오.

그리고 이렇게도 말하지 마십시오. "이렇게 하라고 불경에 혹은 성경에 씌어 있기 때문에 나는 이렇게 하고 있다." 모든 것이 바뀌었습니다. 시대가 변했습니다. 불경 시대에 옳았던 것이 이제는 더 이상 옳지 않을 수도 있습니다. 성경의 시대엔 옳았던 것이 지금은 이미 더 이상 옳지 않을지도 모릅니다.

도가 사람을 넓힐 수 없다는 것은 무슨 뜻입니까? 오히려 도야말로 사람의 편협함을 확대할 수 있는 최선의 것이라는 것이 일반적인 생각입니다. 그래서 이 구절의 명료한 해설을 찾아보기 어려운지 모르겠습니다.

학자들은 궁극에 이르는 길에 대해서 말하기를 좋아합니다. 그러나 달마 같은 이는 오히려 진리에 이르는 길 같은 것은 어디에도 없다고 말합니다. 그는 그대가 바로 진리이며 아무 곳에도 갈 필요가 없다고 합니다. 그대는 어디를 향해 가는 행위를 당장 그만두고 그저 지금 있는 곳에 머물러 있어야 한다는 것입니다.

진리는 바로 여기 있습니다. 그것은 길을 따라 걷는 것이 아닙니다. 오히려 어떤 길도 따라 가지 않는 것입니다. 그래야 지금 여기 있을 수 있습니다. 바로 그대 안에 머물러 있으십시오. 일단 어떤 길에 들어서게 되면 그것이 바로 실수의 시작입니다. 이것이 바로 달마의 생각입니다. 하지만 학자들은 그렇게 생각하지 않습니다.

학자들은 이런 식으로 말합니다. '그것은 크게 두 가지로 나뉜다. 그 두 가지란 원리적인 방법과 실천적인 방법이다.' 그러나 그대를 궁극의 실체로 인도하는 이론 같은 것은 있을 수 없습니다. 이론이란 마음의 장난입니다. 그리고 실천의 길이란 더욱 잘못된 것입니다. 그것은 그대의 신념에 따라 생겨나는 것이고 그대는 그것을 따라 자신을 훈련시킵니다.

그때 그대는 흉내 잘 내는 원숭이에 지나지 않습니다. 그대의 본래 면목을 결코 알 수 없게 될 것입니다. 어떤 실천도 필요 없습니다. 존재하는 것만으로 완벽합니다. 더 이상 다른 그 무엇을 해야 할 필요가 없습니다. 지금까지 그대는 자신의 존재 속에 머물지 않고 주변을 방황해 왔습니다.

그대가 자신 속에 머물 때 그때는 두 가지 길뿐 아니라 어떤 길도 사라지고 맙니다. 이론은 진리의 적입니다. 이론은 말들의 영상을 만들기 때문이지요. 그래서 있는 그대로의 실체를 볼 수 없게 됩니다. 이론은 실재를 왜곡하면서 해석합니다. 이론은 실재에 옷을 입힘으로써 실재를 가립니다.

진리는 적나라합니다. 진리는 도처에 있습니다. 안팎으로 있습니다. 말이란 그저 장벽일 뿐입니다. 그대가 배운 이론이나 경전은 있는 그대로의 진리를 알도록 허락하지 않으며 편견을 줄 뿐입니다. 모든 이론은 편견입니다. 그리고 모든 개념은 다리가 되지 못하며 그저 장벽일 뿐입니다.

진정한 탐구자에게는 어느 날 사고의 이름으로 존재하는 그 모든 모순에 지쳤을 때 이해의 위대한 순간이 옵니다. 신이라는 말 자체는 신이 아닙니다. 그대는 얼마 동안이나 말을 가지고 놀 수 있습니까? 음식이라는 말은 음식이 아닙니다. 얼마 동안이나 그대는 음식이라는 말을 소유하고만 있으면서 굶주리겠습니까? 언젠가 그대가 소유하고 있는 것이 단지 하나의 말에 불과하다는 것을 알아차리게 될 것입니다.

그것은 그대를 키울 수 없으며 그대에게 삶을 줄 수 없습니다. 물론 그것은 많은 것을 약속할 것입니다. 그것이 바로 이론이 그렇게도 중요하게 된 까닭입니다. 그러나 그 모든 약속은 헛된 것입니다. 그것들은 결코 그대를 충족시킬 수 없습니다. 어떤 이론도 결코 그대로 하여금 진리에 이르도록 도울 수 없습니다.

우리는 우리 자신의 빛을 필요로 한다 경전도 가설일 뿐입니다. 경전의 말들도 그대 자신의 것이 아닌 한 아무리 진실하게 보이더라도 진리가 아닙니다. 그것은 위대한 거짓말, 아름다운 거짓말입니다. 그것은 그대의 체험이 되어야만 진리가 됩니다. 개인적이고 실존적인 경험이어야만 합니다.

자라투스트라는 말했습니다. "나는 신의 율법을 따르지 않는다. 무조건 율법을 추종하는 것은 자유를 잃는 것이다. 그것은 나의 깨어 있는 의식에서 떠오른 나의 율법이어야 한다. 그것은 나의 존재로부터 피어난 꽃이어야 한다. 오로지 그럴 때만 그것은 자유와 아름다움을 지닐 수 있다."

진리에 대한 경험이 그대의 것이 아니라면 그것은 단지 가설일 뿐입니다. 그대는 그 가설을 믿을 수 있지만 그것이 그대의 어둠을 거두어 주지는 못합니다. 빛을 믿음으로 해서 어둠이 사라지지는 않을 것입니다. 그대는 진짜 빛, 그대 자신의 빛을 필요로 합니다. 그럴 때만 어둠이 사라질 것입니다.

그대가 붓다를 흉내 낸다 해도 그것은 단지 연기일 뿐입니다. 아마 그대는 그보다 더 잘할 수 있을 것입니다. 왜냐하면 붓다는 배우가 아니기 때문입니다. 그는 예행연습을 한 적이 없습니다. 그의 삶은 자발적으로 우러나오는 것이었습니다. 그대는 원하는 만큼 연습할 수 있고 붓다의 이미지에 더 좋은 점을 보탤 수도 있습니다.

하지만 여전히 그대는 가짜일 것입니다. 그대는 위선자가 될 것입니다. 또 다른 붓다가 되려고 하지 마십시오. 아직도 수많은 사람들이 그의 복사본이 되려고 애쓰고 있습니다. 그러나 그들은 자기 자신을 파괴하고 있는 것입니다. 독자성을 지니지 못한다면 자신의 삶의 기회를 놓치는 것입니다. 이렇게 많은 사람들이 성장의 기회를 놓치고 있습니다.

길 없는 길 구도자는 자신의 길을 추구합니다. 그 길은 고속도로와 같은 것이 아니라 하늘 높이 새가 나는 것과 같습니다. 그것은 뒤에 아무런 흔적도 남기지 않습니다. 그래서 아무도 그 길을 따를 수 없습니다. 그 길은 길 없는 길입니다. 그 길은 지도로 만들 수 없습니다.

진정한 도는 이런 길을 의미합니다. 그 길은 창의성이 없는 기성품이 아닙니다. 붓다도 그의 길을 걸었으며 예수도 그의 길을 걸었습니다. 그러나 그 길들은 우리를 도울 수 없습니다. 우리는 예수가 아니고 또한 붓다도 아니기 때문입니다. 그래서 어느 누구의 길도 우리와는 아무런 관계가 없습니다. 우리는 우리 자신의 길을 발견해야 합니다.

그대는 유일한 개인입니다. 오로지 그대의 길을 걸음으로써, 그대의 삶을 살아냄으로써 그 길을 발견할 수 있습니다. 진정으로 그대자신의 삶을 자발적으로 산다면, 만약에 어느 누구도 따르지 않고 어느 누구에게도 의지하지 않을 용기가 있다면. 그때 그대의 삶은 모험적이지만 진정한 자신의 목적지에 이를 것입니다.

기독교나 불교는 고속도로입니다. 그대는 거기에서 아무런 모험도할 필요가 없습니다. 단지 무리들을 따를 뿐입니다. 그러나 참다운도를 찾기 위해서라면 그대는 홀로 가야 합니다. 도는 개인을 존중합니다. 도는 사회와 아무런 관계도 없습니다. 도는 자유와 관계가 있으며 맹종과는 관계가 없습니다. 도는 관습적이 아닙니다.

진정한 길은 그대의 존재 안에서 일어납니다. 그것은 신선합니다. 그것은 처녀입니다. 그대가 자신의 진리를 찾을 때까지 그대는 전혀길 위에 있는 것이 아닙니다. 오히려 기왕에 있었던 모든 길은 그대를 참된 길로부터 이탈시킵니다. 신이나 도 혹은 진리는 절대적으로창의적인 개인에게만 가능합니다.

도가 사람을 넓힐 수 없는 것이 사실이라면, 경전은 우리에게 무슨 의미가 있습니까? 경전이야말로 전형적인 도의 메시지가 아닙니까?

깨달음에서 이성은 그것이 쓸모없다는 것을 보여주는 데만 도움이되는 것과 같이, 경전도 우리가 경전을 넘어가는 데 도움을 줄 뿐입니다. 그것만이 경전의 유일한 기능이며 사용법입니다. 경전을 읽고깊이 생각하십시오. 진리는 경전을 통해서 얻어지는 것이 아니라는것을 이해하도록 도와줄 것입니다.

논리적으로 생각하고 분석하고 논쟁하는 노력을 통해서 우리는 이성이 우리를 진리로 이끌어주지 못한다는 것을 알게 될 것입니다. 이것을 깨달으면 우리는 이성을 내버릴 수 있고, 이성이 내버려지면 처음으로 우리는 우리 존재의 전혀 다른 중심인 가슴을 통해 움직이기 시작하게 됩니다.

가슴은 신뢰할 줄 압니다. 이성은 신뢰할 줄 모릅니다. 이성은 분석할 줄만 알지 통합할 줄은 모릅니다. 이성은 자르고 나눌 수는 있지만 어떤 통일체나 조화를 만들지는 못합니다. 이성은 가위와 같고, 가위는 자르고 나눌 줄만 압니다.

어떤 사람이 성인에게 황금 가위를 하나 선물로 주었을 때 성인은 이를 사양하면서 이렇게 말했습니다. "가위를 도로 가져가라. 나의 전 존재는 자를 수도, 분석할 수도, 나눌 수도 없는 것이다. 오히려 바늘과 실을 가져 오라. 통합이 나의 목표이기 때문이다. 나는 사물들을 결합시키고 싶다. 이 가위는 매우 값비싼 것인지 모르지만 나에겐 맞지 않는다."

진리를 발견하고 나서야 경전을 진실로 즐길 수 있다 어느 날 약산이 경전을 암송하고 있을 때 한 승려가 그에게 물었습니다. "스승님은 언제나 저희들이 경전을 암송하는 것을 허락하지 않으셨습니다. 그런데 왜 스승님 자신은 경전을 암송하고 계십니까?" 이 승려의 질문은 합당한 것으로 보입니다. 약산은 승려들에게 경전을 외지 못하도록 하면서 그 자신은 경전을 외고 있었습니다.

확실히 이것은 그의 가르침과 모순된 것입니다. 약산이 대답했습니다. "나는 단지 내 눈을 즐기고자 할 따름이다. 나는 이 경전의 아름다움과 그 솜씨, 그 음악과 진리를 즐기고 있다. 나는 그 무한한 속뜻에 신선함을 느끼고 나의 눈은 더욱 날카로워진다. 그것은 그저 내 눈을 즐기기 위해 소용될 뿐이다."

승려가 물었습니다. "저도 스승님처럼 경전을 암송해도 됩니까?" 여기서 우리는 이 질문이 합당한 것처럼 보일 것입니다. 그러나 그렇지 못합니다. 스승이 경전을 욀 때 그는 이미 진리를 알고 있기 때문에 그 경전에서 진리를 발견할 수 있습니다. 진리를 알지 못하는 자는 단지 시간만 낭비할 것입니다. 그는 경전 속에서 아무런 진리도 발견하지 못할 것이기 때문입니다. 그는 유식해질지 몰라도 깨닫지는 못합니다.

라즈니쉬 또한 이렇게 말합니다. "지금은 경전을 읽지 마라. 그러나 그대가 붓다가 되었을 때는 경전을 즐기라. 그 안에는 여기저기에 수많은 다이아몬드와 루비, 에메랄드와 보석들이 널려 있다. 그러나 우선 그대 자신을 발견하라. 먼저 그대 자신이 혜안을 가져야 한다.

무지한 사람, 지각이 없는 사람은 의미 없이 경전을 빌려와 그의 마음속에 마구 쑤셔 넣을 것이다. 그러나 깨달은 자, 그 자신의 중심에 이름으로써 진리를 알아 경전을 필요로 하지 않는 자는 담담히 그것을 즐길 수 있다."

이것은 마치 은행이 운영되는 원리와 같습니다. 만약 우리가 돈을 가지고 있다면 은행은 기꺼이 대출을 해줄 것이지만, 우리가 돈을 가지고 있지 않다면 어느 은행도 대출해 주지 않습니다. 일반적인 논리라면 돈이 없는 자에게 돈을 빌려주고, 돈이 있는 자에게는 돈을 빌려줄 필요가 없을 것입니다. 그러나 그것은 은행의 원리가 아닙니다.

높은 도의 경지에서도 이와 똑같은 원리가 적용됩니다. 진리를 얻은 자는 경을 읽을 필요가 없으나 그것을 즐길 수 있습니다. 그것은 아름다움의 극치이기 때문입니다. 그는 우리가 결코 찾을 수 없는 뉘앙스를 발견할 수 있고, 우리가 지나칠 다이아몬드를 발견할 수 있습니다.

우리는 아직 다이아몬드가 어떤 것인지 모르며, 단지 색깔 있는 돌로 생각할 뿐입니다. 문제는 분별력입니다. 약산과 같은 스승은 무엇이 진리이고 무엇이 진리가 아닌지 분간할 수 있기 때문에 경을 읽을 수 있습니다. 그는 고대의 붓다들과 그들의 글, 그들의 명확성 그리고 그들이 그토록 신비로운 체험을 그토록 단순한 말로 표현한 것을 감탄하고 사랑하면서 즐길 수 있습니다.

그러나 '저도 스승님처럼 경을 암송해도 됩니까?'라는 승려의 질문은 완전히 그릇된 것입니다. 스승처럼 되지 않는다면 우리는 스승처럼 경을 암송할 수 없습니다. 어디서 우리는 그러한 눈을 얻을 것입니까? 어디서 우리는 다이아몬드를 분별해 내는 지각을 얻을 것입니까?

약산이 말했습니다. "그대가 나처럼 경전을 암송하려면 소의 겉가죽을 꿰뚫어 속을 볼 수 있어야 한다." 우선 엑스선과 같이 꿰뚫고 명확히 통찰할 수 있는 눈을 가져야 합니다. 그러한 눈을 얻은 뒤에 경전을 암송하며 즐길 수 있습니다.

비도홍인非道弘人의 관점으로는 깨달은 사람도 제자를 깨닫게 할 수 없는데, 그렇다면 깨달은이의 역할은 무엇인지요? 구체적인 예를 들어 말씀해주시면 그 역할에 대해 좀 더 쉽게 이해할 수 있을 것 같습니다.

스승이 진리를 가르쳐줄 수 있다고 생각하지 말 것입니다. 진리는 개인적인 노력을 통해 성취되는 것입니다. 그것은 양도할 수 없는 것입니다. 붓다조차도 그것을 줄 수 없습니다. 그는 알고 있지만 줄 수는 없습니다. 기껏해야 희미한 힌트만을 줄 수 있을 뿐입니다. 내면의 여행은 비밀스러운 사적 여행이기 때문이지요.

거기에 대한 어떤 지도도 만들 수 없고, 정해진 프로그램도 있을 수 없습니다. 개인마다 여행의 방법이 제각기 다르고, 제각기 다른 내면의 세계로 들어가야 하기 때문이고, 내적인 풍토가 제각기 독특하기 때문이지요. 그래서 붓다의 마지막 말은 '그대 자신의 등불을 밝히라'는 것이었습니다.

그는 제자들과의 영원한 이별에 앞서 말했습니다. "이제 피곤해서 육신을 떠나고 싶다. 내 일은 끝났다." 제자들은 울기 시작했습니다. 그와 가장 가까이서 지냈던 아난다, 거의 사십 년 동안을 그림자처럼 보살피며 가는 곳마다 따라다니고 붓다 곁을 떠난 적이 없는 그의 뺨에도 눈물이 흘러내리기 시작했습니다.

붓다가 말했습니다. "아난다야, 왜 우느냐?" 아난다가 말했습니다. "저는 스승님이 살아 계신 동안 깨달음을 얻지 못했습니다. 이제 스승님이 가시면 저에게 어떤 일이 일어나겠습니까?"

붓다가 웃으며 말했습니다. "아마 내 존재가 장애물이 되었을 것이다. 이제 그대는 24시간 내에 깨달음을 얻을 것이다. 그대는 나에게 너무 의존하고 있었다. 나는 그것을 그대에게 줄 수 없고 누구도 줄 수 없다고 줄곧 말해왔으나, 그대의 깊은 내면에서는 여전히 희망을 품고 있었다.

그대에게 주고 싶지 않아서가 아니다. 그것은 양도할 수 없다. 사람들은 각자가 스스로 그것을 체험해서 알아야 한다. 그것은 외부로부터 주어질 수 없다. 경전도 그것을 줄 수 없고 스승도 그것을 줄 수 없다." 세상에 그것을 줄 수 있는 자는 아무도 없다.

스승은 제자의 내면에서 찾고 구하려는 강렬한 구도심을 유발할 수 있을 뿐입니다. 그는 제자의 내면에 그런 과정이 일어나도록 방아쇠를 당길 수는 있지만 그것을 줄 수는 없는 것입니다. 붓다가 말한 것이 정말로 아난다에게 일어났습니다. 24시간만에 아난다는 깨달음을 얻었습니다.

붓다의 죽음은 그토록 큰 충격이었습니다. 그의 전 생애가 가고, 붓다도 가고, 이제 눈앞엔 깜깜한 어둠과 죽음만이 남아 있었습니다. 그 충격은 너무도 크고 강렬해서 최초로 그를 돌려 세웠습니다. 마침내 그는 스승이 거듭 말해오던 말을 깨달았습니다. 이제 더 이상 미룰 수 없는 상황에서 그 일을 해내야만 했습니다. 붓다가 가고 나면 다시는 내면을 보라고 말해 줄 그 누구도 없기 때문입니다.

그는 눈을 감았습니다. 그때까지 40년 동안 그의 눈은 스승에게 고정되어 있었습니다. 붓다는 너무도 아름답고 우아했기에 그와 함께 같은 방에 있는 동안엔 눈을 감는다는 것이 불가능했습니다. 아난다는 그저 붓다만 보고 있었습니다. 그러나 이제 바라볼 대상이 없습니다.

아난다는 눈을 감고 스물네 시간 동안 눈을 뜨지 않았습니다. 누군가 그에게 물었습니다. "왜 당신은 눈을 뜨지 않는가? 눈물이 흘러내리는데도 왜 눈을 뜨지 않는가?" 그가 말했습니다. "이제 바라볼 대상이 남아 있지 않다. 나는 가장 위대한 존재를 보았다. 나는 볼 가치가 있는 모든 것을 보았다. 나는 최고의 영광을 보았다. 이제 나는 나 자신을 보기 전에는 눈을 뜨지 않겠다."

자기 자신을 보게 되었을 때 그는 눈을 떴습니다. 그 눈은 이전과 달리 신비한 빛으로 가득 차 있었습니다. 진리는 우리 내면에 있습니다. 허나 우리는 돌아와야 합니다. 우리의 시선은 바깥세상에서 쓸데없는 것에 너무 기울어진 채 고정되어 있습니다.

스승은 신의 도구이다 문제는 우리의 의식이 진리를 향해 열려있지 않다는 것입니다. 우리가 열리는 순간 즉시 만남이 일어납니다. 신은 항상 열려 있습니다. 문제는 우리에게 있습니다. 우리가 닫혀 있는 것입니다. 태양은 떠올랐으나 우리가 눈을 감고 있습니다.

태양이 무엇을 어떻게 할 수 있습니까? 빛이 쏟아지고 있으나, 우리는 어둠 속에서 살고 있습니다. 우리가 눈을 뜨는 것은 매우 쉬운 일입니다. 우리가 눈을 뜨는 순간 모든 어둠은 사라집니다. 그러나 이상하게도 많은 사람들이 눈을 감은 채 살아가고 있습니다. 이런 상태가 습관적으로 이어오고 있습니다.

내면의 세계도 마찬가지입니다. 신은 항상 현존하고 열려 있고 우리가 이용할 수 있습니다. 신은 우리를 사랑으로 기쁨으로 가득 채워줄 준비가 되어 있습니다. 우리를 축복할 준비가 되어 있습니다. 그러나 우리는 닫혀 있고 받아들일 준비가 되어 있지 않습니다. 우리는 문도 없고 창도 없는 폐쇄된 독방에서 살고 있습니다. 그것이 더 안전하고 안심할 수 있다고 생각합니다.

그러나 그것은 안전도 아니고 안전한 방책도 되지 못합니다. 그것은 죽음이나 마찬가지지요. 무덤 속에서 살고 있는 것과 같습니다. 일단 우리가 열리면 그 기쁨은 어두운 독방 속에서 사는 것과는 비교할 수 없습니다. 이제 하늘 전체가 우리의 것이고 모든 별들이 우리의 것이고, 모든 신비가 우리의 것입니다.

스승은 단지 신의 도구일 뿐입니다. 신의 매개체입니다. 신은 우리에게 직접 말할 수 없습니다. 누군가를 통해야 합니다. 일단 우리가 스승이 부르는 소리를 듣고 그를 신뢰하여 우리의 창문을 연다면, 스승의 역할은 끝납니다. 그때 우리는 창문 밖으로 날아갈 것입니다. 이제 더 이상 어두운 독방에 남아 있을 수 없습니다.

현대는 도덕적 해이가 심각한 상태에 있습니다. 그래서 올바른 사회를 이루기 위해서 도덕을 강조하는 주장들이 제기되기도 합니다. 그러나 도덕 또한 비도홍인非道弘人의 도에 해당한다고 볼 때, 이는 근본적인 대책이 되지 못할 것 같습니다.

사람들은 언제나 자기들이 사는 시대야말로 무언가 특별한 시대라고 생각합니다. 그러나 그렇지 않습니다. 특별한 시대란 있을 수 없습니다. 바빌론에서 약 6천 년 전의 것으로 보이는 돌이 하나 발견되었는데, 그 돌 위에는 네다섯 개의 문장이 새겨져 있었습니다. 마침내 그 문장들이 해독되었을 때 사람들은 놀라지 않을 수 없었습니다.
거기에는 다음과 같이 쓰여 있었습니다. '도대체 그 옛날의 황금기는 모두 어디로 갔단 말인가? 요즘 젊은이들은 몹시 타락했다. 그들은 자신들의 부모를 존경하지 않고 …' 이것이 6천 년 전의 글이라니. 오늘날의 젊은이와 무엇이 다르단 말입니까?
어느 때건 사람들은 그 시대가 가장 부도덕한 시대라고 느껴왔습니다. 인류 역사 전반에 걸쳐 이런 일은 항상 있어 왔습니다. 인도에 '태양 아래 새로운 것은 아무 것도 없다'는 속담이 있지요. 이 속담은 어떤 의미에서 매우 중요합니다. 형태만 다를 뿐 모든 것은 동일합니다.
똑같은 폭력, 똑같은 비인간성, 똑같은 광기. 생존하기 위해 서로를 무참히 짓밟는 잔인한 아귀다툼 등 진실로 태양 아래 새로운 것은 아무 것도 없습니다. 여기저기서 조금씩 변하기는 하지만 근본적으로는 동일한 형태를 계속 반복하고 있는 것입니다.

새처럼 훨훨 날 수 있어야 우리는 이 사회의 병리현상을 도덕의 힘을 빌려 극복할 수 있을 것이라는 환상에서 벗어나야 합니다. 오히려 도덕의 본성과 그 부정적 특성을 이해하고, 보다 근본적인 관점에서 문제를 직시하는 자세가 필요할 것입니다. 도덕은 결코 우리를 변화시키지 못합니다.

그래서 붓다는 말했습니다. "진정한 도덕은 내면의 각성에서 자발적으로 나오는 것이지, 외부의 강압에 대한 두려움에서 나오는 것이 아니다." 소위 도덕적인 이는 그의 정직을 부단히 감시해야 합니다. 언제나 그는 부정직하게 될지도 모른다는 두려움에 시달리기 때문입니다. 그 부정직성은 억압되어 존재의 밑바닥에서 호시탐탐 기회를 노리고 있으니까요.

그는 다른 사람들을 기만할 수는 있지만 자신을 기만할 수는 없습니다. 도덕적인 사람은 이중적입니다. 외부에 그 일면이 있고 내부에 그 역의 일면이 있습니다. 내면은 진실을 감추게 되며 외면은 허위를 표명하게 됩니다. 이는 인간의 불행 중의 하나입니다.

수천 년 동안 인간은 온갖 유형의 도덕이란 질곡 속에서 살아오면서 자유의 맛을 잊어버렸습니다. 그리고 책임의 아름다움 또한 잊어버렸습니다. 그래서 자신에게 날개가 있다는 사실을, 온 하늘이 그의 것이라는 사실을 망각해 버렸습니다. 인간은 동물처럼 기둥에 묶여 있어야 할 필요가 없습니다. 인간은 새처럼 훨훨 광활한 하늘을 마음껏 날 수 있어야 합니다.

그래서 깨달은 사람은 도덕에 반대합니다. 이는 비도덕적으로 되라는 말이 아닙니다. 그는 사람들에게 의식적으로 되라고 강조합니다. 의식적으로 될 때 그들의 삶은 변하기 시작합니다. 그들의 행동과 그들의 존재가 깊은 조화를 이룰 것입니다. 그리고 행동과 존재가 조화를 이룰 때, 삶은 기쁨이 되고 춤이 되지요.

그러나 도덕주의자들은 단순히 구성원들의 행동을 억압할 규율들을 만들고 있습니다. 그들은 겉 치례를 하는 사람들입니다. 예수는 이런 무리들을 무덤에 회칠을 한다고 표현했습니다. 안에는 냄새 나는 시체가 있는데 겉에서만 회칠을 하는 것입니다.

외부에서 보면 그 무덤은 아름답게 보일지도 모르지요. 사람들이 무덤에 장미를 갖다놓을 수도 있고, 무덤가에 꽃을 키울 수도 있습니다. 하지만 아무리 아름답게 꾸미더라도 그 내부는 무덤일 뿐입니다. 내부는 조금도 변하지 않고 그대로 남아있습니다.

바로 이것이 인간의 상황입니다. 이 모든 일은 우리가 도덕을 과도하게 믿기 때문에 일어나는 현상입니다. 대부분의 사람들은 행동주의자들입니다. 그들은 사람들의 행동은 변할 수 있으며, 그때는 그들도 바뀐다고 믿습니다. 그러나 도덕이란 일종의 게임의 규칙에 불과합니다.

사회라고 하는 게임에 참가하고 싶은 사람은 그 게임의 규칙을 따라야만 합니다. 카드놀이를 할 때 일정한 규칙을 따라야 하는 것과 마찬가지지요. 그 규칙에는 궁극적인 어떤 가치도 없습니다. 그것은 신으로부터 나온 것도 아닙니다. 이것은 무지한 사람들의 약속일 뿐입니다.

모든 사회와 모든 문화가 그들 나름의 독특한 도덕을 가지고 있습니다. 한국에서는 도덕적인 것이 미국에서는 비도덕적인 것이 될 수도 있습니다. 만일 도덕이 진정으로 실재하는 것이라면 그것은 결코 서로 달라서는 안 될 것입니다. 도덕은 외부의 조건에 따라 좌우되는 것일 뿐 그 안에는 본질적인 것이 아무것도 없습니다.

너무 많은 도덕이 부도덕을 낳는다 끝으로 우리 사회의 도덕적 파탄의 대표적 예에 해당하는 성 문제에 대해 한 마디 덧붙이고자 합니다. 도덕군자들은 언제나 섹스를 비난하고 죄악시합니다. 그래서 성욕이 일어날 때 도덕적인 사람은 그것을 억누릅니다. 그리고 외관상으로는 태연한 척합니다.

하지만 성욕은 그대로 남아 있는 채 억압된 상태로 그 뿌리로 더 깊숙이 들어가 부자연스러운 방식으로 발산될 것입니다. 억압한다고 해서 그의 인생이 변하지는 않습니다. 성은 순수한 에너지입니다. 그것은 우리의 내면에서 꽃피는 생명력입니다. 그것을 왜곡하지 말 것입니다. 그것이 마음껏 꽃필 수 있도록 허용함으로써 섹스가 사랑으로 승화되게 해야 합니다.

아름다운 여자나 멋진 남자를 보면 정력이 솟구침을 느끼는 것은 결코 죄가 아니라 지극히 자연스러운 반작용일 뿐입니다. 아름다운 사람이 눈앞에 있는데 내면에서 아무런 느낌이 없다면, 그것이 오히려 아주 모욕적인 일이 될 것입니다.

만일 사회가 자연스럽다면 그 사회는 이런 사실을 받아들일 것이며, 그대가 얼굴이 붉어지고 몸이 떨린다면 그토록 아름다운 찬사가 다시는 없을 터여서 여인은 그대에게 감사할 것입니다. 하지만 현실은 그렇지 못해서 그대는 진실을 숨기고 여자를 쳐다보지 않으려고 합니다.

그리고 그대가 쳐다보지 않으려고 하면 할수록 본성은 더욱 거기에 반발하고 그대는 부도덕하다는 생각에 빠져 듭니다. 이는 도덕과 부도덕의 문제이기보다 자연스러움과 부자연스러움의 문제라 할 수 있습니다. 그러나 도덕은 으레 부자연스러움을 강요합니다.

만약 어머니와 젊은 아들이 집에서 알몸으로 함께 목욕한다면, 이 아들은 결코 소녀들을 괴롭히거나 시장 안에서 그들에게 일부러 부딪치면서 지나가지 않을 것입니다. 만약 남자와 여자 사이에 존재하는 거리가 좀 더 줄어든다면, 소위 말하는 많은 청소년 범죄들이 사라질 것입니다. 젊은 남자가 젊은 여자를 스치며 지나갈 때, 그는 정말로 그 거리를 줄이기 위해 애쓰고 있는 것입니다.

그는 점잖게 그녀를 건드릴 방법이 없기 때문에 거친 방법으로 건드립니다. 만약 그의 손으로 사랑스러운 여자의 손을 잡고서 얼마나 사랑하는지를 말할 수 있다면 그리고 그가 살고 있는 사회가 그것을 아름다운 것으로 받아들이는 데 자연스러우면, 여자에 대한 거친 행동은 사라질 것입니다. 그러나 그런 사회는 기대를 포기해야 할 정도로 멀리 있습니다.

많은 도덕이 부도덕을 낳는다 아름다운 꽃을 발견했을 때 우리는 잠시 그 곁에 멈춰 서서 그것을 바라보고 난 뒤에 길을 갑니다. 꽃을 스쳐 지나가면서 결코 그것에 상처 입히고자 하지 않습니다. 그러나 만약 어느 날 꽃들이 법을 만들고 자신들을 쳐다보는 사람들을 막기 위해 경찰을 고용한다면, 사람들은 곧 꽃들에게 거칠게 대할 것입니다. 그때 부도덕이 존재 안으로 들어오게 됩니다.

사실상 너무 많은 도덕이 부도덕을 낳습니다. 만약 우리가 너무 도덕적이라면 머지않아 우리는 부도덕하게 되기 마련입니다. 만약 한 사회가 너무 옷에 사로잡힌다면 그 사회는 곧 나체주의 클럽을 만들어낼 것입니다. 극과 극은 서로 통하기 때문입니다.

그래서 노자는 쉽고 자연스럽고 자발적인 삶을 지지합니다. 그는 아무런 왜곡이 없는, 있는 그대로의 삶을 받아들이는 사람입니다. 만일 그를 이해한다면 우리의 삶은 전적으로 다른 율동으로 움직이기 시작할 것입니다. 노자는 진실로 무심으로 삶을 바라보는 사람입니다. 아무런 관념 없이, 어떤 도덕성이나 부도덕성의 구분 없이 순수한 삶 그대로를 꿰뚫어 봅니다.

7

사랑과 지혜는 우리 본성의 향기다

子曰 性相近也 習相遠也
자 왈 성 상 근 야 습 상 원 야

공자가 말하였다. "모든 사람이 타고난 본성은 서로 비슷하지
만, 나날의 삶에서 각성을 위해 얼마나 정진하느냐에 따라 의
식이 꽃 피는 정도는 천양지차로 크게 벌어진다."

주해 ——————————————————

性 타고난 본성 | **相** 서로 | **近** 가깝다 | **也** 문장이 끝남을 나타내는 형식적인
말 | **習** 익히다 | **遠** 멀다

그대는 성자가 될 필요가 없습니다. 오로지 깨어 있기만 하면 됩니다. 세상엔 죄인도 없고 성자도 없습니다. 오직 잠들어 있는 사람과 깨어 있는 사람이 있을 뿐입니다. 사람들의 차이는 이것입니다. 어떤 사람은 잠들어 있고 어떤 사람은 깨어 있습니다. 이것이 붓다와 중생의 유일한 차이입니다.

별로 많은 차이가 없습니다. 그대는 바로 한 사람의 붓다입니다. 다만 아직 눈 뜨지 않았을 뿐입니다. 그대는 아직도 마음이 그대의 주인이도록 허락하고 있습니다. 그대는 각성을 위해 탐구하지 않았습니다. 그대는 깨어 나려고 스스로를 흔들지 않았습니다. 그래서 계속 잠들어 있습니다.

불교에는 죄에 대한 개념이나 성인에 대한 개념이 없습니다. 붓다는 말합니다. "단순히 해야 할 게 한 가지 있다. 사람들은 줄곧 잘못을 행하는데, 그것은 그들이 나빠서가 아니라 잠들어 있기 때문이다." 어떻게 잠들어 있는 사람에게 바른 일을 하기를 기대할 수 있습니까?

사람들은 몽유병 환자와 같습니다. 잠 속에서 걸을 때는 자연히 뭔가에 걸려 넘어질 수 있습니다. 어쩌면 벽에다 머리를 부딪칠지도 모릅니다. 그렇지만 그를 죄인으로 단죄하고 지옥에 보내지는 않을 것입니다. 잠다는 것은 나쁜 짓을 범하는 것이 아니라 단지 아직 깨어나지 않아서 정신을 못 차리고 있는 것일 뿐입니다.

할 수 있는 건 그를 깨우는 일입니다. 그러면 그 깨어 있음이 모든 것을 변화시킬 것입니다. 불교에서는 말합니다. '세상에는 유일한 죄가 있는데, 그것은 잠들어 있는 상태 즉 무자각이다. 그리고 유일한 미덕이 있는데, 그것은 각성 즉 깨어 있음이다.' 행위는 아무런 문제도 되지 않습니다. 문제는 그대가 자각하고 있느냐 그렇지 않으냐에 있습니다.

삶을 살아가는 데도 두 가지 방식이 있습니다. 수면 상태로 사는 삶과 깨어 있는 삶이 그것입니다. 수면 상태의 삶은 노화로 이어지다 죽음으로 끝납니다. 매 순간 잠에 빠져 있습니다. 매 순간 늙어가고 매 순간 죽어갑니다. 전 생애가 길고 지루한 죽음의 과정일 뿐입니다.

깨어있는 삶은 어떠합니까? 비록 극소수이긴 하나 깨어있는 상태에서 사는 사람들이 하는 경험은 모두 지성이 됩니다. 그들이 하는 모든 행위가 지성이 됩니다. 왜냐하면 그들은 행위를 하는 자가 아니라 행위를 지켜보는 자이기 때문입니다. 단지 표면만 보는 게 아니라 현상의 깊이를 꿰뚫어보지요. 그러므로 이해가 깊어지고 매 순간 깨어 있는 삶을 살게 됩니다.

내면 깊은 곳에서 변화가 일어나면서 각성의 눈이 더 커집니다. 실수를 하게 될 때조차 그들은 경험을 얻게 됩니다. 더 이상 같은 실수를 하지 않습니다. 성숙한 사람은 같은 실수를 반복하지 않습니다. 하지만 늙어가기만 하는 사람은 똑같은 실수를 하고 또 할 수밖에 없습니다. 다람쥐 쳇바퀴 돌듯 실수 속에서 아무것도 배우지 못합니다.

성인들은 삶의 핵심적 조건으로 의식의 개화를 꼽습니다. 그들은 호흡과 혈액 순환을 삶으로 정의하지 않습니다. 그들은 의식이 깨어 있어야만 살아 있는 것이라고 말합니다. 따라서 의식의 각성을 이룬 사람을 제외하곤 아무도 진정으로 살아 있다고 말할 수 없습니다. 대부분의 사람들은 시체입니다. 걷고 말하고 행동하는 시체입니다. 그들은 로봇에 불과합니다.

많이 깨어 있는 사람일수록 더 많이 살아 있게 될 것입니다. 삶이 목적이라면 각성은 방법입니다. 각성은 삶을 획득하는 기술입니다. 대부분의 사람들은 잠들어 있습니다. 그들은 잠 속에서 움직입니다.

그래서 원하지도 않는 일을 하고 원하는 일을 하지 못합니다. 옳지 않다는 것을 뻔히 알면서도 그 일을 하고, 옳다는 것을 알면서도 그 일을 하지 않습니다. 그들은 계속 길을 잃고 방황하고 있습니다.

그들에게는 모든 일이 혼란스럽기 그지없습니다. 그들은 투명한 의식이 없습니다. 그들은 보지도 듣지도 못합니다. 물론 그들에게는 귀가 있으므로 들을 수 있습니다. 그러나 그들의 내면에는 그것을 이해할 의식이 없습니다. 그들은 눈이 있으므로 볼 수 있습니다. 그러나 내면에는 그것을 이해할 의식이 없습니다. 그들의 눈과 귀는 계속 보고 듣지만 아무 것도 이해하지 못합니다.

사람들이 타고난 본성은 모두 비슷하다고 할 때 그 본성은 무엇을 가리키는 것입니까? 이는 사람들이 제각기 지니고 있는 개인적 특성 즉 개성 이상의 어떤 보편적인 것일 듯한데, 그 의미가 쉽게 이해되지 않습니다.

이는 매우 미묘한 구분으로 우리가 어떤 관점 혹은 어떤 차원에서 보느냐와 관련된 문제입니다. 개성의 관점에서 보면 존재는 모두 독특합니다. 신은 결코 복제품을 만들지 않습니다. 항상 원본만을 창조합니다. 신은 진정한 창조자입니다. 그래서 모든 사람은 각각 고유한 얼굴을 가지고 있습니다.

위대한 스승들의 모든 노력은 개인의 유일성을 선언하기 위한 것입니다. 예수는 예수의 본성을 지니고 있고, 붓다는 붓다의 본성을 지니고 있으며, 노자는 노자의 본성을 지니고 있습니다. 그래서 그들이 자신의 본성을 꽃피울 때는 그들만의 방식으로 꽃피우게 되는 것입니다.

모든 사람은 고유한 본성을 지니고 있습니다. 그런 이유로 예수는 결코 스승인 세례자 요한의 뒤를 따르지 않았습니다. 예수는 전혀 다른 방식으로 움직이기 시작했습니다. 인간의 보편적인 본성이란 존재하지 않습니다. 개별적인 인간이 각자 고유의 본성 즉 개성을 지니고 있을 뿐입니다.

따라서 우리가 붓다에게 가까이 가서 보면, 그는 예수와는 전적으로 다를 것입니다. 붓다는 십자가에 못 박히지 않았습니다. 마하비라는 나체로 살았습니다. 그를 따르는 사람들은 깨달음을 얻기 위해 나체로 살아야 한다고 생각합니다. 우리가 순수하다면 옷이 무슨 소용입니까?

이처럼 사람들은 서로 차이가 나고, 그들은 모두 각자의 방식으로 깨달음을 추구하고 있습니다. 그들의 표현방식 또한 독특하기는 마찬가지입니다. 그리고 그들의 독특함은 바람직한 것이니, 그렇지 않다면 삶은 얼마나 단조롭겠습니까? 상이함이, 다양성이 삶을 풍요롭게 합니다.

똑같은 예수들이 길게 한 줄로 늘어서 있다고 생각해 보십시오. 그들이 과연 위대해 보이겠습니까? 예수는 오직 한 명뿐이기에 더욱 아름답고 다이아몬드처럼 소중하게 여겨지는 것입니다. 붓다를 상징하는 세상의 그 많은 불상들조차도 똑같은 것을 찾아볼 수 없는 것은 의미심장합니다.

의식이 인간의 본성이다 그러나 이런 본성만 가지고는 충분하지 않습니다. 보다 높은 차원의 본성이 있는 것입니다. 우리는 다르마라는 말이 전해 옴을 알고 있습니다. 이 말은 산스크리트어에서 나온 것으로 말할 수 없이 심오한 의미를 지니고 있습니다.

산스크리트어는 세상에서 가장 심오한 단어들을 갖고 있는 언어입니다. 그 단어들은 사전적인 설명이 아닌 경험으로써만 그 본질적인 의미를 이해할 수 있습니다. 산스크리트어는 깨달은 사람들에 의해 만들어진 유일한 언어입니다.

다르마란 단어는 사물의 본성을 의미합니다. 불의 본성은 뜨거운 것이고 얼음의 다르마는 찬 것입니다. 그렇다면 인간의 다르마는 무엇입니까? 이를 바로 이해하는 것은 결코 쉬운 일이 아니며 따라서 많은 오해가 있어 왔습니다. 모든 사람은 속고 있습니다.

어떤 사람이 돈을 많이 벌어서 거부가 되면 그들의 본성이 실현될 것이라는 생각에 속고 있습니다. 또 어떤 사람은 지식을 축적하는 일에, 권력을 모으고 명예를 얻는 일에 속고 있습니다. 어떤 사람은 성자나 고행자가 되면 자신의 잠재력이 꽃필 것이라는 생각에 속고 있습니다.

그러나 그들이 무엇을 하든지 그들의 본성을 알지 못하는 한 그들은 속고 있는 것입니다. 그 본성은 가장 깊은 내면에 존재하는데, 사람들은 그것을 밖에서 구하고 있기 때문이지요. 우리는 밖에서 밖에 구할 줄 모르는 오랜 습관 혹은 한계를 가지고 있습니다.

본래면목本來面目이란 말이 있습니다. 이것은 우리가 거울로 보는 얼굴을 의미하지 않습니다. 본래면목이란 상징적인 말입니다. 그것은 얼굴을 의미하지 않습니다. 내면으로 들어가면 얼굴은 존재하지 않습니다. 그것은 우리의 본질적 의식 혹은 우리의 불성을 의미합니다. 그것이 바로 본래면목입니다. 이것은 은유적 표현일 뿐입니다.

인간에게는 외부의 관찰이나 분석이나 해부가 닿을 수 없는 내면이 존재합니다. 그러나 바위는 내면을 갖고 있지 않습니다. 바위는 부수어서 낱낱이 살펴볼 수 있습니다. 바위는 부수어도 아무 것도 파괴되지 않습니다. 비록 조각조각 분해하여도 그것은 똑같은 바위입니다.

그러나 인간을 부순다면 엄청난 가치를 지닌 무엇인가가 즉시 사라져 버립니다. 부서진 바위는 여전히 똑같은 바위이지만, 인간은 더 이상 똑같은 인간이 아닙니다. 외과 의사의 해부대 위에 눕혀진 인간은 인간이 아닙니다. 시인이 그를 건드리거나 그의 손을 잡아줄 때 비로소 그는 인간이 되지요.

내면에서 타고 있는 등불 우리의 의식은 순수한 무無입니다. 보다 높은 차원에서 볼 때 모든 사람은 백지 상태로 태어납니다. 그것은 어떤 것도 쓰이지 않은 흰 종이와 같습니다. 이 말은 우리의 의식이 순수한 무의 상태라는 뜻입니다. 그것은 텅 비어 있으면서 신비한 그 무엇으로 가득 차 있습니다.

문자 그대로의 아무것도 없는 무 자체란 존재할 수 없을 뿐 아니라 반대로 무야말로 무엇보다도 위대한 그 무엇이 샘솟을 수 있는 바탕입니다. 무는 침묵, 투명함, 순진무구함의 특성을 드러낼 수 있는 터전입니다. 우리의 의식은 순수한 무의 상태에서 빛으로 기쁨으로 향기로 가득 차 있습니다.

붓다는 등불 하나가 우리 내면에서 타고 있다고 말했습니다. 그것은 항상 거기 있습니다. 단지 우리가 한 번도 그것을 생각해 보지 않았을 뿐입니다. 우리는 계속 그것을 등지고 있습니다. 그리하여 우리는 어둠 속에서 살아갑니다. 우리의 방향을 내면으로 바꾼다면 모든 것이 빛입니다. 우리가 외부로 향하고 있다면 모든 것이 어둡습니다.

어둠은 단지 우리가 외부로 초점을 맞춘 채 내면의 세계를 잊어버리고 있다는 것을 뜻합니다. 이 빛이 바로 우리의 본성이고 모든 존재의 본성입니다. 존재는 빛으로 이루어집니다. 현대 과학 역시 우주는 전기, 전자로 이루어져 있다는 것에 동의합니다. 전기나 전자는 과학의 용어이며, 빛은 시적인 말입니다.

이 빛이 인간이 스스로를 초월할 수 있는 가능성의 원천입니다. 이 빛은 아무런 방해 요소가 없을 때 자연스럽게 표면화될 수 있습니다. 위대한 스승들이 깨달음에 이른 것도 궁극적으로는 이 빛에 의해서입니다. 모든 사람이 피카소처럼 대작을 그릴 수는 없지만, 깨달음을 얻을 수 있는 잠재력은 가지고 있습니다.

누구나 피카소가 될 수는 없습니다. 하지만 깨달음은 누구에게나 열려 있는 문과 같습니다. 따로 재능을 필요로 하지 않습니다. 단지 우리가 사념과 욕망에 가려서 이 빛을 보지 못하고 있을 뿐입니다. 그것은 꽃봉오리와 같습니다. 조금만 노력하면 꽃이 될 수 있습니다. 아침이 오고 태양이 떠오르면 꽃봉오리들은 꽃으로 피어나기 시작합니다.

위대한 스승들의 기본적인 가르침은 모든 사람이 자신의 의식을 꽃피우는 나무로 자라게 해야 한다는 것입니다. 사람은 저마다 꽃을 피워야 합니다. 물론 인간의 꽃은 나무들의 꽃과는 다를 것입니다. 장미나 연꽃이나 금잔화와는 다를 것입니다. 인간의 꽃은 지복의 꽃, 지혜의 꽃, 사랑의 꽃. 자유의 꽃이 될 것입니다.

신은 편파적이 아니다 라즈니쉬는 이런 상황을 다음과 같이 표현했습니다. 이는 우리가 반복해서 음미하고 깊이 이해해야 할 더 없이 중요한 메시지입니다. 바로 구도의 핵심이라고 할 수 있지요. 이는 머리로 이해해서만은 안 되며 뜨거운 가슴으로 느낄 수 있어야 합니다. 그만큼 더없이 중요한 것입니다.

'그대의 내면에는 길을 안내하는 근원이 있다. 신이 그곳에서 말한다. 그러나 사회는 그것을 깨닫도록 그대를 가만 놔두지 않는다. 신은 말을 멈춘 적이 없다. 그는 편파적이지 않다. 그는 모세에게만 말하고 그대에게는 아무 말도 하지 않는 게 아니다. 다만 차이점이 있다면 모세는 들을 준비가 되어 있었으나 그대는 준비가 되어 있지 않다는 것이다. 그대 내면의 본성에서 울리는 소리를 듣게 되는 것, 이것이 명상이다.'

그는 또한 의식의 성장에 대하여 이렇게 말합니다. '의식이 깨어남에 따라 그대는 어떤 에너지가 그대 내부로 밀려들어오는 것을 느낄 수 있다. 중력을 무시하고 위로 움직이는 에너지를 감지할 수 있다. 그 에너지가 더 높이 올라가면 올라갈수록 그대는 더욱 더 그것을 느낄 수 있다. 그리고 그대의 내면이 따뜻해지고 빛으로 가득 차게 될 때, 이들 꽃봉오리들이 활짝 피어나기 시작한다. 갑자기 그곳은 봄이 된다. 지복은 최초로 피는 꽃이다. 그 꽃을 따라 많은 꽃들이 다투어 피어난다. 마치 지복이 사원의 문을 열어 놓기라도 한 듯이.'

지복, 지혜, 사랑 등 고결한 속성들이 인간의 고유한 본성에서 피는 꽃이라는 말은 이들 또한 인간의 본성에 속하는 것으로 이해됩니다. 그러면 이런 것은 누구나가 누릴 수 있는 것인가요?

그렇습니다. 모든 사람은 이들을 누릴 수 있는 잠재력을 가지고 있습니다. 이들은 씨앗의 형태로 존재하면서 꽃으로 피어나기를 기다리고 있지요. 지복은 우리 고유의 본성입니다. 이에 반해서 고통은 우리가 만들어낸 임의적인 것입니다.

지복은 만들어지지 않습니다. 지복은 바로 지금 존재합니다. 고통의 밑바닥에 지하수처럼 흐릅니다. 우리는 지복을 만들어낼 필요가 없습니다. 지복은 이미 존재하고 있으니까요. 고통만 만들어내지 않으면 됩니다. 그리고 에고 속에 고통을 만드는 비밀이 들어 있습니다.

인간에게 에고는 하나의 상처입니다. 인간은 아픕니다. 건강하지 않습니다. 에고는 끊임없이 아픔을 줍니다. 거기에는 고통과 고뇌가 있습니다. 불행과 어둠이 있습니다. 그러나 우리는 그렇게도 많은 아픔을 주는 이 상처가 치유되는 것을 허락하지 않습니다. 계속 그것을 감추어 둡니다.

상처를 노출시키는 것을 두려워하지요. 상처를 계속 점점 더 두꺼운 위선 속에 숨기기 때문에 그 상처가 암처럼 점점 더 커지고 있습니다. 그리고 상처가 커지면 커질수록 우리는 더욱 더 그것을 숨겨야 합니다. 그리하여 서서히 우리의 삶 전체가 바로 블랙홀이 됩니다. 이것이 사람들의 모습입니다.

간혹 행복할 때도 있습니다. 그러나 이런 행복은 죽어 있는 것이나 다름없습니다. 우리가 느끼는 행복은 가슴 벅차서 솟구치는 환희가 아닙니다. 기껏해야 불행하지 않다고 말할 수 있는 그런 것입니다. 그러나 이것은 병에 걸리지 않았기 때문에 건강하다는 말과 같습니다.

이것은 건강하다는 말과는 다릅니다. 건강은 긍정적입니다. 그 자체로 빛을 발합니다. 다시 말해 질병이 없다고 건강한 것이 아닌 것과 같은 것이지요. 이런 식으로 본다면 시체도 질병이 없기 때문에 건강하다고 할 수 있을 것입니다.

에고는 우리의 지옥입니다. 그런데 아이러니한 것은 그것을 만들어내는 자는 바로 우리 자신이라는 것입니다. 우리가 지옥을 만들고 우리가 고통을 당합니다. 그러나 우리의 내면에는 지옥을 만들지 않고 고통에서 벗어날 수 있는 능력도 있습니다.

에고가 없고 고통이 없는 순간, 우리는 지복 속에 있습니다. 그러나 대부분의 사람들은 존재의 언어를 잊었습니다. 그들에게는 망치질이 필요합니다. 그들은 머리를 세게 맞고 깨어나야 합니다, 그때 그들의 고통은 가짜이며 지복이 그들의 본성임을 알게 될 것입니다.

홀로 지복으로 충만할 때 지혜는 홀로 존재할 때 생겨납니다. 지혜 또한 그대 자신의 본성입니다. 그러나 사람들은 무지한 군중 속에서 무의식적으로 살고 있습니다. 그래서 지혜가 그대 존재의 표면으로 떠오르지 못합니다. 그대가 오로지 홀로 그대 자신으로 있으면서 지복으로 가득 찰 때, 자신의 존재 깊은 내면으로부터 지혜가 솟아오릅니다.

그때 그대는 명쾌함을 지니게 됩니다. 사물에 대한 통찰력을 얻습니다. 옳은 것과 그른 것, 필요한 것과 필요치 않은 것들을 스스로 깨닫게 됩니다. 그리고 스스로 깨닫는 순간 그대는 결코 잘못될 수 없습니다. 필요치 않은 것은 사라지기 시작하고 필요한 것은 그대 속에 더욱 더 깊이 자리를 잡습니다.

지혜는 지식을 뜻하지 않습니다. 지혜는 통찰력을 뜻합니다. 명쾌함을 뜻합니다. 지혜는 정보를 의미하지 않습니다. 지혜는 삶을 바라보는 완전히 새로운 시각을 의미합니다. 그대가 지혜로울 때 그대는 외부의 계율에 의존하지 않습니다. 전해오는 어떤 계율도 이 순간을 위해서는 시효가 다했습니다.

그대는 성경, 불경, 코란 등에 의존하지 않습니다. 그대는 자신의 경전을 발견합니다. 그대는 가슴 속에서 신의 소리를 듣습니다. 이제 그대는 삼류에 불과한 간접적인 지식을 얻으려고 애쓸 필요가 없습니다. 직접 신과 대화할 수 있는 방법을 알고 있습니다.

그러나 신의 소리를 외면하는 악의 편은 군중을 끌어들이기를 원합니다. 누가 만약 악행이 이루어지기를 원한다면, 그것은 개인을 통해서보다는 집단을 통하는 것이 더 쉬움을 알게 될 것입니다. 군중이 더 클수록 영혼은 더 작아집니다. 개인은 물론 여러 관계를 가질 것입니다. 그러나 그것은 무리나 군중이 아닌 사회가 될 것입니다.

오직 자유로운 개인들만이 사회를 만듭니다. 사회는 개인들의 상호 관계, 개인들의 협동의 다른 이름입니다. 그러나 개인은 자신의 내면에 중심을 가지고 있어야 하고, 그런 개인이 사회의 기본 단위가 됩니다. 그때 그는 군중 속에 있을지라도 혼자가 될 것입니다. 거기서 아무런 영향도 받지 않고 동요되지도 않습니다. 그는 옳은 것과 그른 것을 판단할 수 있는 능력을 갖고 있으니까요.

그러나 무지한 사람들은 다수가 함께 있을 때 안전함을 느낍니다. 자신만이 혼자 있을 때 그들은 두려움을 느낍니다. 그들은 군중 속에 있을 때 으레 커다란 안도의 확신이 생길 것입니다. 왜냐하면 그렇게 많은 사람이 틀렸을 수는 없다고 생각되므로. 그러나 사실은 다수는 언제나 틀리게 되어 있습니다.

옳은 사람은 오직 드물게 나타날 뿐이지요. 진리는 정상이며 절정이기 때문입니다. 그것은 에베레스트와 같습니다. 수많은 군중과 함께 에베레스트에 올라갈 수 없습니다. 그 정상에는 충분한 공간이 없습니다. 가장 높은 정상에는 오직 한 사람만이 홀로 설 수 있을 뿐입니다.

군중 속에서의 안이한 삶에서 벗어나 홀로 강렬한 자세로 모험을 할 때 삶은 완전히 새로운 풍미를 지닙니다. 그때 위대한 지혜가 우리 속에서 떠오릅니다. 모험을 할 때 우리는 날카로운 칼처럼 됩니다. 그러나 결코 모험을 하지 않는 사람의 칼에는 먼지만 앉습니다.

그들의 칼은 녹이 슬고 쓸모가 없어집니다. 그들의 거울은 먼지로 뒤덮입니다. 수많은 사람들의 영혼에서 그런 일이 일어나고 있습니다.

사랑은 우리 내면에서 피어나는 향기다 사랑도 마찬가지입니다. 사랑은 재능이 아니라 누구나 지닌 잠재력입니다. 우리는 모두 사랑의 노래를 부를 수 있는, 사랑의 춤을 출 수 있는 잠재력을 가지고 있지만, 아주 극소수의 사람만이 자신의 잠재력을 현실로 꽃피웁니다. 인간은 씨앗으로 태어나 거의 대부분이 씨앗인 채로 죽습니다. 그러한 삶은 단지 길고 지루한 여행일 뿐입니다.

우리는 흔히 사랑을 순간적인 것으로 알고 있습니다. 어느 날 사랑이 존재하다가 다른 어느 날 그것이 사라지는 것으로 알지요. 하지만 그 순간성은 그것이 참 사랑이 아님을 말해줍니다. 그것은 사랑으로 변장한 다른 무엇입니다. 우리는 여기에 속아서는 안 됩니다.

아마 정욕이나 어떤 생리적인 충동, 심리적인 욕구, 누군가와 함께 있기 위한 노력, 자신의 공허함을 채우기 위한 시도 등 수많은 이유를 댈 수 있지만 결코 사랑은 아닙니다. 이런 사랑은 너무 달콤하고 감상적이어서 마침내는 허망하게 끝나게 마련이지요.

소크라테스는 말합니다. "사랑이라는 신비를 행하는 사람은 진리의 그림자가 아니라 진리 그 자체와 만날 수 있다." 이러한 사랑은 피상적으로 우리의 몸에서 나오는 것이 아니라 내면의 가장 깊은 곳에서 나오는 것입니다. 욕구는 몸에서 비롯되며, 사랑은 의식에서 비롯됩니다.

아주 소수의 사람들만이 사랑을 제대로 압니다. 고요와 평화 속에서만 사람들은 자신의 내밀한 존재인 영혼을 만날 수 있습니다. 그때 사랑은 관계가 아니라 그들의 그림자가 됩니다. 어디를 가거나 누구와 함께 있거나 그들은 사랑합니다.

사랑 속에서 고양되어 갈수록 우리의 삶은 더욱 더 의미 있게 됩니다. 우리 가슴 속에서는 더 많은 노래가 흐르고 더 많은 황홀경이 생겨납니다. 사랑이 궁극적으로 신성해질 때 우리는 그 황홀함을, 그 향기를 뿜어내고 있는 한 송이 연꽃입니다. 그때 욕망의 연기는 사라지고 깊은 신뢰와 충만감만이 있습니다.

사랑은 우리를 연인으로 만듭니다. 어떤 한 사람의 연인이 아니라 모든 존재의 연인이 되게 합니다. 사랑은 단지 누군가와의 관계가 아니라 우리의 본성이 되게 해야 합니다. 사랑이 하나의 관계가 될 때 그것은 하나를 선택하고 그를 제외한 우주 전체를 버립니다.

하지만 우주 전체가 우리에게 속해 있고 우리는 우주에 속해 있습니다. 그러므로 하나를 선택하고 우주 전체를 버리는 것은 매우 위험한 거래입니다. 전 우주가 계속 우리에게 사랑을 퍼부어주고 있습니다. 그런데 아무 응답이 없다는 것은 은혜를 모르는 것입니다.

사랑은 특별히 어떤 한 사람에게로 향하는 것이 아닙니다. 그냥 사랑하는 상태에 있는 것입니다. 이런 사랑은 향기와 같은 우리의 본성이 될 것입니다. 사랑이 우리의 본성이 될 때 사랑하고 있지 않을 때조차도 우리는 사랑입니다. 사랑은 꽃이라기보다 향기이며 경계가 없고 한정되지 않은 우리의 가장 깊은 본성입니다.

우리 각자가 자신의 본성을 깨닫는 것이 중요하다고 스승들은 역설하지만, 실상 우리는 본성을 아는 것이 어떤 가치가 있으며, 본성을 알려면 어떻게 해야 하는지 모릅니다.

우리가 아무리 좋은 보물을 가지고 있더라도 그 진정한 가치를 모르고 방치하는 것은 이만저만한 낭비가 아닙니다. 사실 우리는 자신이 가지고 있는 더 없이 고귀한 본성을 통해 황제와 같이 살 수도 있지만 실제로는 거지와 같이 살고 있습니다. 이는 마치 비단을 걸레로 쓰는 것과 같이 어리석은 것입니다.

인간은 이상한 동물입니다. 모든 것을 탐험합니다. 에베레스트에도 가고, 남극에도 달에도 갑니다. 그러나 절대로 자신의 내면으로 들어갈 생각은 하지 않습니다. 그것은 인간이 앓고 있는 가장 심각한 질병입니다. 인간이 탐험하지 않고 내버려두는 유일한 곳은 그 자신의 내면세계입니다.

그러나 진정한 보물은 그곳에 있습니다. 찾을 만한 가치가 있는 유일한 보물은 우리 자신의 본성입니다. 자기 존재의 성지 속으로 들어가지 않는다면 삶은 낭비일 뿐입니다. 많은 사람이 금쪽같은 기회를 잃어버리고 있습니다. 그들은 세상에서 돈과 권력과 명성을 추구하면서 그들의 본성에서 점점 더 멀어지고 있습니다.

그들은 자신의 본성을 알 수 있는 모든 기회를 없애버림으로써 그들의 삶이 위대한 은총과 축복으로 충만할 수 있는 기회를 모조리 부숴버립니다. 그들은 너무나 무의식적이어서 귀중한 것을 모두 내던져버리고 분주히 쓰레기만 모읍니다. 그러면서 자기 자신의 본성에 대한 비전을 온통 다 잃어버리고 삽니다.

진정한 모험은 우리 내부로 들어가 본성을 찾는 것입니다. 일단 그것이 우리의 사명이 되면, '무슨 일이 있더라도 나는 나 자신을, 나의 본성을, 나의 존재를 발견해야 한다. 나는 이번 삶의 기회를 놓치지 않겠다.'는 결심을 확고히 하고 우리의 에너지를 거기에 쏟아 붓는다면, 결코 실패하지 않을 것입니다.

아무도 실패한 적이 없습니다. 자신의 에너지를 내면의 탐구에 쏟는 사람은 누구든지 항상 그 자신을 발견해 왔습니다. 이런 사람이 깨달은 이들입니다. 소크라테스도 자신의 에너지를 온통 내면의 탐구에 쏟아 부음으로써 지극히 가난하게 살면서도 지복에 넘치는 삶을 살았습니다.

본성을 아는 것의 가치 인간은 많은 것을 알고 있지만 아직도 무지합니다. 인간은 많은 것을 알고 있지만 근본적인 것은 간과하고 있습니다. 이는 거대한 빌딩을 지으면서도 주춧돌을 빠트린 것과 같습니다. 우리가 자신의 본성을 알지 못하면 모든 지식은 소용이 없다는 것을 모릅니다.

사람들은 과학을 알고 사물을 알고 세상을 알지만 그들 자신을 알지 못합니다. 만약 우리가 아인슈타인을 모욕한다면 그도 다른 사람들처럼 화를 낼 것입니다. 거기에 근본적인 차이는 없습니다. 왜냐하면 저 깊은 마음속은 모두가 똑같기 때문입니다.

붓다는 아인슈타인만큼 많이 알지 못했을 것입니다. 그러나 붓다는 아는 자이며, 아인슈타인은 그렇지 않습니다. 붓다의 앎은 사물에 대한 것이 아닙니다. 그의 앎은 그 자신의 본성에 관한 것입니다. 붓다의 앎은 정보의 축적이 아닙니다. 그의 앎은 내면의 빛의 폭발입니다.

우리는 그것을 깨달음이라고 부릅니다. 붓다는 전혀 부주의하거나 경박하게 행동하지 않습니다. 만일 우리가 그를 친다면 그는 지각없이 반응하지 않을 것입니다. 그는 감응할 것입니다. 그의 감응은 우리가 그를 모욕해서가 아니라 그의 자각에서 나오는 것입니다.

그의 감응은 기계적이 아닙니다. 우리의 반응은 기계적입니다. 누군가가 우리의 단추를 누른다면 우리는 기계적으로 반응합니다. 우리는 자신의 기계작용 이상의 어떤 영혼을 갖지 못했습니다. 누군가가 우리를 모욕한다면 우리는 굴욕감을 느낍니다. 그는 단추를 누르고 우리는 그의 통제 아래 있는 것이지요.

누군가가 우리를 치켜세운다면 우리는 행복할 것입니다. 그가 다른 단추를 눌렀기 때문입니다. 우리는 그의 통제 아래 있는 것입니다. 우리는 붓다를 치켜세우거나 비난할 수 있지만 그것은 그에게 아무런 차이도 만들지 않습니다. 우리가 계속해서 그의 단추를 누른다 해도 붓다는 통제되지 않습니다. 그는 전혀 기계가 되지 않기 때문입니다.

인간은 하나의 사원입니다. 그러나 외부에서는 오직 그 벽밖에 볼 수 없습니다. 참 이상합니다. 다른 사람들만 외부에서 그대를 보는 것이 아닙니다. 그대 자신도 그대를 외부에서 보고 있습니다. 그대는 자신의 얼굴을 보기 위해 거울을 들여다봅니다.

그대는 그대의 이미지를 알아보기 위해 사람들의 눈을 들여다보고, 자신을 알기 위해 사람들의 의견에 귀를 기울입니다. 자신이 좋은지 나쁜지, 도덕적인지 부도덕한지, 성인인지 죄인인지 알기 위해서 그들의 말에 촉각을 세웁니다.

이것은 정말 이상한 일입니다. 왜냐하면 우리는 내면을 통해 우리 스스로를 알 수 있기 때문입니다. 어떤 거울도 필요하지 않습니다. 다른 사람들의 의견에 의존할 필요가 없습니다. 그들이 우리에게 말하는 것은 언제나 벽뿐입니다. 우리 사원의 외부를 이루는 벽에 대해서만 우리에게 말합니다. 그들은 내부의 신성에 대해서는 아무것도 우리에게 말해 주지 못합니다.

우리가 우리 존재의 중심에서 지켜본다면 우리는 놀랄 것입니다. 우리의 몸은 유일한 사원이고, 우리 속에 신이 존재합니다. 외부에서는 그것을 알 길이 없습니다. 일단 우리가 우리 내부에서 자신의 신을 발견하게 되면, 그때 우리는 다른 사람들 속에서도 역시 신을 발견할 수 있게 됩니다.

그리고 그들 역시 신이 존재하는 사원이라는 것을 알게 될 것입니다. 또한 우리는 어디에서든지 신을 발견할 것입니다. 나무에서도 신을 발견하고, 동물 속에서도 신을 발견합니다. 모든 곳에서 우리는 신을 발견할 것입니다. 살아 있는 곳에 신이 존재합니다. 그 모든 존재는 신의 사원이 됩니다.

본성을 알고 싶다면 사람들이 자신의 본성을 알지 못하는 것은 에고 때문입니다. 에고는 사람들에게 그들 자신의 거짓된 이미지를 형성시켜 줍니다. 그런 이미지를 오랫동안 간직하고 다니면 그 이미지가 상처를 입고 파괴될 때 두려워하게 됩니다. 스스로 거짓된 얼굴을 만들어 놓고 그것 때문에 괴로워합니다.

그대의 본성을 알고 싶다면 먼저 있는 그대로의 자신의 모습을 보고 거짓된 이미지는 떨쳐 버려야 합니다. 있는 그대로의 모습은 아름답지 못합니다. 그것이 문제입니다. 사람들이 있는 그대로의 모습을 감추고 아름다운 이미지를 만들어 내려고 노력하는 이유가 바로 그것입니다.

완전히 발가벗은 자신의 모습을 보십시오. 거기에 분노와 질투, 증오 그리고 그 밖의 수많은 오점들이 있습니다. 내면으로 들어갈 때 그런 추한 것들을 만나게 됩니다. 그러면 즉시 등을 돌려버립니다. 자신의 적나라한 모습을 새삼 깨닫게 되기 때문입니다.

위대한 스승들은 '그대 자신을 알라'고 가르쳐 왔습니다. 그러나 아무도 그들의 말에 귀를 기울이지 않았습니다. 자기 자신을 아는 일은 매우 어려운 것으로 보입니다. 자신의 내면에서 많은 추한 현상을 만나게 되기 때문이지요. 이들은 스스로를 저으기 실망시킬 것입니다.

그러나 그 모습을 직시하고 통과해야 합니다. 내부에는 아름다운 존재가 있습니다. 그 중심에 도달하기 위해서는 주변에 있는 그 추한 모습들을 통과해야 합니다. 모든 추한 것들, 모든 부정적인 면들을 통과할 만큼 성장할 때 오직 그때만이 중심에 도달할 수 있게 됩니다.

중심에서 우리는 신입니다. 그러나 주변에서는 속세에서 놀아나는 속물일 뿐입니다. 속세는 추합니다. 주변에서는 우리는 사회가 축소된 모습 이외의 아무것도 아닙니다. 왜냐하면 마음은 우리의 것이 아니라 사회의 소산이기 때문입니다. 그 주변을 통과하기 위해서는 매우 용감해져야 합니다.

그리고 이 주변을 통과한다면 중심에서는 우리가 곧 신이 됩니다. 그때 거기에 무한한 아름다움이 있습니다. 그 무한한 아름다움은 사회에 의해서 건드려지지 않습니다. 그때 우리는 마치 새로 태어난 아이같이 순수해집니다.

집으로 돌아가라 중심에 도달하기 위해서는 안으로 들어가야 합니다. 그래서 예로부터 스승들은 안으로 들어가라고 말해왔습니다. 그러면 사람들은 이렇게 질문합니다. "안으로 들어가라니요? 그것이 무슨 뜻입니까?" 그들은 지금까지 밖으로 나가는 법만 익혀왔기 때문에 안으로 들어가는 것은 매우 어렵습니다.

그들은 어떻게 밖으로 나갈 수 있는지 그것만을 압니다. 그들의 의식은 자신이 아닌 타인을 향해 있습니다. 자기 자신에게로 가는 길은 까맣게 잊었습니다. 그들은 계속해서 타인의 방문을 두드립니다. 그리고 거기서 돌아올 타인의 반응만이 관심의 전부입니다.

그들은 집으로 돌아가라는 말을 들을 때마다 이렇게 묻습니다. "집으로 돌아가라니요? 그게 무슨 뜻입니까?" 그들은 다른 사람의 집을 알 뿐, 자신의 집에 대해서는 전혀 아는 게 없습니다. 내면에 그 집을 지니고 다니면서도 말이지요. 그들은 항상 밖을 향하도록 강요받아 왔습니다.

이제는 내면으로 들어가는 법을 배워야 합니다. 키엘케고르는 말했습니다. '종교는 내향성을 의미한다.' 우리 내면의 영토로 들어가는 것, 이것이 종교입니다. 그러나 안으로 들어가라는 간단한 말이 대단히 이해하기 어려운 말이 되어버렸습니다. 마음은 오직 밖으로 나가는 법을 알 뿐입니다. 마음에는 후진 기어가 없습니다.

생각은 밖으로 나가는 것입니다. 그리고 무념無念은 안으로 들어가는 것입니다. 생각하는 것은 곧 우리 자신으로부터 멀어지는 것입니다. 사념은 우리를 먼 곳으로 데려갑니다. 그러나 생각이 없을 때는 무념의 상태에서 우리는 돌연 안에 존재합니다. 사념이 없으면 밖으로 나갈 수 없습니다. 욕망이 없으면 밖으로 나갈 수 없습니다.

아무 것도 함이 없이 조용히 앉아 있다면, 생각과 욕망도 없이 무념 속에 있다면, 그때 우리가 어디로 갈 수 있겠습니까? 사실 안으로 들어간다는 것은 진짜로 안으로 들어가는 것이 아닙니다. 그것은 다만 밖으로 나가는 것을 중단하는 것입니다. 밖으로 나가는 것을 멈출 때 우리는 문득 안에 있는 자신을 발견합니다.

안으로 들어갈 필요가 없습니다. 간다는 것은 항상 밖으로 나가는 것입니다. 가는 것을 멈추십시오. 어느 곳으로도 가지 마십시오. 아무 곳으로도 가지 않고 침묵 속에 앉아 있을 수 있습니까? 물론 몸은 꼼짝 않고 앉아있을 수 있습니다. 그러나 문제는 우리가 내면에서 무엇을 하고 있느냐 하는 것이지요. 욕망, 사념, 추억, 상상 등 온갖 종류의 생각이 들끓고 있지 않습니까? 그것 또한 멈추어야 합니다.

어떻게 하면 그것들을 멈출 수 있습니까? 다만 그들과 동일시하지 않고 무관심하면 됩니다. 그들에 관심을 쏟지 마십시오. 그들에게 중요성을 부여하지 마십시오. 아무 상관 말고 자기들끼리 놀게 놔두십시오. 그저 침묵 속에서 주시하십시오. 주시가 깊어질수록 욕망과 사념, 회상과 상상을 이루고 있던 에너지는 새로운 깊이로 흡수되기 시작합니다.

똑같은 에너지가 내면으로 가는 데 이용됩니다. 그때 마침내 '안으로 들어가라'는 말의 뜻을 이해할 수 있을 것입니다. 이것은 단어의 문제가 아닙니다. 단어는 이해하기 쉽습니다. 안으로 들어가라는 말은 안으로 들어가라는 말입니다. 단어에 대해 묻지 말고 그 뒤에 숨은 의미를 들어야 합니다.

성인과 보통사람이 사는 방식은 서로 상반된 양극으로 치닫는 것 같아 습상원習相遠의 극단적인 예로 이해될 법합니다. 이 두 유형의 삶이 근본적으로 다른 점은 무엇입니까?

평범한 인간, 대중들은 평생에 걸쳐 무의식적으로 기계적인 삶을 살아갑니다. 그러나 성인으로 성장할 사람은 의식의 각성을 통해 이런 기계적인 삶에서 벗어나 의식적인 삶을 살 것을 도모합니다. 이것이야말로 진정한 탄생을 위한 몸짓이라 할 만합니다. 그때 그는 거듭나게 됩니다.

우리의 부모는 우리를 생물학적으로만 탄생시켰을 뿐 영적으로 탄생시키지는 않았습니다. 영적인 탄생은 오직 스스로의 의식의 각성을 통해서만 가능합니다. 의식의 각성과 함께 완전히 다른 삶의 여행이 시작됩니다. 그것은 우리를 새롭게 태어나도록 합니다. 그것을 통해서 새로운 차원 즉 영적인 차원의 삶이 우리에게 열립니다.

그러나 실제로는 아주 극소수의 사람들만이 자신의 영적인 자아에 도달합니다. 그들이야말로 진정한 인간입니다. 모든 사람이 그 잠재력을 지니고는 있지만, 대부분의 사람들은 결코 그것을 꽃피우지 못합니다. 그리하여 그것은 그냥 씨앗의 형태로 남아있습니다. 잠재력은 현실로 꽃필 수 있으며 꽃피어야 합니다.

그러기 위해서는 모든 노력을 더욱 더 의식적으로 되는 것에 집중해야 합니다. 의식에 대한 일별이 우리 속에서 생겨나기 시작할 때 우리는 놀라게 될 것입니다. 의식의 순간마다 지복이 따라옵니다. 의식이 깊어짐에 따라 지복도 깊어집니다. 지복은 의식의 부산물, 의식의 그림자입니다.

누구나 하나의 약속으로 온다 보통사람들은 삶을 통해 단지 늙어갈 뿐입니다. 그러나 의식이 깨인 사람은 삶을 통해 성장합니다. 노화와 성장, 그 둘 사이에는 큰 차이가 있습니다. 모든 동물은 늙어갑니다. 성장은 인간만의 특권입니다. 그리고 극소수의 사람들만이 성장의 권리를 행사합니다.

대부분의 사람들은 계속 숨을 쉬고 먹고 마시며 늙어갑니다. 그들은 매 순간 무덤을 향해 한 걸음씩 가까이 다가갑니다. 요람에서 무덤까지 팔구십 년에 걸쳐 천천히 죽어가고 있을 뿐입니다. 그들은 천천히 죽어가는 삶을 살고 있습니다.

성장은 매 순간 삶 속으로 깊이 들어간다는 뜻입니다. 성장은 죽음을 향해 가는 것이 아니라 삶 속으로 더 깊이 들어간다는 뜻입니다.

삶 속으로 깊이 들어갈수록 우리 안에 있는 불멸성에 대한 이해가 깊어집니다. 죽음이란 단지 옷을 갈아입는 일이라는 사실을 깨닫게 됩니다. 혹은 집을 바꾸는 것에 불과하다는 사실을 알게 됩니다. 형상이 변할 뿐 아무것도 죽지 않습니다.

성장의 참된 의미를 알려면 나무를 보면 됩니다. 나무가 위로 자랄수록 뿌리는 아래로 더 깊이 자랍니다. 위로 높게 자라는 나무와 아래로 깊어지는 뿌리 사이에는 균형이 존재합니다. 진정한 성장이란 우리의 뿌리인 내면으로 깊이 들어간다는 뜻입니다. 성장이란 내면에서 이루어지는 성숙을 의미합니다.

인간에게는 많은 것이 가능하지만, 그것이 가능해지도록 만들어야 합니다. 보통사람들에게도 넓은 땅과 많은 씨앗과 풍부한 물과 햇볕이 있지만, 들판에 씨를 뿌리지 않으면 다 무슨 소용이 있습니까? 꽃도 피지 않을 것이고 그 땅들은 황무지로 남아 있을 것입니다. 거기에는 풀과 잡초만 우거질 것입니다.

명심해야 할 가장 중요한 것 중의 하나는 쓸모없는 것은 저절로 자라며, 중요한 가치가 있는 것은 노력해서 성취해야 한다는 것입니다. 의미 있는 것을 성취하는 데는 힘든 노력이 필요합니다. 그러나 아무것도 하지 않으면 잡초들만이 자랄 뿐입니다. 잡초만이 땅에 무성할 때 장미를 기대할 수 없습니다.

누구나 하나의 위대한 약속으로서 오지만 그 약속을 실현하는 사람은 극히 드뭅니다. 많은 사람들이 빈손으로 와서 빈손으로 갑니다. 그것은 부끄러운 일이 아닐 수 없습니다. 깨달은 이들은 완전히 실현되어서 갑니다. 자신들의 삶에 들어있는 그 약속을 실현하도록 노력합니다. 그들은 자신이 되기로 되어 있는 그 존재가 되기 위해 힘씁니다. 그래서 끝내 자신의 운명을 실현하고야 맙니다.

오늘날 우리가 성인의 가르침을 받고 그를 본받기 위해 노력하는 것으로 간주할 만한 것으로 신앙생활을 들 수 있습니다. 그러나 이 시대의 종교들은 그 본연의 모습에서 너무 멀리 벗어난 듯합니다. 이를 극복할 길이 있는지요?

현대인들은 날로 외부 세계로만 내달리며 생존경쟁에 목숨을 겁니다. 세상을 정복하는 일은 삶의 한 방식이긴 하지만 가치 있는 것은 아닙니다. 이런 방식은 평범한 자들의 것입니다. 누구나 뛰어들고 있다는 단순한 이유만으로도 그것은 아주 매력적입니다. 인간은 위대한 모방자입니다.

모든 사람이 무언가를 향해 달려드는 것을 보면 우리 역시 달려들기 시작합니다. 아무도 사람들이 왜 돈을 향해서, 권력을 향해서 내달리고 있는지 모릅니다. 그러나 어느 새 그들 또한 달리고 있습니다. 이것은 일종의 미친 짓이지만 뭔가를 주기는 합니다. 즉 그들의 에고를 키워주는 것입니다.

투쟁은 쓸데없는 짓이며, 에고는 잘못된 것입니다. 우리는 죽을 때 자신이 쟁취한 모든 것을 놓고 가야만 합니다. 이것이 사람들이 고통 속에서 죽는 이유이지요. 그 고통은 죽음 때문이 아닙니다. 그것은 기본적으로 '나는 쓸데없는 방식으로 살아왔다. 시간은 흘러갔고 나는 이제 종착역에 이르렀다. 그리고 내 손은 비어있다.'는 것입니다.

삶의 또 다른 방식이 있습니다. 우리는 내면의 전사가 될 수 있으며, 그래서 자신의 무의식을 정복할 수 있으며, 자신의 탐욕, 분노, 성적 욕구 들을 정복할 수 있습니다. 우리는 이러한 에너지를 대단히 아름다운 무언가로 변형시킬 수 있습니다. 그리고 어느 한 사람이라도 자기 내면의 존재를 변형시키는 비밀을 알게 되면, 거기에는 커다란 즐거움이 존재합니다.

이제 그는 자신이 진정한 보물을 발견했다는 것을 알게 될 것입니다. 그러므로 두 번째 의미의 전사가 되는 것이 참으로 값진 것입니다. 진정한 싸움은 내부에 있지 외부에 있지 않습니다. 그것은 다른 사람과의 싸움이 아니라 자신의 무의식과의 싸움입니다. 이제까지 우리가 그 지배하에 살아오면서도 깨닫지 못했던 무의식 말입니다.

이 싸움에서 이기기 위해서는 어떤 경우에도 내면의 소리 앞에서 진실함을 잃지 말아야 합니다. 그러면 지극한 만족감으로 춤출 수 있는 날이 반드시 올 것입니다. 가장 우선되어야 할 것은 자신의 내적인 존재입니다. 항상 거기에 초점을 맞추도록 노력할 것입니다. 다른 사람들이 그대를 마음대로 조종하도록 끌려 다니지 마십시오.

모든 이가 그대 인생의 길잡이를 자청합니다. 하지만 진짜 길잡이는 그대 안에 있습니다. 그대 안에는 이미 청사진이 들어 있습니다. 참되다는 것은 자기 자신에게 진실하다는 뜻입니다. 이것은 아주 위험한 일이기도 합니다. 소수의 사람들만이 할 수 있는 일입니다. 하지만 이렇게 시도한 사람들은 반드시 성공합니다. 이들이야말로 진실한 종교인이라 할 만합니다.

교회와 사원의 상징성 그러나 지금 우리 사회의 종교적 모습은 이런 진지함보다는 단지 몇 종류로 나뉘어 형식적으로 교회나 사찰에 오가는 정도입니다. 비록 사회 도처에 교회와 사찰이 자리하고 있기는 하지만, 실제로 진정한 종교를 찾아보기는 어렵습니다. 본래 교회란 신을 향해 올라가고자 하는 인간의 갈망을 일깨워주는 곳입니다.

하늘을 찌를 듯한 교회의 첨탑을 보십시오. 그것은 높이 올라가고자 하는 인간의 갈망의 상징이며, 신을 찾는 여정의 상징입니다. 그것은 사람이 집만 가지고는 행복할 수 없으며, 사원도 세우고 싶어한다는 것을 나타냅니다. 인간은 지상에 있는 것만으로는 행복하지 않습니다. 그는 하늘로도 올라가고 싶어 합니다.

사원 안에 타고 있는 촛불을 눈여겨본 적이 있으신지요? 그 불꽃은 언제나 위를 향합니다. 심지어 우리가 초를 거꾸로 잡는다 해도 불꽃은 여전히 위를 향합니다. 언제나 위를 향하는 촛불은 인간의 열망의 상징입니다. 우리는 지상에 살고 있지만 하늘에도 우리의 집을 짓고 싶은 것입니다. 우리는 지상에 매어 있지만, 열린 하늘 속으로 자유롭게 날아가고 싶은 열망 또한 가지고 있습니다.

그러나 언제부터인가 사원들은 추한 것이 되어 버렸습니다. 이제 사원은 더 이상 순수하게 사원으로 남아있지 않습니다. 어떤 파벌, 어떤 개인들을 위한 사원이 되어버렸습니다. 마침내 이런 끊임없는 분열 끝에 모든 사원은 정치의 온상처럼 되었습니다. 그곳에서 사람들을 갈등으로 이끄는 분파주의와 편협한 신앙이 자랍니다.

이는 그것이 비종교적임을 드러내는 것이며, 그들의 신앙의 결여를 드러내는 것입니다. 만약 사원이 다만 신성을 일깨워주는 신의 상징으로 남아 있다면, 다만 하늘을 향한 상승을 나타낸다면, 사원은 매우 아름다운 곳이 될 것입니다. 종교는 분파주의와는 아무런 관계도 없습니다. 이것이 정치와 근본적으로 다른 점입니다. 종교는 영성을 위한 개인적인 수행이 되어야 합니다.

진실로 살아있는 종교 신의 상징으로서의 사원은 오늘날 순수함을 잃었습니다. 그 순수하지 않음이 극복되어야 합니다. 그때 사원은 아름다운 상징이 될 것입니다. 마을에 불교도의 것도 기독교도의 것도 그 어떤 교도의 것도 아닌 하나의 사원이 있다면, 마을은 정말 아름답게 보일 것입니다.

그리고 사원은 마을에서 가장 아름답고 숭고한 건물이 될 것입니다. 그때 사원은 무한한 것이 있음을 상기시켜 주는 하나의 상징이 될 것입니다. 이런 사원에 들어가는 사람은 사원에 들어왔다고 해서 자신이 신에게 가까워졌다고 생각하거나, 사원 밖에 있다고 신으로부터 멀어졌다고 생각하지 않을 것입니다.

사람들은 사원을 단지 자신의 내면으로 들어가는 것을 쉽게 해 주는 장소로 생각할 것입니다. 사원은 아름다움과 평화, 신성함과 홀로 있음을 경험하기 위한 장소로 이용될 것입니다. 사원은 다만 명상에 알맞은 장소가 될 것입니다. 명상은 신성을 향해 나 있는 길입니다. 사람들이 집집마다 명상을 위한 그처럼 숭고한 장소를 마련하는 것은 쉽지 않습니다. 그러나 온 마을이 함께라면 그처럼 숭고한 집을 만드는 것은 분명히 가능합니다.

살아있는 종교는 그것을 살아감으로써 생겨나는 것이지, 어떤 경전에서 답을 훔쳐옴으로써 생겨나는 것이 아닙니다. 훔쳐온 답에서는 결코 평화나 지복을 발견할 수 없습니다. 내면으로부터 답이 꽃피어나는 그러한 과정을 거침으로써 지복은 얻어집니다. 이는 외부에서 성직자나 그 누가 도와줄 수 있는 것이 아니라, 오직 스스로 진실함으로써 일구어내는 것입니다.

만약 그대가 누군가가 이미 걸어 도달한 목적지로 실려 간다면 그대는 불구자인 채로 도착하게 될 것입니다. 다리는 걷는 것을 통해서 강해집니다. 목적지에 도달하는 것은 그다지 중요하지 않습니다. 정말로 중요한 것은 순례자는 찾는 가운데 강해진다는 것입니다. 어딘가에 도달하는 것은 거기 도달한 사람에게 일어난 변화만큼 중요하지 않습니다.

진실로 종교에 귀의하기 위해서는 그대가 무엇을 믿든 믿기만 하지 말고 그것을 신성하게 해야 합니다. 단지 머릿속에서만 하는 지적인 믿음으로만 남겨두지 말고 그것이 곧 존재가 되게 하십시오. 그러면 그것은 신성해집니다. 믿음은 그것이 오직 생각일 뿐이라면 아무런 쓸모도 없습니다.

그것이 그대의 뼈와 피가 되지 않으면 아무 소용이 없습니다. 무엇인가가 진실이라고 느껴진다면 그렇게 살아야 합니다. 진실한 삶을 사십시오. 그것만이 그대가 그것을 진리라고 느끼고 있다는 증명이될 것입니다. 그것 이외에는 다른 증명은 없습니다. 오직 그대의 삶만이 그대의 믿음에 대한 유일한 증명이지요.

세속적인 기도와 진실한 기도 종교적인 삶에서 가장 중요한 것은 기도입니다. 세상에 기도만큼 좋은 것은 없습니다. 그러나 지금 우리의 기도는 본래의 모습에서 멀리 벗어나 있습니다. 우리의 기도라는 것들은 요구사항에 불과합니다. 아이들처럼 유치하게 끊임없이 무언가를 해달라고 졸라대는 것에 지나지 않습니다. 그런 기도는 전혀 소용이 없습니다. 진실한 기도는 이와는 전연 다른 방향으로부터 연유합니다.

삶은 신으로부터 받은 선물입니다. 우리가 땀 흘려 번 것이 아닙니다. 사실 우리는 그것을 받을 자격조차 없습니다. 그러나 우리는 너무나 배은망덕한 존재여서 '고맙습니다'라는 간단한 인사조차 하지않지요. 우리는 성장할 수 있는, 깨달을 수 있는, 사랑할 수 있는, 웃을 수 있는, 이 세상의 아름다움을 감상할 수 있는 기회를 갖게 된 것을 감사하게 생각하지 않습니다. 오히려 끊임없이 불평을 해대기 일쑤이지요.

만약 사람들의 기도를 듣게 된다면 그대는 놀랄 것입니다. 그들의 모든 기도는 불평과 불만으로 가득 차 있습니다. 그들은 감사하기 때문에 기도하는 것이 아닙니다. 그들은 계속 더 많은 것을 요구하고 있습니다. "이것은 충분하지 않습니다." 그들은 계속 이렇게 말하고 있습니다.

그런데 사실 그것은 충분해질 수가 없습니다. 왜냐하면 가난한 사람도 요구하고 있고 부자도 요구하고 있고 황제도 요구하고 있기 때문입니다. 모든 사람이 요구하고 있습니다. 모든 사람이 더 많은 것을 요구하고 있습니다. 그것은 그들이 받은 것이 무엇이든지 그것으로는 충분하지 않다는 의미입니다.

혹은 '나는 더 많이 받을 자격이 있는데 신은 내게 공정하지 못하다'는 항의처럼 보입니다. 이것은 반종교적입니다. 그러므로 사찰이나 교회에서 계속되고 있는 이런 기도들은 반종교적입니다. 진정한 기도는 오직 감사의 기도뿐입니다. '감사합니다'라는 단 한 마디, 이 것으로 충분합니다.

자신의 기본적인 힘을 가지고 무엇을 해야 할지 아는 사람은 아름답습니다. 그의 삶은 진실로 귀중합니다. 매 순간이 이루 헤아릴 수 없을 만큼 귀중하고, 매 순간이 너무나 소중한 선물이어서 도저히 그 감사함을 다 표현하지 못합니다. 그 감사함을 신에게 보여줄 방법이 없습니다.

신의 선물은 너무나 거대하여 우리는 그것을 받을 만한 자격이 없습니다. 신은 너무나 풍성하기 때문에 아낌없이 줍니다. 이 풍요로움을 느낀다면 지복에 차게 되지요. 그 지복으로부터 신을 향한 감사의 마음이 우러나옵니다. 그 감사의 표시가 진정한 기도입니다.

논어의 혼 5

오랜 잠에서 깨어날 것인가

초판 1쇄 인쇄일	2022년 11월 7일
초판 1쇄 발행일	2022년 11월 15일

지은이	성낙희 · 김상대
펴낸이	한선희
편집/디자인	우정민 김보선
마케팅	정찬용 정구형
영업관리	한선희
책임편집	우정민
인쇄처	으뜸사
펴낸곳	국학자료원 새미(주)
	등록일 2005 03 15 제251002005000008호
	경기도 고양시 일산동구 중앙로 1261번길 79 하이베라스 405호
	Tel 4424623 Fax 64993082
	www.kookhak.co.kr
	kookhak2001@hanmail.net

ISBN	979—11—6797—082—4 *03140
가격	19,000원